烟店镇志

LOCAL RECORDS OF YANDIAN

湖北省安陆市烟店镇志编纂委员会　编

图书在版编目（CIP）数据

烟店镇志 / 湖北省安陆市烟店镇志编纂委员会编 .-- 北京：方志出版社，2018.11
（中国名镇志丛书）
ISBN 978-7-5144-3385-2

Ⅰ . ①烟…　Ⅱ . ①湖…　Ⅲ . ①乡镇—地方志—安陆　Ⅳ . ① K296.35

中国版本图书馆 CIP 数据核字（2018）第 251140 号

· 中国名镇志丛书 ·

烟店镇志

编　　者：湖北省安陆市烟店镇志编纂委员会
责任编辑：刘　珊

出 版 人：冀祥德
出 版 者：方志出版社
地址　北京市朝阳区潘家园东里 9 号（国家方志馆 4 层）
邮编　100021
网址　http://www.fzph.org
发　　行：方志出版社图书经销中心
电话　（010）67110500
经　　销：各地新华书店
排　　版：北京纺印图文设计制作有限公司
印　　刷：北京中科印刷有限公司

开　　本：787 × 1092　　1/16
印　　张：19.5
字　　数：426 千字
版　　次：2018 年 11 月第 1 版　　2018 年 11 月第 1 次印刷

ISBN　978-7-5144-3385-2　　**定价**：157.00 元

序一

习近平总书记指出:“不忘历史才能开辟未来，善于继承才能善于创新……只有坚持从历史走向未来，从延续民族文化血脉中开拓前进，我们才能做好今天的事业。”中国优秀传统文化是在漫长的历史长河中历经无数次涤荡和沉淀而形成的思想精髓，蕴藏着无穷的宝藏和无尽的力量。发掘和继承优秀传统文化，是延续中华文明“根”与“魂”的必由之路。与时俱进，推动传统文化不断开拓创新，是中华文明常葆勃勃生机的重要保证。

“国有史，邑有志。”编修地方志是中国特有的文化现象，是中华民族的优秀文化传统。数千年来，连绵不断的志书编修为保护中华民族根脉，传承中华文明发挥了不可替代的作用。中国现存古志有 8000 余种，占现存古籍的十分之一。中华人民共和国成立以来，编修完成数万种省、市、县三级综合性行政区域志、部门志、行业志、专志等，编纂数万种地方综合年鉴、行业年鉴和专门年鉴等，整理出版数千种历代方志及相关研究成果，发表相当数量的方志理论与年鉴理论研究成果。这既是对我国国情、地情持续开展的大规模普遍调查，也是对各地自然与社会发展状况进行的综合研究，其成果构成了一座丰富的文化资源宝藏，为各级领导科学决策提供了重要参考，为推动经济社会发展和文化建设发挥了重要作用。

当前，中国特色社会主义进入新时代，全国地方志事业也进入新时代。如今的地方志事业围绕党和国家利益、经济社会发展，以人民为中心开拓创新，志、鉴、馆、史“四驾马车”并驾齐驱，志、鉴、馆、网、库、用、会、刊、研、史“十业并举”，加快实现在全国范围内全面推进地方志从一项工作向一项事业转型升级。在党中央、国务院的亲切关怀和各级地方志工作者的共同努力下，一批紧密结合社会发展需求、具有独特创造性的工作逐步开展，涵盖中国名镇志、中国名村志、中国名山志、中国名水志、中国名街志等“名志”系列文化工程是其中代表。作为首个“名志”系列文化工程的中国名镇志文化工程，启动于 2015 年，至今已是第三个年头。中国名镇志丛书在记述主体上，选择中国历史文化名镇、经济强镇、特色镇等在全国具有影响力和代表性的乡镇，旨在全面展示中国名镇的文化精髓；在内容题材选择上，重在突出不同名镇的“名”和“特”，力求集中体现不同名镇最精彩的部分，增强可读性；在志书编纂程序设置方面，志书申报、篇目设计、专家审读、专家组验收等流程环环相扣，紧密结合，力争把每一部志书都打造成精品佳志。

习近平总书记指出：“历史和现实都表明，一个抛弃了或者背叛了自己历史文化的民族，不仅不可能发展起来，而且很可能上演一场历史悲剧。”2018 年是改革开放 40 周年，40 年来中华大地发生了翻天覆地的变化，乡镇发生了极为深刻的改变，从粗茶淡饭到有机食品，从粗布衣裙到精美时装，从土屋平房到高楼大厦，人民生活水平大大提高，城乡差距不断缩小。然而，在感受辉煌成就的同时，我们也应该看到，许多精巧的古建、精湛的工艺、亲切的乡音、独特的乡俗也在快节奏的发展中与我们渐行渐远，曾经的家乡正逐渐变为记忆中的故园。

党的十九大报告提出乡村振兴战略，此后党中央、国务院又推出一系列重大举措。实施乡村振兴战略，必须全面加强乡村文化建设，培养乡村文化自信，培植文化之“根”，铸牢文化之“魂”。没有乡村文化的高度自信，没有乡村文化的繁荣发展，就难以实现乡村振兴的伟大使命。振兴乡村文化，既要塑形，更要铸魂，必须遵循乡村发展的客观规律，在发展中把文化的精髓保留下来，把乡土味道、乡村风貌的“魂”传承下去。在保留优秀乡村文化内核的基础上，用现代表现方式，把反映时代精神、先进理念的内容通过群众喜闻乐见的文化产品表达出来，才能够让乡土文化具有更强大的生命力。用创新性的模式书写乡镇志，传承和抢救乡土历史文化，激发爱国爱乡情怀，为探索中国特色新型城镇化发展经验、发展模式、发展道路提供历史智慧和现实借鉴，正是实施中国名镇志文化工程的目的和意义所在。

“月是故乡明”。中国人素有“家国情怀”，家乡的山水是最为美丽的，家乡的风俗是充满温暖的，一声亲切的乡音，一口熟悉的家乡菜，都能拨动游子的心弦，让其魂牵梦萦。中国名镇志丛书是一套全面梳理中国名镇历史人文，挖掘文化特色，突出“名”和“特”的镇志。它能让人民群众深刻感受到本土本乡自然的优美、历史的醇厚、人物的杰出、艺文的风雅等，有助于培养人民群众对家乡文化的自信，激发起人民群众浓烈的爱乡爱国情怀，助力国家新型城镇化建设和乡村振兴战略的实施。

是为序。

中国社会科学院院长
中国地方志指导小组组长　谢伏瞻

序二

连绵不断地编修地方志是我国特有的文化传统，为传承中华文明作出了巨大的贡献。在党中央、国务院的高度重视和支持下，这一古老的文化传统焕发勃勃生机，展现新的活力，成为保存、继承、发扬光大中华优秀传统文化的重要依托，培育和践行社会主义核心价值观的重要媒介，社会主义先进文化建设的重要组成部分，发展中国特色社会主义，增强道路自信、制度自信、理论自信的重要载体，在实现"两个一百年"奋斗目标和中华民族伟大复兴中国梦进程中具有不可替代的地位和作用。

事物总是在不断发展中前进。经过改革开放以来 30 余年的发展，中国特色地方志事业与传统的编修地方志已不可同日而语，形成了志（志书）、鉴（年鉴）、库（地情数据库）、馆（方志馆）、网（地情网站）、刊（期刊）、会（学会）、研（理论研究）、用（开发利用）等多业并举的新格局。截至 2015 年 10 月底，全国编纂完成首轮、二轮省、市、县志书 8000 多种，编修部门志、行业志、专业志、乡镇村志 27000 多种，编纂地方综合年鉴 2300 多种，累计整理旧志 2500 多种，还编纂出版了大量的地情书，字数以百亿计，形成以反映国情、地情为主要内容，全面系统、持续不断、卷帙浩繁的社会科学成果群。另外，还开通了 27 个省级网站、230 个市级网站、816 个县级网站；建成国家方志馆 1 个、省级方志馆 16 个、市级方志馆 86 个、县级方志馆近 300 个。这些成果，成为国家极为重要的文化资源，是国家文化软实力和公共文化服务体系的重要组成部分。

最近几年，地方志工作的触角在不断延伸，部门志、行业志、专业志、特色志、乡镇村志编纂方兴未艾，成为当前地方志事业发展新的增长点和亮点。特别是乡镇志，兴起了编纂热潮，从自发的民间行为逐渐过渡为政府组织的文化行为，有的省份以政府令形式将其纳入地方志编修范畴，像河南省还以省政府办公厅名义要求全省普修乡镇志。乡镇志并不是一个新生事物，据现有资料可考，宋代常棠所撰《澉水志》是现存最早的一部乡镇志。与省、市、县三级志书相比，乡镇志虽属小志，但意义却不小，特别是在当前国家全力推进新型城镇化建设的背景下，乡镇志的作用更显重要。

启动中国名镇志文化工程，是适应当前新型城镇化建设形势发展需要、地方志事业发展形势需要的重要举措，也是充分发挥地方志存史、资政、育人功能的重要手段。作为最基层行政组织的志书，镇志是最接近中国社会发展变迁的国情、地情记录文本，具有重要的历史文献价值。而作为充分反映本区域自然、政治、经济、文化和社会的历史与现状的资料性文献，镇志又能全面展示发展脉络，摸索发展经验，为探索中国乡镇未来发展方向提供借鉴和参考。当然，对于祖祖辈辈生于斯长于斯的中国人来说，故乡就是一个魂牵梦萦的地方，故乡的情怀终生难忘。留得住乡愁，记得住乡思，充分展示名镇文化魅力，激发爱乡、爱国情怀，正是中国名镇志文化工程题中应有之义。

是为序。

中国社会科学院原院长
中国地方志指导小组原组长　王伟光

序三

“国有史，邑有志”，中国自古就有注重编史修志的传统。按照我国目前地方志行政法规，国家各级地方志机构的法定职责是编纂省、市、县三级志书，并不包括县以下的乡镇志和村志。这种规定，一方面可能因为全国有数百万自然村落和数万乡镇，全部实行官修很难实现；另一方面可能因为我国历史上就有“皇权止于县”的说法，县以下的民间社会历来是一个以自治为主的领域。然而，改革开放几十年来，我国社会正在发生巨变，这种巨变在基层社会的乡镇、村落、家庭领域更为深刻。作为“乡之首，城之尾”的镇，逐渐被日益崛起的大都市淹没了光彩，村落在快速的城镇化过程中每天都在大量消失，农村家庭的小型化、空巢化趋势非常突出。在这种情况下，我一直在思考，如何留得住历史文化记忆和乡愁，如何把修志的工作向基层社会延伸？

中国人的“家国情怀”，是从“诚意、正心、修身”开始，到实现“齐家、治国、平天下”。所以从国家一统志，省、市、县三级志，到乡镇志、村志、家谱，也是一个完整的系统。

正是在这种背景下，我们决定启动中国名镇志文化工程。乡镇是无数中国人生命的底色和成长的摇篮。如何在城镇化进程中，留得住乡愁，记得住乡音，忘不了乡思，事关城镇化进程的人文关怀和文化保护，事关文化血脉的传承。同时，科学记录城镇化进程，反映城镇化成就，也为今后探索城镇化发展规律、积累经验提供了基本素材。作为全面系统记述一定行政区域的自然、政治、经济、文化和社会的资料性文献，志书是以上功能最好的载体。

我国目前有4万多个乡镇，全部修乡镇志还不具备条件。中国名镇志丛书选择的是传统文化名镇、历史军事重镇、革命历史名镇、民族特色名镇、特色经济名镇、旅游景观名镇等类型的乡镇，应该是最具代表性的，在中国乡镇文化传承和社会发展中具有标杆意义。

编纂中国名镇志丛书是对乡土历史文化的保护。随着城镇化进程加快，有不少乡镇被撤并，有些还是在历史上有重要意义的历史文化名镇、特色镇等。如不及时对其历史进行整理、记录，这些重要的历史资料将散佚殆尽。因此，中国名镇志丛书的编纂是对宝贵历史资料的抢救。

编纂中国名镇志丛书是对乡土意识的传承。什么东西有魅力？故乡的山水，乡音乡情的记忆，乡土的气息和家乡菜的味道，不管走到哪里，总是触动心弦。中国名镇志丛书记录的是家乡的山山水水，家乡的历史文化，家乡的风土人情，留住的是乡愁。这些最能激发远方游子和本地民众的爱乡情怀、爱国情怀。

编纂中国名镇志丛书是一种学术探索。镇志的编纂，实质也是一次深入的社会调查研究。“麻雀虽小五脏俱全”，相比省、市、县，乡镇第一手资料的获得需要付出更大的努力。我们也希望在志书编纂上有所创新，使中国名镇志丛书成为一套图文并茂、雅俗共赏的新型志书。

中国社会科学院副院长
中国地方志指导小组常务副组长
李培林

中国名镇志文化工程专家委员会

中国名镇志文化工程学术委员会

中国名镇志丛书编纂委员会

主　　任　李培林

常务副主任　冀祥德

副 主 任　邱新立

委　　员（按姓氏笔画排序）

毛志华　田　洪　刘文海　刘爱军　关树锋
贠有强　李云鹤　杨建林　杨洪进　吴凤端
何文俊　何伟志　汪德军　张军利　张志仁
陈华康　陈建春　陈　玲　陈秋平　易介南
洪民荣　高　煜　郭德成　梅　宏　梁金荣
鄢钢城　雷　湛　管仁富　廖运建　漆冠山
潘捷军

中国名镇志丛书编纂委员会办公室

主　任　冀祥德

副主任　邱新立

成　员　于伟平　杨海峰　陈　旭　李　江　王丹林
安　山　张　鹏　刘思鸣　陈　菁　刘　珊

湖北省安陆市烟店镇志编纂委员会

顾　　问　司念堂　涂少维　卢申涛　黄　炜
　　　　　徐小林　张　静

主　　任　杨体锋

副 主 任　田林舟　孙小明

委　　员　郭世鸿　杨德安　蔡　锋　甘问桥
　　　　　孙长军　张澎涛　毛　珍　刘章程
　　　　　刘海涛　盛敬敏　孙亚东

湖北省安陆市烟店镇志编辑部

主　　编　田林舟

执行主编　孙亚东

副 主 编　周大安

编　　辑（按姓氏笔画为序）
　　　　　王　清　王义功　田林舟　孙亚东
　　　　　肖成强　易千元　周大安　郭世鸿
　　　　　黄清明　喻永春

摄影编辑　段家强　易家镜

金湖荡舟　　　陈霞　摄

中国名镇志丛书凡例

一、以马克思列宁主义、毛泽东思想、邓小平理论、“三个代表”重要思想、科学发展观、习近平新时代中国特色社会主义思想为指导，坚持辩证唯物主义和历史唯物主义的立场、观点和方法，存真求实，全面、客观、系统记述中国名镇城镇化进程和改革开放成果，传承和抢救乡土历史文化，激发爱国爱乡情怀，留住乡愁，为探索中国特色新型城镇化建设、服务乡村振兴战略提供历史智慧和现实借鉴。

二、为全面反映入志事物发展脉络，各志上限追溯至事物发端，下限一般断至各镇志启动编修年份，个别重大事项可延至搁笔。详今明古，着重反映时代特色和地方特点，重点体现各镇的“名”与“特”。

三、记述地域范围以下限年份的行政辖区为主。为体现名镇在更大区域内的意义，可以从更开阔的区域视野记述与该镇相关的内容。

四、统一采用纲目体，设类目、分目、条目三个层次。横排门类，纵述史实，述而不论。

五、综合运用述、记、志、传、图、表、录等各种体裁，以志体为主。体裁运用适当创新，篇目设置不求面面俱到，一般意义上的乡镇级内容略去不载。

六、除引用文字和附录文献资料外，统一使用规范的现代语体文记述，行文力求朴实、严谨、简洁、流畅、优美，具有较强可读性。

七、人物部类遵循“生不立传”原则，人物传主按生年排序，只选录对本镇发展有重大影响的人物，不面面俱到。

八、各项数据一般采用国家统计部门数据。数据缺乏的，采用主管部门或主办单位正式提供的数据。

九、数字用法、标点符号、计量单位分别执行国家标准《出版物上数字用法》（GB/T 15835—2011）、《标点符号用法》（GB/T 15834—2011）、《国际单位制及其应用》（GB 3100—1993）和《有关量、单位、符号的一般原则》（GB 3101—1993）。历史上使用的计量单位，如斗、石、里、尺、磅、华氏度等，在引文时可照录。考虑到社会使用习惯，全书中亩不统一换算。

十、中华民国成立前的纪年，使用朝代年号纪年，括注公元年份；中华民国成立后的纪年，均使用公元纪年。志中所称“解放前（后）”，以该镇解放日为界；“新中国成立前（后）”，以中华人民共和国成立日 1949 年 10 月 1 日为界；“改革开放前（后）”，以 1978 年 12 月中共十一届三中全会召开为界。本志“×× 年代”，凡未加世纪者，均指 20 世纪。

十一、为节省篇幅，避免重复，本志采用条目互见法。参见条目的表示形式为：参见本志“×× 类目·×× 分目·×× 条目”。

十二、对旧志、古籍中的繁体字、冷僻字一般用简化字或通用字替换，易引起误解的则保留。

十三、记述各个历史时期的党派、机构、职务、地名等，均以当时的名称为准。对频繁使用的名称，首次用全称并括注简称，其后用简称。

十四、各镇志需要单独说明的事项，均在各自编纂始末中记述。

烟店镇在中国的位置

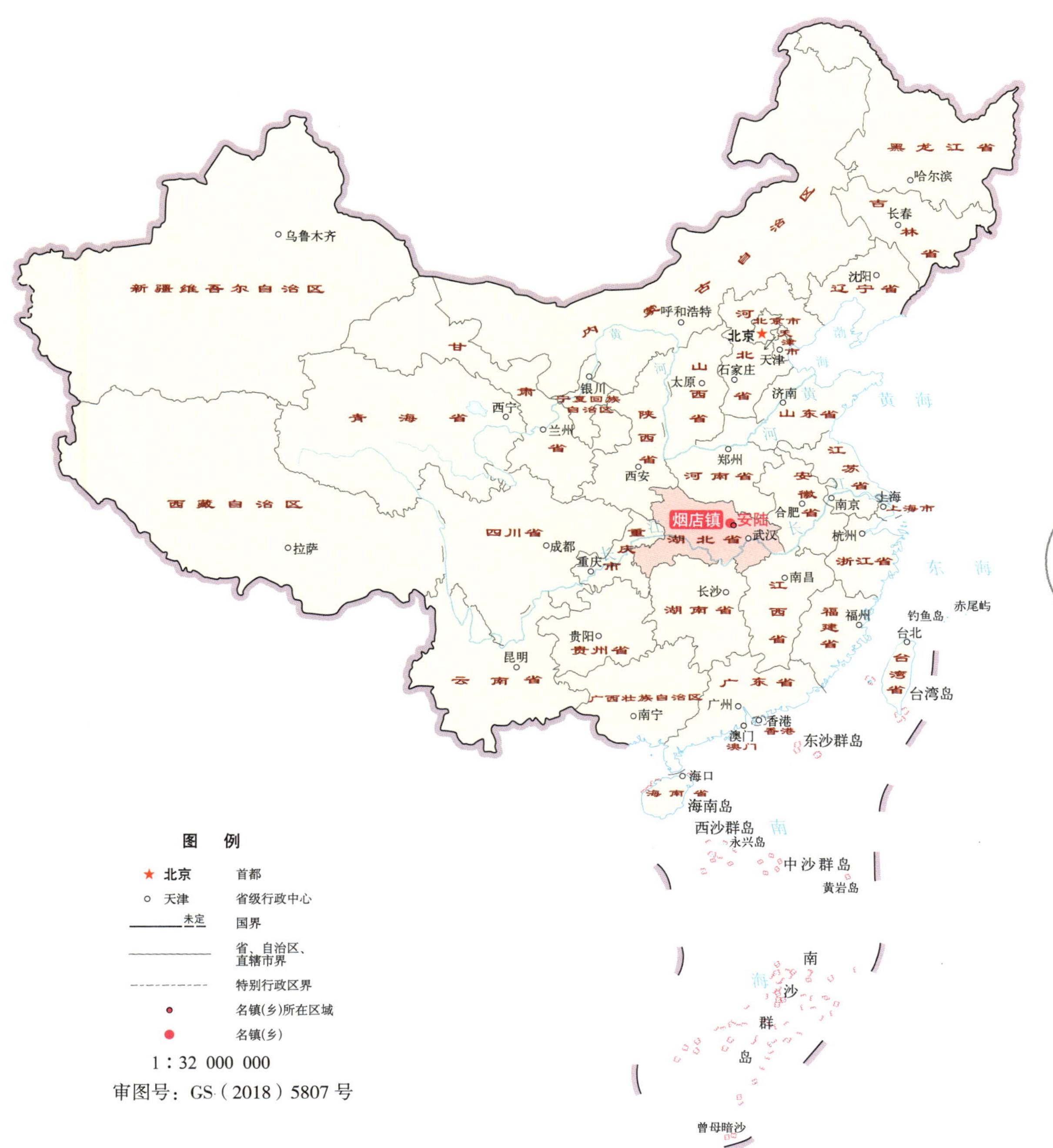

图例

★ 北京	首都
○ 天津	省级行政中心
未定	国界
	省、自治区、直辖市界
	特别行政区界
	名镇(乡)所在区域
	名镇(乡)

1∶32 000 000

审图号：GS（2018）5807号

烟店镇在湖北省的位置

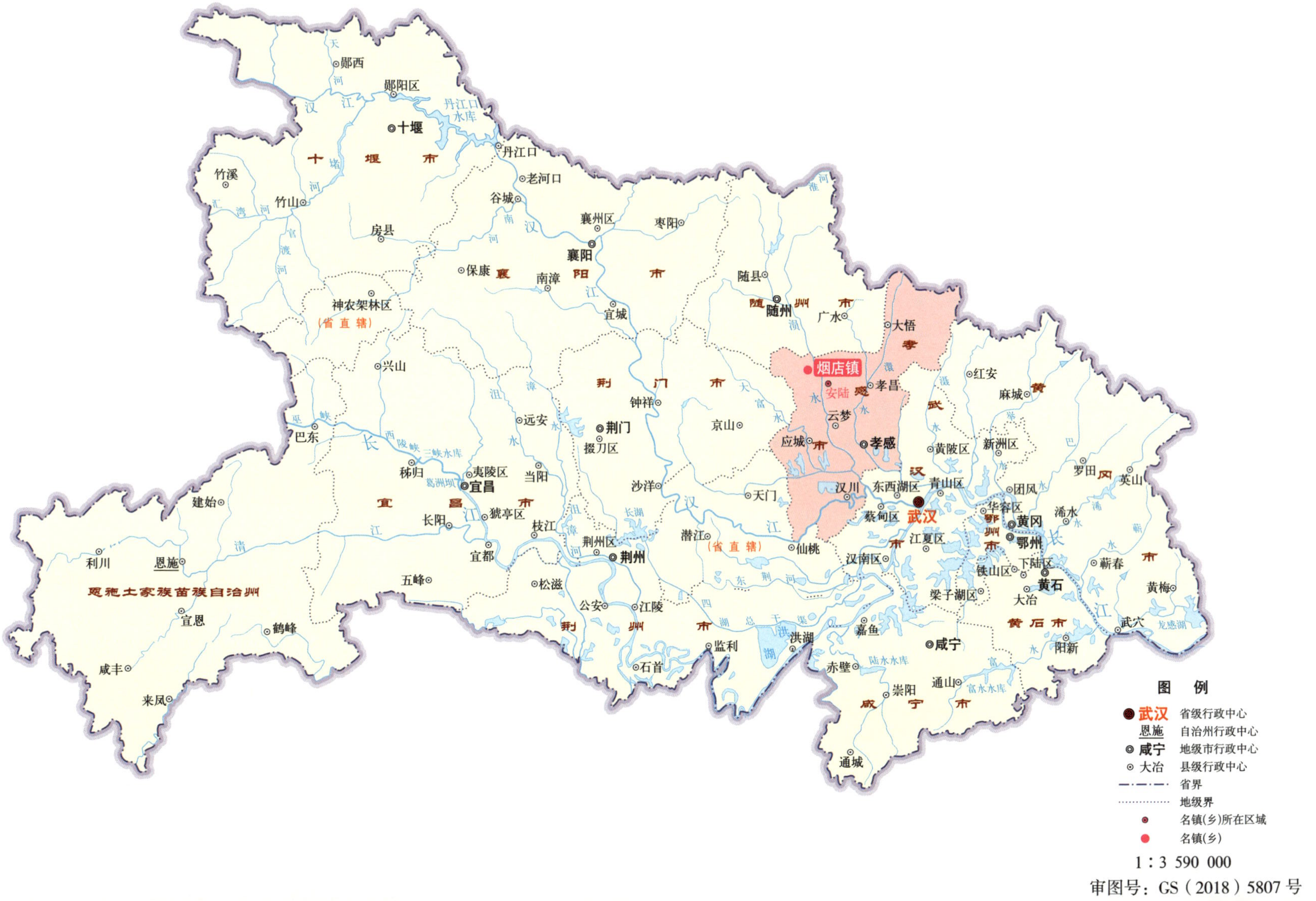
烟店镇
安陆
武汉
十堰
十堰市
郧西
郧阳区
丹江口水库
丹江口
老河口
竹溪
竹山
房县
谷城
襄州区
枣阳
襄阳
襄阳市
保康
南漳
宜城
随县
随州
随州市
广水
大悟
孝感市
孝昌
云梦
孝感
应城
汉川
神农架林区
（省直辖）
兴山
荆门市
钟祥
京山
远安
荆门
掇刀区
沙洋
天门
潜江
（省直辖）
仙桃
巴东
秭归
夷陵区
宜昌
宜昌市
当阳
猇亭区
长阳
枝江
宜都
五峰
建始
利川
恩施
恩施土家族苗族自治州
宣恩
鹤峰
咸丰
来凤
荆州区
荆州
荆州市
松滋
公安
江陵
石首
监利
洪湖
东西湖区
青山区
蔡甸区
江夏区
汉南区
黄陂区
新洲区
武汉市
红安
麻城
黄冈市
罗田
英山
团风
浠水
蕲春
黄梅
武穴
华容区
鄂州
鄂州市
黄冈
梁子湖区
铁山区
下陆区
黄石
大治
黄石市
阳新
嘉鱼
赤壁
咸宁
咸宁市
崇阳
通山
通城
陆水水库
富水水库
龙感湖
三峡水库
葛洲坝
长江
汉江
清江
图例
武汉 省级行政中心
恩施 自治州行政中心
咸宁 地级市行政中心
大冶 县级行政中心
省界
地级界
名镇(乡)所在区域
名镇(乡)
1∶3 590 000
审图号：GS（2018）5807号

烟店镇地图

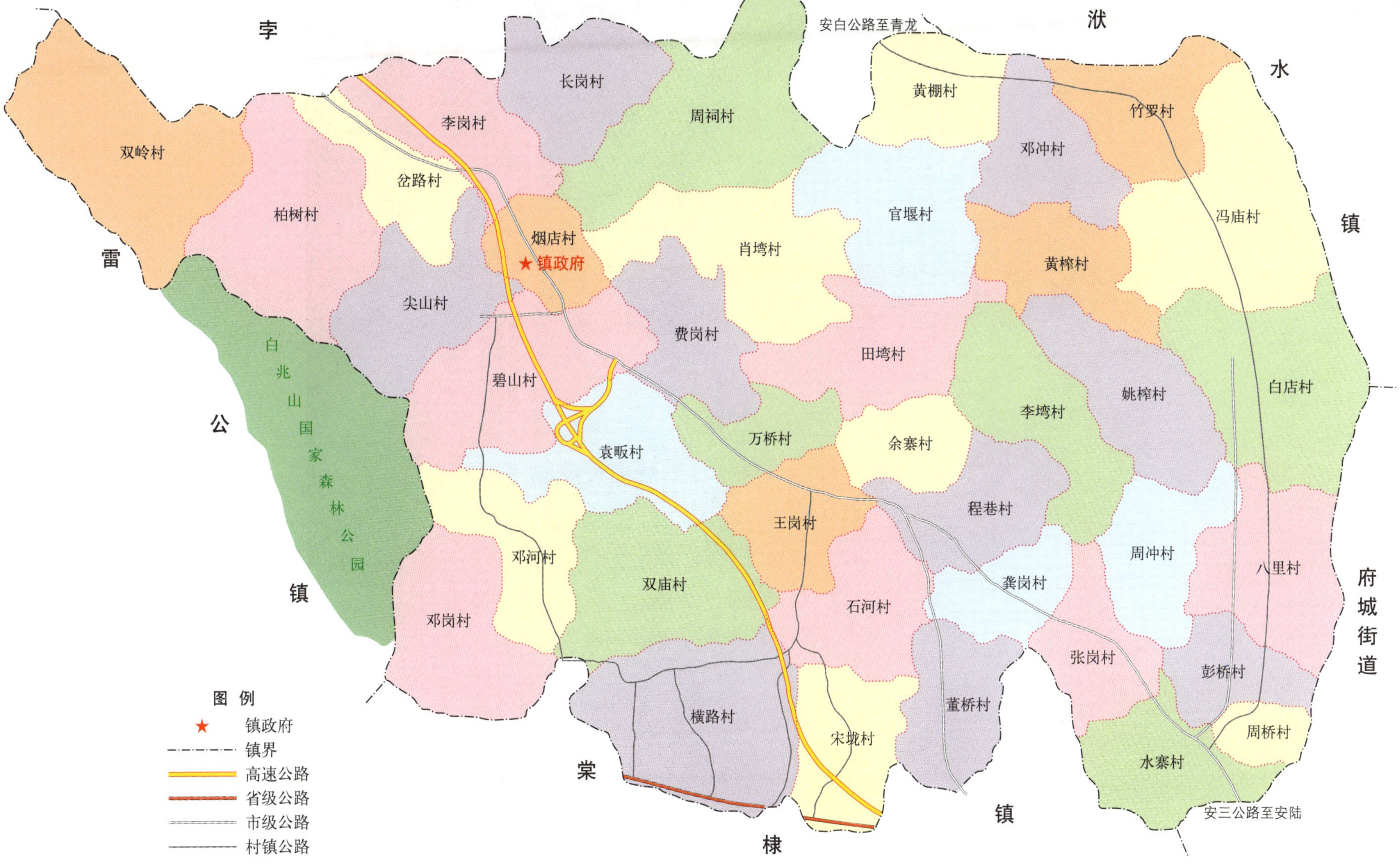

图 例

★ 镇政府

镇界

高速公路

省级公路

市级公路

村镇公路

审图号：GS（2018）5807 号

烟店集镇全景图（2011 年）

吴晓东　摄

白兆山风景区一角（2018 年）

候向东　摄

白兆山门楼（2010 年）　　王小平　摄

白兆风景（2010 年）　　烟店镇　提供

碧山脚下美如画（2009 年）　　刘鸣　摄

古镇新貌（2017 年）　　王小平　摄

舒家大院（2000 年）　　黄鹰　摄

朴泥农场（2017 年）　　段家强　摄

山里养蜂人（2018 年）　　侯向东　摄

村民采藕忙（2017 年）　　侯向东　摄

目录

一山一水一诗仙

烟店镇位于安陆城西北 12 千米，处古随枣走廊通道东南端，西北距随州 66 千米，再行 160 千米至襄阳；东南 60 余千米抵孝感，再行 66 千米达武汉，地理位置优越。境内汉十（汉口—十堰）高速公路、烟应（烟店—应城）省级公路、省道大天（大悟—天门）公路纵横交错，还有在建的汉十高速铁路，交通便捷。

烟店，因山而挺拔。境内白兆山，又名碧山，海拔 379.1 米。“山不在高，有仙则名。”李白在白兆山居住十年，写下《山中问答》《安陆白兆山桃花岩寄刘侍御绾》等诗文，留有李白读书台、绀珠泉、写经岭、洗笔池、桃花洞等遗址遗迹。白兆山峰峦叠翠，植被丰富，松柏葱茏，青山如黛，为国家森林公园。上有千年银杏，下有绀珠美泉，左有读书台，右有笔架山，桃花岩位居其中，众星拱月，相映成趣。

谪仙人——李白（第一届“千年银杏　诗画安陆”全国摄影大展铜奖作品）（2014 年）　刘俊萍　摄

白兆山人文资源富集。早在北周时期，即建有祈雨神庙。唐初，高僧神楷曾作《维摩经疏》于白兆山。竺乾院也建于唐初。宋代，扩建白兆寺，兴修太白堂。元代，设立长庚书院。宋代至清代，增刻斗笠崖摩崖题刻等。白兆山还是道教圣地，每逢农历三月初三，善男信女摩肩接踵到白兆山敬香还愿，祈福求寿。自唐代起，历代文人墨客，如韩愈、杜牧、刘长卿、欧阳修、曾巩、秦观、贯云石、何迁……纷至沓来，其前赴后继之势，堪称波澜壮阔的人文景观。他们循着李白的足迹，精神轨道一脉相承，又各有创造，纷繁多姿。

白兆山也是一座红色的山。龙泉观培训班、抗日十人团、周叔屏起义、五师建军……这里曾是豫鄂皖抗日民主根据地的组成部分；李先念、陈少敏、任质斌、周志坚……无数仁人志士、革命先烈曾在这里浴血奋战，血染碧山。

烟店，缘水而灵动。贯穿境内的涢水是安陆境内最长的一条河流，烟波浩渺，与碧山遥相呼应。18 座小（1）型、小（2）型水库，400 多口塘堰，犹如一颗颗名珠，星罗棋布，镶嵌在 110.8 平方千米的烟店大地上。

“桃花流水窅然去，别有天地非人间”，正是这烟笼雾绕的碧山涢水，才让天之骄子、一代诗仙抬头之际望峰息心，弃舟登岸，在白兆山桃花岩，与许氏青春做伴，诗书唱和，啸傲群山，一飞冲天。多少诗文，带着桃花岩的水印，带着青龙潭的神秘，带着涢水的斑斓色彩，飞花流泻，惊风雨，泣鬼神。

风景如画的翰林湖（2010 年）

府河风光（2018 年） 黄鹰 摄

烟店镇，集名山、胜水、诗仙于一域，钟灵毓秀，千古一镇。

1982 年 5 月，时任中共中央总书记胡耀邦视察湖北，向孝感地委负责人询问白兆山李白遗址遗迹情况。自此，白兆山李白文化资源的开发与利用为烟店发展增添了深厚的文化底蕴。白兆山也因此吸引着来自全世界的专家学者、游客到烟店寻幽览胜，仰望诗魂。日本“中国古典诗歌访华团”，吉尔吉斯斯坦访问团，著名作家二月河，中国社会科学院文学研究所《文学遗产》原主编陶文鹏，中南民族大学教授、文学院院长罗漫，参加中国（安陆）国际李白文化旅游节的全国及世界各地李白研究专家接踵而来，以虔诚之心朝圣李白，追寻诗人足迹……

李儒智 摄

天地之逆旅，光阴之过客。白兆山，李白精神的地理家园，历经千载，化羽成蝶，不仅吸引海内外游客慕名前来朝圣经典，而且也深得媒体关注和青睐。导演凌峰到白兆山取景，拍摄电视专题片《八千里路云和月》；湖北卫视到烟店采访、取景，制作纪录片《李白在安陆》并在美国加州电视台播出；中央电视台《走遍中国》栏目组来到白兆山采访，制作专题片《蹉跎十年》并在央视中文国际频道播出；美国《华盛顿邮报》记者慕名到白兆山探访李白遗迹，向美国读者推介；中央新闻纪录电影制片厂到白兆山摄制人文纪录片《李白在安陆》，在央视中文国际频道播出。这些影视作品将白兆山李白文化进一步推向全国，推向世界。

以“一山一水一诗仙”为依托，烟店镇自80年代起便致力于发展白兆山李白文化旅游业，修复、兴建与李白有关的景点49处，白兆山李白文化旅游区建设成为国家AAAA级旅游景区并入选湖北省A级旅游景区红榜，是武汉至武当山双日对接游的景点之一。进入21世纪后，烟店镇实施“整镇推进生态文化旅游名镇”战略，创建全省旅游名镇名村。已经兴起的烟店精品乡村游，更是把这个传奇小镇打造得花团锦簇，如梦如诗。特别是一线串9村的精品乡村游，在全长12千米的一日游线路上，新建20个农家乐、10处生态农庄式景点，使朴泥蔬菜、草莓和葡萄采摘、银杏绿化带、药材种植、花卉苗圃五大生态产业连片发展。2015年8月，央视7套、央视网、湖北电视台垄上频道、《湖北日报》等媒体记者走进烟店，对精品乡村游进行了全面系统的报道。央视网记者张晓凤感叹：“田成方，路成网，林成带，移步换景，一步一景，水陆一体，把效果图变成了实景。”湖北省森林城镇、湖北省旅游魅力名镇、湖北省农村产业融合发展试点示范乡镇、全国文明村镇、中国最美村镇（生态旅游类）、中国最具特色名镇、中国美丽乡村建设示范镇，烟店在创建生态文化旅游名镇的历程中，一个又一个荣誉和着诗仙的脚步，踏歌而来。

古镇烟店得碧山之靠，贯涢水之气，沐李白仙风，人杰地灵。烟店，有省级非物质文化遗产——麒狮舞、李白在安陆的传说代代传承；烟店，有获全国农村业余戏剧创作评奖一等奖的黄华科、40多幅作品获国家级奖项的书画家敖永才等优秀文化人才；烟店，诗仙文脉相续不绝，2015年被评为“湖北省诗乡创建先进单位”。

秉诗仙风骨，承涢水情怀，烟店从烽火岁月中一路走来，筚路蓝缕，砥砺前行，经济社会得到较快发展。2017年，全镇实现农林牧渔业生产总值54392万元，农民年人均纯收入13554元，分别是1999年的7.49倍、6.35倍；有科技型项目32个，全镇企业固定资产 45.3 亿元，就业人数超过 4000 人；实现财政收入 1855.2 万元。2017 年年底，全镇有幼儿园4所、小学4所、初级中学1所、成人文化技术学校1所。有中心卫生院1所、卫生所 2 所、村级卫生室 19 所，以卫生院为主体、卫生所为支撑、村医疗室为基础的分级防治、就近医治的医疗卫生服务体系健全完善。

2016 年，烟店镇制定了《烟店镇“美丽乡村”建设五年规划（2016—2020 年）》（以下简称《规划》)。2017 年，又制定了《烟店镇创建湖北省旅游名镇工作实施方案（2017—2030 年）》(以下简称《方案》)。以《规划》《方案》为指引，以精准扶贫为抓手，全力攻坚精准脱贫，创新“农户 + 企业 + 村集体”“公司 + 农户 + 产品”“基地 + 合作社 + 农户”三大产业链扶贫模式；以环境污染治理为统揽，持续开展以秸秆焚烧治理为重点的“蓝天行动”，以饮水质量保护为重点的“碧水行动”，以企业排污治理为重点的“绿地行动”，以村民生活污水和垃圾治理为重点的“家园行动”，以居民文明习惯养成教育为重点的“文明行动”；以创建湖北省旅游名镇为目标，围绕“一山（白兆山），一河（府河），一廊（银杏长廊），一区（白兆山李白文化旅游区），一线（碧山、袁畈等 9 个村）”，发展以生态体验、生态观光、生态休闲为重点的生态游，探索农旅融合发展的新路径。

烟店，一座山水相依、风光秀丽，洋溢着李白遗风流韵气息的诗仙小镇在新时代里正一步一步走来。

白兆山巅　　徐楚云　摄

基本镇情

烟店，历史悠久，新石器时代就有人类在此生息。境内白兆山南麓双庙村至今保存新石器时代文化遗址——王古溜遗址（第五批湖北省文物保护单位）。

烟店，人文荟萃，有名山白兆山，名河涢水，名人李白，名菜袁畈辣椒和袁畈莲藕，名景国家AAAA级旅游景区白兆山李白文化旅游区以及农旅融合建设的新农村。

烟店，名片亮丽，全国文明村镇、中国最美村镇（生态旅游类）、湖北省森林城镇、湖北省旅游魅力名镇、中国最具特色名镇、中国美丽乡村建设示范镇、湖北省农村产业融合发展试点示范乡镇等，赋予烟店新的内在发展动力。

建置沿革

烟店得名 烟店这一名称的由来，在民间有两种说法。其一，烟店地区很早以前就有很多烧石灰的窑，烧石灰时会产生大量烟气，导致该地常年烟雾蒙蒙，远远望去，小镇似身在烟雾之中，因而得名。其二，烟店地势特殊，白兆山周围容易形成缥缈云雾，因此得名。北宋安陆名士令狐挨《请善先长老住白兆寺书》，北宋司农少卿、安陆籍学者王得臣《麈史》，清光绪《德安府志》均有白兆山“有白气之异”的记载。

烟店全景（2016 年） 罗滋湘 摄

乡村新貌（2015 年）　　烟店镇　提供

从烟店原名“烟墩店”的演变和历史遗迹看，烟店得名于公元前 300 多年的战国时期。其时通信设备极为落后，行政区划是“五里为一墩，十里为一铺”，一旦朝廷有事，就借助烽烟传递信号。在烟店南街 500 米处，筑有一座高 30 余米的烽火台，称烟墩。唐开元年间（713—741），烟墩店已远近闻名，沿用至今，习称烟店。

区划沿革　自夏商起，烟店一直处古安陆之域。有据可考的烟店乡镇级建置在唐代，其名不详（据《元和郡县志》）。有名可查的烟店乡镇级建置在北宋，属西乡（据《太平寰宇记》）。清代，属太平乡（据清康熙《德安安陆郡县志》）。晚清时，全县分为 64 会，烟店区域分属双庙、横山庙、月落岭、竹篓铺等会（据清道光《安陆县志》）。民国初期，沿袭清制。1931—1936 年，烟店属鼎新（西一）区。1937—1941 年，安陆设 29 个乡镇，烟店东部属鼎新乡，西部属均和乡。1942 年，安陆设 26 个乡镇，烟店大部分地区属涢西乡，西北部少许地区属烟久乡，西南部少许地区属双棣乡。1946 年，安陆设 15 个乡镇，烟店东部大部分地区属涢西乡，西部少许地区属碧东乡。

1949 年 3 月，安陆全境解放。5 月，全县设 10 个区，烟店镇属烟店区。1952—1956 年，烟店先后属第五区、青龙区。1956—1957 年，撤区设指导小组，烟店区域内的烟店乡在第 6 小组，程巷乡在第 4 小组，城西乡为县直辖乡。1958 年年初，恢复区建制，烟店仍属青龙区；9 月，青龙区更名为红旗人民公社；年底，又复名青龙区。1966 年，青龙区改名为红旗区。1975 年 2 月，撤区并社，烟店改名程巷人民公社。1984 年，程巷人民公社改名为烟店区，辖 2 个镇、5 个乡、68 个村。

1987 年 9 月 4 日，安陆撤县建市得到国务院批准。9 月 17 日，撤区建镇，烟店镇由原烟店区所辖烟店镇、石河乡、程巷乡、白店乡组成，辖 4 个管理区（烟店、石河、程巷、白店）、39 个村。1993 年 9 月，邓河村分为邓河、邓岗两个村。2000 年 8 月，4 个管理区撤销，全镇辖 40 个村。2015 年，余寨、宋垅、碧山、袁畈 4 个村分别更名为余寨社区、宋垅社区、碧山社区和袁畈社区。至 2017 年，烟店镇辖烟店、碧山、周桥、双岭、水寨、柏树、岔路、李岗、尖山、袁畈、费岗、肖湾、长岗、周祠、黄棚、官堰、张岗、周冲、李湾、田湾、余寨、程巷、龚岗、万桥、王岗、双庙、邓河、邓岗、横路、宋垅、董桥、石河、竹篓、冯庙、白店、姚榨、黄榨、邓冲、八里、彭桥 40 个行政村（农村社区）。

集镇 战国时期，今烟店南街 500 米处，筑有一座高 30 余米的烽火台，称烟墩。周围有驻军，民众为求安定，绕其而居，渐成集市。至唐代，烟墩店的名称约定俗成。同一时期的竹篓铺，作为传递信息的铺点，居洑水至白兆山交通要道处，南来北往人众，或歇息品茶，或洽谈生意，集市自然形成。周边竹多，民以竹为业，故得名竹篓铺。明代，今程巷西 600 米处建有刘家大庙，人们到刘家大庙烧香化纸、求神保佑都要经过程巷，所走道路还是通往青龙潭的一条要道，久而久之，自然成集。又因街窄，早期居民以程姓为主，故名程巷。清代，在交通要道处相继形成白店集镇和水寨集镇。民国时，岔路口集镇和石河集镇形成。在新农村建设中，宋垅、张岗得公路建设之利，成为新集镇，而原石河集镇居民则迁居宋垅社区。

2017 年，烟店有 6 个小集镇，镇政府驻地为烟店集镇。

村落变迁 在历次人口大迁徙和历代逃避战乱中落籍烟店的移民，大都以宗族为单位，在水资源条件较好的平原河畈以及山岗平坦可耕的地方建立村落，村湾得名各式各样，且世代沿袭，体现出较强的血缘关系凝聚力和村落文化的认同感。烟店镇村湾名称

农家渔歌（2010 年）　　吴晓东　摄

由来大致有六：一是以姓氏命名，此类最多，如邓家湾、周家湾、赵家湾、陈家湾、李家湾等；二是以地形地貌特点命名，如岗上湾、望城岗、岔路口、燕子窝、塘角湾等；三是以防御匪患建筑物辅以姓氏命名，如黄家堡、周家水寨、金家院墙等；四是以主要商业活动命名，如槽坊湾、课铃[①]湾、榨屋山、棚子[②]、铁匠湾、窑上湾、火烙窑、竹篓铺等；五是以村湾主要树木命名，如竹林湾、松林湾、柏树岗、栗湾、杨树湾等；六是以传说命名，如白马冲、黎杨冲、九秀湾、银子窝、火胜湾、万家花园、李家凹等。

在新农村建设中，或改建、新建居民小区，或迁村并点，形成新的村落，其命名被赋予新的内涵，如灯辉小区、万桥新村、新大街南路、孝襄街、新村等。

遗憾的是，一些并不遥远的村湾在慢慢远离人们的视线，“乡愁”只能留存于记忆中。2017 年年底，全镇无人烟的村湾 12 个，有居民的村湾 262 个，其中人口不足 50 人的村湾 70 个，25 个村湾居住户仅三五户，濒临消失。在这些消失或濒临消失的村落中，不少村历史底蕴深厚，仅从村名便可知是“能讲出故事的村子”，蕴藏着丰富的历史信息和文化景观，如前头湾、九秀湾、五姓湾、坡脚湾、花鼓班等。

① 课铃：纸扎的祭祀物品。

② 棚子：卖茶、卖瓜搭建的棚子。

附：烟店镇部分村、湾由来撷录

水寨村　位于城郊，东挨周桥村，西邻棠棣镇十里村（蒙家桥河为界），南靠府城街道蒿桥村6组，北抵张岗村（大天线为界）。烟店镇解放以前，水寨村是个兵荒马乱、匪患频频之地。为防土匪抢劫，各个村湾都挖防护河（沟）进行寨防，出现了以姓氏命名的潘家寨、周家寨、李家寨以及实行半寨防、半哨台防的黄家台子、吴家湾、金家湾、黄家堡等13个自然湾。水寨村也因防护河（沟）多而得名。

横路村　位于烟店镇西南，东连宋垅村、石河村，西接鲀头村、邓岗村，北与双庙村接壤，南与联合社区为邻。因村里有一条横贯东西的大路而得名横路村。旧时称横大路、横路棚子。该路现为安京公路烟店段的一部分。汉十高速公路、安京公路交会通过横路村，通村公路及旅游环线道路将村版图分成田字格局。

碧山村　位于白兆山东麓，东邻肖湾村，南接袁畈村，北抵尖山村，距离安陆市区15千米。汉十高速公路穿境而过，烟应公路、安桃（安陆至随州洛阳）公路在此汇合，一条旅游专线公路直接通往白兆山李白文化旅游区。80年代初，开发白兆山旅游业时将原杨林大队更名为碧山村。

长岗村　位于烟店镇最北部，北面与孛畈镇曹棚村接壤，西南与李岗村相邻，东南与周祠村交界，南面被李岗村与周祠村环抱。从周祠村进入长岗村，过一冲（山区中的平地）上岗，冲与岗落差5米以上。过冲进入2千米长的岗，直达长青公路（长松—青龙）边的曹棚村。因岗、冲落差较大，山岗较长，故名长岗村。

双岭村　地处大洪山余脉，属典型的山区丘陵地带。村的得名有3种说法。一说南有乌山岭（与雷公镇大安村交界），北有华山岭（与孛畈镇二岭村交界），故名双岭。二说村的西北有大岭与小岭之分，后大岭、小岭合并统称为双岭。第三种说法是因该地建有双岭寺而得名。

费岗村　明洪武年间（1368—1398），一位费姓军师被贬至此。后来该地出了几名秀才和一名武状元，便声名鹊起。人们认为这是费军师带来的福气，又因地处山岗，便将此地取名为费岗，费岗村因此得名。

官堰村 1953年成立初级农业生产合作社时，社领导组织群众在府河上游拦河筑坝，建起5.33万平方米的堰坝，取名关家堰。1991年村扩建学校时，关堰村在外人士慷慨捐资。因而，在1991年关堰村小学庆典时，时任教育站站长李守芬受全镇教师之托，将关堰村小学的“关”字改为“官”，意为“官忧民、官爱民”。从此，“官堰村”的村名便传开了。

黄家堡 位于水寨村1组。1930年，为平息西山匪患，民众组织起来在周边一些地域修筑形如碉堡的岗亭30余座。黄家堡也修建了一座岗亭，因当地大多数为黄姓人家，故名黄家堡。

三李湾 位于喻家河边。明代，李姓先祖三兄弟从麻城迁居而来，老大定居地叫大李湾，老二定居地叫二李湾，老三定居地便取名为三李湾。

塘角湾 又名唐郭湾，位于横路村4组。明代，唐、郭两姓人家迁此居住，称唐郭湾。清初外迁。清末，潘、熊两姓又在此繁衍。因村落东北有一口大塘，村湾正好建在大塘的西南角，便更名为塘角湾。

八家湾 位于宋垅村4组，西邻汉十高速公路，北靠石河村。清末，只有8户人家在此居住，湾的出口又刚好呈八字形状，故名八家湾。现在，人们习惯称为“八湾”。

火胜湾 晚清时，有个名叫袁怀琴的人，为给当地百姓申冤，自费到京城告御状，最后获胜。回乡时，德安府官员在80里外迎接袁怀琴。后袁怀琴在居地置办田地，开办学堂，发展很是红火，得名火胜湾。

九秀湾 据传，李白认为一庸人移动了他的笔架而侮辱了斯文，气得把笔架扔出了窗外。不料，该笔架竟然变成了一座山（名笔架山）。笔架山正对着一湾落，该湾连续出了9名秀才。他们经常在一起舞文弄墨，因此取名九秀湾。

五姓湾 晚清时，该湾共有5户人家（周、王、吴、黄、潘5个姓氏），因没有一个大姓，便共议取名“五姓湾”。后来，周姓子孙兴盛，周姓人主张湾名以周姓命名。周姓族长以为更名影响邻里团结，废其动议，五姓湾就此沿用至今。

肖余沟 明末清初，一肖姓和一余姓农户在此居住耕作，为抗旱，共同在上游修建一条长1000余米的引水沟，后又因两姓联姻而得名肖余沟。如今，余姓全部迁出，肖余沟只剩3户肖姓居民，同时迁入李、王、陈、吴、姚等姓居民，肖余沟延名未变。

八里岔　清代，德安府至八里岔的距离是八里路，称下八里；白果店至八里岔的距离也是八里路，称上八里。上下之间有条明显的岔道，因正处于德安府与白果店之间，并以南北之间的岔道为分界线，故名八里岔。

孝襄街　2000年，因汉十高速公路（烟店境内属孝襄段）建设，村里沿线被拆迁的居民，经镇政府统一安排建设而形成了一个新的居民点。该居民点因建设孝襄高速公路而形成，故名孝襄街。

区位

自然区位　烟店镇位于安陆市城郊西北，距安陆城区12千米。北纬31° 16′ ~ 31° 21′，东经113° 35′ ~ 113° 37′。东临涢水，西依白兆山，北接孛畈，南抵安陆市郊。烟店境内南北最长处17千米，东西最宽处11千米，面积110.8平方千米。

交通区位　烟店镇交通发达，全镇40个行政村，村村通“晴雨路”。境内汉十高速公路、烟应公路、大天公路纵横交错。其中，汉十高速公路烟店段全长11.6千米，从南至西北途经烟店12个行政村；烟应公路烟店段全长9千米，从南至北途经烟店11个行政村，与市道安三（安陆—三里）公路、大天公路交会；大天公路烟店段全长4千米，途经烟店镇4个行政村。汉十高速公路在烟店留有出入口。在建的汉十高速铁路烟店段全长11千米，途经烟店6个行政村，烟店南界1.5千米处的金泉建有安陆高铁站。

经济区位　历史的径流将烟店分为平原、丘陵、山区三条明显的带状地貌。1987年建镇后，烟店镇因地制宜，精准发力，逐步将东部平原带的彭桥等8个村建设成为工业

汉十高速公路烟店出口（2013 年）　　宋厚斌　摄

园区，中部丘陵带的张岗等 25 个村建设成为生态农业区，西部白兆山脚下的碧山等 7 个村建设成为文化旅游区。至 2017 年，安东印务、坤兴实业、花中花米业、花中花汽车四大工业项目在东部彭桥工业园区聚集，安源生态、万桥葛根、裕和药材、黄棚稻虾、白店稻虾、王岗银杏六大生态农业项目在中部连片聚集，五言陆色、立强旅游、北纬 30 度 · 梦里水乡、红叶山庄、舒氏庄园、众鑫农业、湖北林业科技、慢谷项目、宋垅退思园、七彩园十大旅游项目在西部精品乡村游环线聚集。

烟店镇处安陆市郊，得地利之便，与市域经济的对接、融合优势得天独厚，已成为武汉城市圈绿色蔬菜重要供给源。

自然环境

地质　烟店区域系桐柏山和大洪山余脉。地质构造上部为粉砂岩，下部为泥质板岩夹变质砂岩和透镜状微粒白云岩。域内中部及东南部为碳酸盐岩段，由灰岩、白云质灰岩、白云岩组成，具硅质条带，厚度398.85米。

地貌　烟店镇域西高东低，呈梯形状，分为山区、丘陵、平原三条明显的带状地貌。其中，竹箩、冯庙、白店、八里、邓冲、彭桥、周桥、水寨8个村处于平原带；黄榨、姚榨、周冲、王岗、余寨、田湾、石河、双庙、宋垅、横路、万桥、费岗、烟店、李岗、周祠、长岗、黄棚、官堰、岔路、肖湾、张岗、董桥、龚岗、程巷、李湾25个村处于丘陵带；袁畈、邓河、邓岗、尖山、双岭、柏树、碧山7个村处于山区带。丘陵带、山区带、平原带分别占全镇面积的1/2、1/6、1/3。

白兆仙山（2014年）　　周建东　摄

主要山水

白兆山 白兆山，又名碧山，属大洪山余脉，南北走向，长约4.5千米，宽约1.8千米，西距城区15千米。最早见诸史籍《尚书·禹贡》，明确称为白兆山在北周时期。白兆山地势险峻，峰回路转，崖壑幽深，层峦叠翠，林木茂盛，常年鸟语花香，甘泉流长，和涢水相映成趣。前人称赞"碧山俏似诗"。山顶白云泉经年不涸，为农耕文明时期的祈雨场所。清道光《安陆县志》卷十二载："白兆山龙王庙，一在白兆山西，一在烟墩店，一在龙泉观。嘉庆二十三年知府周开谟重修。观前一涧，从白兆山顶壁直下，珠喷玉溅，奇石棋布。幽窦谽谺，神物所蛰也。每旱，置瓶泉上，汲水至龙头庙，立坛祷之，甘霖多沛。"可知清代时白兆山建有多处龙王庙。其中，嘉庆年间（1796—1820）重修的龙王庙位于白兆山龙泉观。白兆山人文资源富集，早在北周时期，即建有祈雨神庙。唐初，高僧神楷曾作《维摩经疏》于白兆山。竺乾院也建于唐初。宋代，扩建白兆寺，兴修太白堂。元代，设立长庚书院。宋代至清代，增刻斗笠崖摩崖题刻等。白兆山还是道教圣地。相传，道教真武神寻找修炼之所，途径白兆山时，被旖旎风光吸引，曾以此为修炼道场（清康熙《德安安陆郡县志》载："土人岁时祀真武神于此"），有祖师殿100余间，清代毁于战火。白兆山主峰海拔379.1米。山不在高，有"仙"则名，诗仙李白"酒隐安陆"十年（727—736），即以白兆山为居留地，在此留下了大量诗文和诸多遗址遗迹。自唐代起，历代文人墨客，如韩愈、杜牧、刘长卿、欧阳修、曾巩、秦观、贯云石、何迁等，都曾到白兆山吟诗作赋，或赞风光秀丽之美，或抒景仰李白之情。1992年，白兆山被辟为国家森林公园。2011年，白兆山李白文化旅游区被评为国家AAAA级旅游景区。

白兆山下田园风光（2017年）

清光绪《德安府志》刊载的白兆山地图　　安陆市地方志办公室　提供

段家强　摄

涢水 又名府河，历史上第一次记载府河是春秋时期的《左传》，时名清发水。东周敬王十四年（前506），吴国出兵伐楚，在今湖北麻城境内大败楚军，并一路向楚国腹地追击。双方在安陆境内涢水边再次交战，即“清发水之战”。战国时，该河始称涢水。自宋至清，在安陆置德安府，涢水流经府辖各州、县，故又称府河，原属汉江主要支流。府河有两源，即大涢、小涢。大涢为正源，起自随州市大洪山主峰北麓的灵官垭，古称洪山河，也称洪沙河，长38千米；小涢发自大兴山西北小寨子山，古称双水，今谓双河，长22千米；大、小涢水至随州茅茨畈合流为涢水主干。府河全长337千米，总流域面积14769平方千米。安陆境内涢水两岸风光秀丽，有“涢水浓于酒”的美誉。北宋文学家宋庠赞之“涢波翻縠抱城流，梦比春风第一州”。古时，涢水河床宽阔，清流奔涌，是德安府至江汉一带的水运枢纽，舟来楫往，商贾穿梭。府河在烟店境内流程13.5千米，环绕8个村，流域面积30.5平方千米，灌溉面积2.1万亩。至2017年，水上货运价值已失，工农业用水价值倍增。

气候 烟店属中纬度亚热带大陆性季风气候。夏季由热带暖气团控制，冬季由极地冷气团控制，春秋两季受两个气团交替控制，形成过渡性气候。春暖、夏炎、秋凉、冬寒，四季分明。严寒酷暑时间短；春、初夏、秋气候温和，时间长。雨量充沛，年平均降水量1135.2毫米；光热充足，年平均日照时数1950.2小时；年平均气温16℃，年平均无霜期247天，有利于农作物发育、生长，是光、热、水条件配合较好的地带。但初夏梅雨期暴雨频繁，易生洪涝；盛夏高温蒸发量大，常有伏旱，历年年平均蒸发量1496.7毫米。烟店地区的自然灾害有涝渍、干旱、连阴雨、龙卷风、狂风、寒露风、暴雨、暴雪、冰雹、低温冻害等。洪涝干旱是主要的自然灾害。

府河春色（2012年）

生长在白兆山顶的植物（2016 年） 陈迹 摄

自然资源

土地资源 烟店镇土地总面积 11373.28 公顷。按土地类型分类：耕地 5573.2 公顷，园地 143.29 公顷，林地 1965.94 公顷，草地 192.72 公顷，城镇及工矿用地 1561.71 公顷，交通运输用地 264.27 公顷，水域及水利设施用地 1381.2 公顷，其他土地 290.95 公顷。

矿产资源 东临府河地区，河沙资源丰富（2014 年始，实施禁采）；西部山区，山石储藏量 350 万立方米，中部丘陵带，砖瓦用土储藏量 50 万立方米；北部大安山一带有铜资源；白兆山山下有储量丰富的矿泉水资源。

生物资源 烟店地区粮食作物以稻、小麦为主，大麦、豌豆、蚕豆、黄豆、绿豆、红薯、玉米次之，荞麦、黍、粟等零星种植。经济作物以棉花为主，次为花生、油菜、芝麻、油茶等。蔬菜有萝卜、菠菜、茄子、辣椒、苋菜、韭菜、莴苣、豇豆、瓠子、黄瓜、番茄、丝瓜、莲藕等 30 余种。袁畈辣椒、袁畈莲藕为当地特产。

游忠平 摄

春江水暖（2018 年）　段家强　摄

果树主要有桃、李、杏、梅、梨、枣、柿、核桃、苹果、石榴、柑橘、猕猴桃、山樱桃、枳椇（拐枣）、葡萄、板栗等。

树木有 60 余科 200 余种。主要树种有杨、柳、榆、槐、椿、楝、松、杉、柏、栎等，以马尾松最多。有观赏价值的树种为铅笔柏、喜树、紫藤、刺桐、榔榆、槭树、橄榄树、香果树、枫香等。其中，铅笔柏于 1982 年引种于白兆山林场，该林场现为湖北省最大的铅笔柏母树林基地；香果树为国家二级重点保护植物，英国植物学家威尔逊称其为“中国森林中最美丽动人的树”。白兆山林下植被有杜鹃（映山红）、叶下珠（龙珠

银杏（2017 年）　朱永波　摄

楠竹林（2016 年）　陈迹　摄

草）、白茅（茅根）、牡荆、芫花、金樱子、南蛇藤、山楂（山里红）等。竹类有桂竹、毛竹、水竹、金竹、三月竹、楠竹等。竹箩村盛产竹子，竹业兴旺。

入药植物有300余种，主要有桔梗、忍冬（金银花）、夏枯草（球）、蒲公英、薄荷、鱼腥草、野菊花、何首乌、王不留行、白头翁、独活、车前草、杜仲、生地、白芍、黄檗（黄柏）等70余种，药用植物大多为野生。

菌类有香菇、白木耳、黑木耳、平菇、蘑菇、凤尾菇、草菇等。

家禽有鸡、鸭、鹅、鸽，家畜有猪、牛、羊、驴、马、骡、兔、狗、猫。

烟店境内有白兆山国家二级森林公园，野生动物有138种。主要有野猪、野兔、狐狸、猪獾、刺猬、狼、金钱豹、松鼠、黄鼬（黄鼠狼）、田鼠、水獭等；还有鹭鸟、虎纹蛙、野鸡、野鸭、麻雀、乌鸦、白鹤、鹰、金雕、鹞、猫头鹰、斑鸠、鸬鹚、小杓鹬、布谷鸟、啄木鸟、伯劳、喜鹊、龟、鳖、蛙、蜈蚣、蝎子、蜥蜴、蟾、螺、蚌等。其中，国家一级保护动物有白鹤、金雕、金钱豹（60年代以后因植被破坏已难觅踪迹）等；国家二级保护动物有虎纹蛙、鹭鸟、大杜鹃（布谷鸟）、伯劳鸟、小杓鹬、狼等。野生动物中，野猪、野兔、野鸡最多。野猪成群出入，对当地农作物造成较大破坏。

烟店境内水域宽阔，河流、水塘、水库里野生鱼的种类也较多。主要有黑鱼、鲫鱼（喜头）、黄古丁、刀鳅、鳗鲡、翘嘴、鲶鱼、白条鱼（餐子）、小麻鱼、泥鳅、鳝鱼等。饲养鱼类大宗为鲤科和鲫科，以鲤鱼、鲢鱼、鲶鱼和草鱼为主。

昆虫有蚕、蜜蜂、蜻蜓、苍蝇、蚊子、牛虻、蝴蝶、臭虫、蟑螂、地老虎、跳蚤、虱子等。

人口姓氏

人口概况

人口迁徙 元末，朱元璋、陈友谅两支农民军在烟店几经厮杀，因战火亡命或避祸逃生，致使烟店地域原居民十室九空。据清光绪《德安安陆郡县志》载："不闻室有县（同悬，悬挂）耜，野有奥草（茂密的荒草）。兵燹以来，晨星而列雁户者又几何，闻之老父，言洪武初大索土著弗得，惟城东有老户湾屋数楹，而无其人。"明代实施移民政策，烟店地域居民多为"麻城过籍"（明代江西填湖广的移民运动）而来。烟店镇邓冲村蔡氏族谱、周桥村包氏族谱、双岭村孙氏族谱等 11 个家族族谱也有记载。之后，或为避乱，或为逃荒，或为从事商业贸易到烟店安家落户者不在少数。烟店解放后至改革开放前，人口迁徙极少，只有少数人因参军、考学将户口迁出。知识青年上山下乡时期，有少数知青与当地人因结婚而迁进迁出。改革开放后，参军、考学、经商、打工等使得烟店人口进出增多。2008—2017 年，烟店派出所迁移（迁出、迁入）人口 5000 余人次。

人口规模 中华人民共和国成立前，烟店地区受战乱、自然灾害以及生活条件等因素的影响，人口增长较慢。1949 年，现辖区域总人口 1.92 万人，人口密度 173 人 / 平方千米。50 年代末，域内总人口 2.4 万人，人口密度 216 人 / 平方千米。1982 年，域内总人口 3.98 万人，人口密度 297 人 / 平方千米。2000 年，全镇总人口 4.43 万人，人口密度 439 人 / 平方千米。2017 年，全镇总人口 4.46 万人。其中，18 岁以下人口 8105 人，19 ~ 35 岁人口 8224 人，36 ~ 59 岁人口 1.63 万人，60 岁以上人口 1.2 万人。人口密度 403 人 / 平方千米；周桥村人口密度最高，为 1300 人 / 平方千米。

姓氏 2017 年，全镇有姓氏 270 个。人数前十位的姓氏为李（3227 人）、王（2082 人）、黄（1938 人）、刘（1666 人）、徐（1438 人）、潘（1402 人）、张（1206 人）、周（1177 人）、胡（1018 人）、肖（905 人），占全镇人口的 35.7%。谌、多、凡、樊、风、科等姓氏，人口均只有 1 人。

民族 2017 年年末，烟店有汉族、土家族、壮族、彝族、苗族、瑶族等 10 个民族。少数民族人口中，土家族 5 人，壮族 7 人，彝族 2 人，苗族 2 人，瑶族 1 人，傣族 2 人，侗族 2 人，蒙古族 1 人，仫佬族 1 人。少数民族人口落户烟店，主要原因是结婚和就业。

数世同堂 全镇四世同堂的家庭有 120 户；五世同堂的家庭有 6 户，分别为肖湾村的肖裕明家庭、白店村的胡秀英家庭、宋垅村的李方清家庭、姚榨村的王永莲家庭、周桥村的彭明英家庭、程巷村的江长富家庭。

寿星 全镇 80 岁以上老人 1065 人。其中，80 ~ 89 岁 1011 人，90 ~ 99 岁 50 人，百岁老人 4 人。百岁老人分别是白店村的胡秀英、宋垅村的李方清、姚榨村的王永莲、肖湾村的肖裕明。

基础设施

水利　中华人民共和国成立前，烟店地区水利基础设施建设落后，以村湾挖塘扩堰为主，较大的建设工程是修建了十户塘、千家堰2座水库。中华人民共和国成立后，烟店镇开展了府河灌溉水系、水库、泵站、渡槽、渠道以及重点水利工程建设。2012年，省政府，孝感市、安陆市相关部门及镇直各部门的“三万”（万名干部进万村挖万塘）活动进驻烟店镇各村后，把兴水利设施、固农业基础作为工作重点，挖、改、扩建当家塘堰。至2017年，全镇有当家塘堰424口、小（1）型水库5座、小（2）型水库13座、渠道7条、渡槽1座、100千瓦以上电泵站9处。

省政府办公厅在烟店开展“万名干部进万村挖万塘”活动（2011年）　　烟店镇　提供

电力 烟店供电始于1970年。2017年年底，烟店供电所电源由110千伏德安站和35千伏烟店站供给。其中，德安站主变1台，容量50兆伏安；烟店站主变2台，容量16.3兆伏安。管辖10千伏公用线路6条，10千伏专用线路1条，配电线路总长185千米，配电台区325个（其中公变台区255个，容量22165千伏安；专变台区70个，容量17020千伏安）。2017年，供电量204.7万千瓦时。

通信 1993年，烟店的通信方式还是磁石式电话（摇把子电话）。1994年夏，程控电话开通，用户500多户。1999年年底，移动、电信、联通公司在烟店建立差转站，全镇拥有各种型号手机6800多部。2000年5月，烟店实现村村通电话，平均每3户农户拥有一部电话，用户3400余户。2010年，95%的农民配有手机，有的还拥有2部手机。2015年，宽带开始进村入户。是年末，宽带用户2008户。2017年，全镇手机拥有量4.2万余部，宽带用户4200户。

经济发展

农业 中华人民共和国成立前，耕田种地靠传统农具，效率低，且抗御自然灾害能力有限。丰年，粮食尚能自给；年成不好时，许多农民的粮食只够吃三五个月。中华人民共和国成立后至改革开放前，农业经济发展仍然缓慢。1978年，烟店农业总产值535万元，农民年人

白店万亩水稻示范基地（2010年） 易家镜 摄

平整土地（2011 年） 宋厚斌 摄

董桥千亩小麦生产示范基地（2017 年）赵信伟 摄

均收入 114 元。农村家庭联产承包责任制实行后，农业经济快速发展。1992 年，实现农业生产总产值 4459 万元。90 年代，烟店开辟养鱼、大棚蔬菜、优质稻、油茶等农业生产基地 10 处，面积 6 万多亩。进入 21 世纪，烟店实施农业综合开发项目 6 个，总投资 2.5 亿元，改造农田近 10 万亩。2005 年，土地流转、大户适度规模经营等开始萌芽，由此蓄积了农业经济发展的后续之力。2017 年，全镇实现农林牧渔业生产总值 54392 万元，农民年人均纯收入 13554 元，分别是 1999 年的 7.49 倍和 6.35 倍。

工业 1948 年，烟店工业只有龙泉观石灰厂，设备简陋，效益甚微。小手工业者或走村串户卖货，或经营家庭作坊，难以形成规模。中华人民共和国成立后，小手工业者在政府的鼓励支持下，不断发展壮大。50 年代中期，全镇组建 13 个“五行”（猪行、牛行、鱼行、竹器行、木器行），12 个“五业”（理发、烟叶、餐饮、榨油、土布），并建立机械修造厂、2 个铁业社、3 个林场（林业社）、5 个缝纫社。70 年代，全镇仍没有正规企业。80 年代，相继兴办烟店修造厂、五龙岗砖厂、龙泉观石灰厂、写经岭石灰厂、烟店造纸厂、水寨麻球厂等企业，均为贷款投资的集体企业，多为加工型、养殖型和资源型。砖瓦山石开发、养殖等企业破坏了植被，污染了环境，带来负面影响。由于管理粗放、资金不足、经营不善，多数企业于 80 年代末倒闭。但龙泉观石灰厂、烟店造纸厂、水寨麻球厂在全省仍有一定的知名度。1983 年，烟店造纸厂厂长王新平、水寨麻球厂厂长黄发明被评为湖北省农民企业家。1989 年，龙泉观石灰厂加入中国石灰协会，成为中国石灰协会会员厂家。90 年代，几乎没有发展新的企业，乡镇办企业数保持在 14 家左右，较著名的有五龙岗砖瓦厂、造纸厂、龙泉观石灰厂等。进入 21 世纪，利用当地山石资源、农业资源，实施“种养加产业规划”，兴办了十余家企业。2009 年，企业生产总产值突破亿元，从业人数增加到 1000 人。2010 年后，烟店推进“三区（工业园

坤兴商砼工业（2012 年） 宋厚斌 摄

湖北花中花农业发展有限公司（2018 年）宋厚斌 摄

区、生态农业区、文化旅游区）三业（现代农业、现代工业、旅游产业）”产业规划，加大招商引进力度，先后引进花中花米业、坤兴实业有限公司、安东印务有限公司、振坤琉璃瓦厂、金川页岩砖厂、湖北北农大生物科技有限公司等知名企业。2013 年 8 月，湖北花中花农业发展有限公司的“花の蕊”商标评为湖北省著名商标。2014 年 12 月，湖北花中花农业发展有限公司成为烟店镇第一家“新三板”上市企业。2015 年 7 月，湖北花中花农业股份有限公司被评为湖北省农业产业化重点龙头企业。到 2017 年年底，全镇共引进项目 32 个，企业固定资产总值达 45.3 亿元，就业人数 4100 人，6 家规模以上企业实现工业总产值 5.1 亿元。

财税金融

财税 改革开放前后，烟店镇财政收入主要来源于农业税（公粮）及农村供销合作社、粮管所和其他集体手工作坊式企业税收。90 年代，税收主要来源于农业税、国合商业企业、乡镇企业及其他个体工商业户税收，不足百万元。90 年代末期，烟店镇在发展本土企业的同时，加大招商力度，引进企业，增强了经济实力。2000 年，实现财政收入 319 万元。2004 年，烟店镇取消农业税，省政府出台转移支付政策，下拨转移支付资金。财政收入主要来源于乡镇企业、引进企业及其他个体工商业户税收。2007 年，建立以钱养事机制，国家拨付资金弥补地方财力。2017 年，全镇实现财政收入 1855.2 万元。其中，国税完成 1059.7 万元，地税完成 795.5 万元。

金融 50 年代，烟店农村信用合作社成立，为烟店首家金融机构。2015 年 2 月，烟店农村信用合作社更名为安陆农商银行烟店营业所。

1976 年，中国农业银行在烟店设立安陆支行烟店营业所。2002 年 10 月，中国农业银行安陆支行烟店营业所撤销。

2008 年 5 月，中国邮政储蓄银行烟店支行成立。2015 年，中国邮政储蓄银行烟店支行设有自助存取款设备 2 台、自动登折机 1 台、网银自助终端机 1 台。

2017 年，烟店镇有安陆农商银行烟店营业所、中国邮政储蓄银行烟店支行 2 家金融机构，年末存款余额 4.4 亿元。其中，安陆农商银行烟店营业所存款余额 2.4 亿元，中国邮政储蓄银行烟店支行存款余额 2 亿元。

政权机构

基层党组织　1938 年，烟店地区开始建立地方党组织。60 年代起，注重从第一线发展党员，还特别注重吸收女青年加入党组织。龚岗村党支部书记龚守翠、全国植棉能手徐国英、烟店村党支部书记秦明英、八里村党支部书记李良凤、费岗村党支部书记徐德英、柏树村党支部书记李厚芬等就是不同时期的优秀女党员代表。2013 年，袁畈村被省委授予“全省先进基层党组织”称号。2017 年，全镇建有 52 个党支部，有党员 1527 名，其中女党员 196 人。

党政群机构　1987 年 9 月烟店镇成立后，党政群机构相继设立。之后，党政机构进行了 5 轮改革。2017 年，全镇设烟店镇党委、镇人大主席团、镇人民政府、镇纪律检查委员会及党政办公室、信访办、综治办、关工委、人武部、老龄办公室、便民服务中心、司法所、派出所、法庭、工会、团委、妇联、工商联、财经所等机构。1987—2017 年，中共烟店镇委员会、烟店镇人民代表大会均历经八届。

烟店选举（2016 年）　易千元　摄

基层政权　1989 年，实施《中华人民共和国村民委员会组织法》，村民直接选举产生村民委员会。是年，烟店镇为全市村委会选举试点乡镇。各村委会换届后，完善了村委会民主议事制度、民主监督制度、村务公开制度。1993 年、1996 年、1999 年、2002 年、2005 年、2008 年、2011 年、2014 年，分别完成第二至九届村委会选举工作。其中，2014 年 11 月 20 日，烟店镇第九届村“两委”换届工作完成后，村“两委”全部实现交叉任职，书记、主任一肩挑。

社会事业

教育

幼儿教育　1995 年，烟店中心幼儿园成立。2000—2017 年，烟店相继设立白店幼儿园、水寨小学新天地幼儿园、小太阳幼儿园。

小学教育　中华人民共和国成立前，烟店区域乡村教育的办学形式为私塾学堂，私塾几乎遍及各个乡村。直至 1953 年，塾学才完全被公办或民办学校取代。60 年代初，

烟店镇中心小学（2012 年）　　宋厚斌　摄

烟店域内各生产大队（村）都开办了学校，累计 40 所。70 年代，不少大队学校由初小升级到完小，后又由完小升级为带帽初中（1 ~ 2 年级）。教师主体是民办教师，少数大队学校配备 1 ~ 2 名公办教师。1990 年后，各村级小学为迎接国家“普九”（普及九年义务教育）验收，通过集资，兴建了教学楼，改善了办学条件，不少民办教师通过考试与考核转正，成为公办教师。90 年代起，学校布局不断调整。至 2017 年，全镇只保留水寨、程巷、白店和烟店镇小 4 所小学。

中学教育 1966 年 9 月，烟店域内建立中学 6 所。80 年代末，烟店域内中学开始撤并。2007 年后，全镇只保留烟店镇初级中学。

高中教育 1971 年 9 月，青龙区高级中学更名为烟店高级中学。1986 年 9 月，烟店高级中学由普通高级中学更名为农业高级中学。1990 年 9 月，烟店农业高级中学撤销。

扫盲教育 中华人民共和国成立前，烟店群众读书识字的人少，文盲占总人口的 90% 以上。1949 年冬，烟店开始兴办业余夜校、农闲识字班，开展扫盲教育。“文化大革命”初期一度终止。至 1995 年 10 月，全镇年满 15 周岁以上人口脱盲、非文盲率达 98.35%，15 周岁非文盲率为 99.6%，适龄儿童入学率 100%，各项主要指标达到基本扫除文盲单位标准，通过湖北省扫盲工作验收。

成人教育 1986 年 8 月，烟店镇成人文化技术学校成立，为安陆第一所乡镇成人文化技术学校。1990 年 9 月烟店农业高级中学撤销后，烟店镇成人文化技术学校迁建烟店农业高级中学旧址。学校曾设立中师函授班、农业技术培训班，并创办了规模较大的食用菌培植基地，为烟店镇培育了一批中师函授毕业生（对象是在职教师），又为各村培养了一批农业技术人员。

卫生 中华人民共和国成立前，烟店疾病医疗以中医药材为主。当时，用土方土法治病的比较多，如得了腮腺炎，用醋和黄土调和成糊状糊在腮巴上，有消炎拔毒之效。落后的医疗技术导致结核病（痨病）、甲亢、头癣、疟疾（打皮寒）等病流行多发。中华人民共和国成立初期，由个体自费接种牛痘预防天花。1952 年，烟店镇中心卫生院成立，国家发放疫苗，免费接种，解除老百姓疾苦。随后，相继成立三里卫生所、孛畈卫生所、程巷卫生所、白店卫生所、城西卫生所等分所。到 1959 年，能开展外科、防保、妇科等业务。70 年代，开始增添现代医疗设备，增设相应科室，各生产大队办起合作医疗室。基本形成以区卫生院为主体、卫生所为支撑、生产队医疗室为基础的分级防治、就近医治的医疗卫生格局。1982 年，卫生部在烟店设立钩端螺旋体病监测点。1985 年，

烟店镇中心卫生院（2012年） 宋厚斌 摄

开始实行计划免疫，0～7岁儿童接种4种疫苗。90年代，选送医务人员到县、市以上医院进修学习成为常态。2001年后，卫生院不断加强基础设施建设，购进先进医疗设备，增强了医疗服务能力。2012年3月，烟店镇中心卫生院被评为“湖北省示范乡镇卫生院”；2013年，被评为“湖北省最美乡镇卫生院”。

2017年，卫生院占地面积7782平方米，建筑面积3918平方米，业务用房面积3468平方米。有职工62人，其中专业技术人员52人。建有门诊楼、住院楼、公卫楼。设有外科、内科、儿科、国医堂等7个临床业务功能科室。卫生院拥有全自动生化分析仪、全自动血液分析仪、尿液分析仪、12导联心电图、彩超仪、洗胃机、呼吸麻醉机、冷光无影灯、多功能手术床、理疗机、红外线治疗仪、腰颈椎牵引床、电子针疗仪、心电监护仪、电子呼叫系统等一批高科技设备。常年开放病床54张，配备救护车一辆，能开展剖宫产术、子宫肌瘤术、卵巢囊肿术、阑尾炎术、疝气修补术、胆囊切除术、各类痔疮术、大隐静脉曲张术、浅表肿物切除术、四肢骨折固定术等医疗手术。卫生院下辖19个村级卫生室。

文化 烟店民间文化品种繁多，有近20种。其中，麒狮舞被列入湖北省非物质文化遗产项目。烟店成立有书画分会、碧山诗社、花木盆景协会，有省级会员11人。楹联、诗词、书画创作成为群众性文化活动，独具特色。1985年，黄华科业余创作的剧本《大姑爷坐席》获全国农村业余戏剧创作一等奖（参见本志“艺文·剧本·大姑爷坐席”）。敖永才为香港书画笔艺会会员、中国书画艺术促进会会员、世界华人艺术界联合会会员、中国文化艺术研究中心书画师，40多幅作品获国家级奖项，参加国际书画作品

1976年10月，安陆县文艺舞蹈队在烟店集训　　易家镜　摄

展12次（参见本志“烟店人物·当地名人·敖永才”）。2015年12月，烟店镇被评为“湖北省诗乡创建先进单位”。

70年代，烟店成立文化站、广播站，组建了电影放映队。80年代，文化站、广播站合并，创办了楚剧团（30余人）、电影放映队、剧院、图书阅览室、联营新华书店、球类、棋类等文化团体（阵地），下设5个文化点，年收入超10万元。1986年，烟店文化站代表安陆出席全省农村文化工作会议，被评为全省文化先进单位。1996年，烟店镇被评为全省文化工作先进乡镇。90年代，烟店电视台成立。2015年，农村智能应急广播“村村响”工程启动。2017年，全镇有综合文体站1个，建有文化信息共享工程中心服务站1个、文化信息资源共享店1个；有村级文化中心40个，村级藏书6万余册；安装“村村响”智能广播240台，有群众舞蹈队15支。

体育　80年代末90年代初，烟店镇各中、小学校按标准配备了田径、球类、体操等器材，建有小型体育活动场地。随着全民健身运动的开展，各村、镇直单位，包括福利院都有乒乓球台、各种各样的健身器材。不少家庭也购置了体育活动器材或健身器材，如赛车、跑步机、家用多功能弹簧拉力器、哑铃、乒乓球拍、羽毛球拍、健身球等。2017年，全镇体育场所面积达2.5万平方米，有5处环形跑道、4个足球场、25副篮球架、106副乒乓球台、54副单双杠、46套室外健身器材、110部广场舞音响、40套羽毛球网。

烟店镇各学校除开设体育课外，每天至少有一次大课间体育活动、1次广播体操和2次眼保健操。每学年冬、春两季，分别举行一次学生运动会。镇中心广场、各个社区

安陆市"大家唱大家跳"活动烟店赛区选拔比赛（2012 年）　宋厚斌　摄

一年四季都有成群的人坚持跳广场舞。安陆市农民运动会曾 3 次在烟店镇召开。1999 年，烟店镇被省政府授予"先进体育乡镇"称号。

精神文明建设　80 年代，开展"五讲四美三热爱"[①] 活动。90 年代，开展创建文明单位（镇、村、部门）、"五好家庭"、"双文明（精神文明和物质文明）户"、"十星级"[②] 文明农户、学雷锋树新风、移风易俗树新风、刹"三风"除"六害"等精神文明建设活

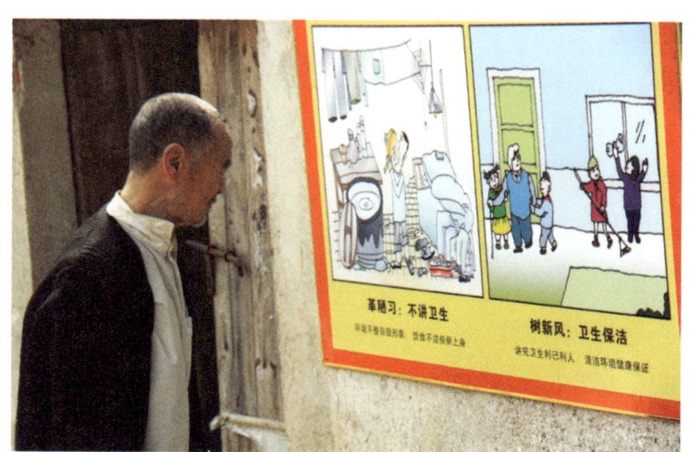

文明创建漫画墙（2013 年）　烟店镇　提供

① "五讲四美三热爱"："五讲"，即讲文明、讲礼貌、讲卫生、讲秩序、讲道德；"四美"，即心灵美、语言美、行为美、环境美；"三热爱"，即热爱共产党、热爱祖国、热爱社会主义。

② "十星级"：政治思想好、遵守纪律好、计划生育好、学用科学好、勤劳致富好、注重文明好、移风易俗好、家庭和睦好、邻里团结好、环境卫生好。

动。进入21世纪，开展以“整治村庄环境、建设美丽家园、促进生态文明”为主题的文明评选活动和以“弘扬孝敬友善、尊老爱幼传统美德”为主题的孝行月、“好婆媳、好妯娌、好夫妻、好邻居”评选活动。全镇获孝感市级以上精神文明建设表彰的个人、单位共38次；烟店镇被表彰为湖北省文明镇、全国文明镇，袁畈村被表彰湖北省文明村、全国文明村。

社会保障

救济救灾 改革开放前，贫困救济对象主要是农村家大、口阔、劳力少，或因病致贫，或因天灾人祸等原因造成生活困难的农户。救助方式有二：群众互助互济和集体照顾。改革开放后，打破贫困户有缺则补的救济方式，重点开展扶贫救助，帮助困难户买肥料、添农具和买猪，协助农户发展种养业，减免各种摊派。90年代后，镇民政办每年对全镇困难户进行调查核实，登记造册，并给予适当的经济救济。一般生活困难户每户每年补助200元，特殊困难户每年每户补助400元。

精准扶贫 2015年，精准扶贫工作全面开展，制定了能直观反映贫困村、贫困户基本情况、致贫原因、帮扶措施、脱贫方案、帮扶责任人的精准扶贫档案模板，对贫困村、贫困户制定“一户一册一法、一村一档一图”，实现精准管理、动态进出。当年，锁定贫困对象545户、1388人。

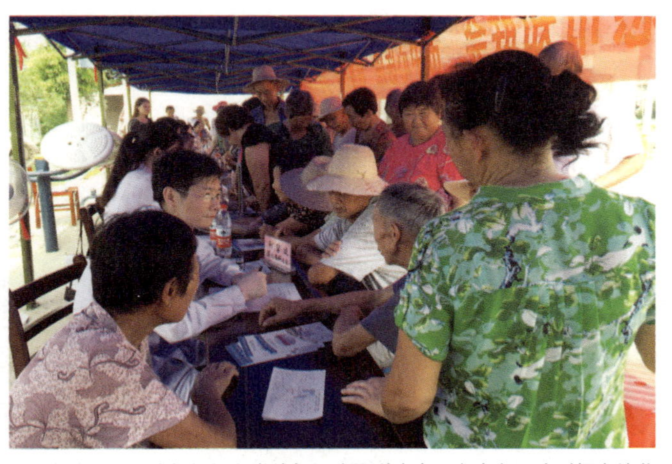

孝感市委统战部组织市党外知识分子联谊会、市中心医院到烟店镇黄棚村开展“精准扶贫·送医下乡”活动（2017年） 袁洪年 摄

2015—2017年，发展扶贫产业，开发“四荒”（荒山、荒沟、荒丘、荒滩）资源3650亩，创办产业扶贫基地6个，兴办农家乐扶贫实体13家。以安源生态“631收益分成”（企业、农户、村集体按6∶3∶1分成）扶贫模式为引领，创新“农户＋企业＋村集体”“公司＋农户＋产品”“基地＋合作社＋农户”三大产业链扶贫模式，新增贫困就业248人，人均增收1800元。组织254名扶贫队员开展结对帮扶，累计送资金送物资73.6万元，争取扶贫项目40个、资金802万元。贫困村王岗村脱贫出列，全镇183户、452人脱贫。

最低生活保障 90年代末，实施农村、城镇居民最低生活保障制度，对家庭年人均收入低于当地最低生活标准的给予补助。至2017年，进行5次调标。2017年，全镇有农村低保674户、1331人，月人均发放低保金154元；有城镇低保67户、88人，月人均发放低保金310元。

残疾人保障 1992年，烟店镇成立残疾人福利基金管理所，开展残疾人救助工作。2017年，全镇残疾人859人。其中，语言残疾人5人，视力残疾人60人，听力残疾人33人，肢体残疾人394人，智力残疾人74人，精神病人144人，综合性多重残疾人149人。30%的残疾人靠自己的劳动收入生活，10%的残疾人靠亲戚家属供给，60%的残疾人由国家集体救助。

福利院建设 1981年以前，"五保"基本上实行分散供养。1981年，烟店区在烟店南街建成烟店福利院，占地面积8000平方米，住房36间，可供养30多人。1995年，烟店福利院被省政府授予全省"先进农村福利院"称号。2003年，投资200余万元，在费岗村重建福利院，占地面积4.6万平方米，建筑面积3600平方米，绿化覆盖率57%，院内建有食堂、停车场、养猪场、菜园、娱乐场所、健身场所等，可供养80多人。2013年6月，省慈善总会"关怀老人"项目试点在烟店福利院开展。2014年，烟店福

烟店福利院（2009年）

利院被省民政厅授予“三星级福利院”称号。

城乡居民养老保险 2010 年，烟店镇开始实施城乡居民养老保险。是年，60 岁及以上的老年人不交纳养老金，老年人每月直接发放 55 元的基础养老金；16 ~ 59 岁居民每年交纳 100 ~ 1000 元养老保险费，财政补助每人 30 ~ 38 元。2010 年，直接领取基础养老金的老年人有 5400 人。之后，凡达 60 岁的，即可领取养老金（基础养老金和个人账户养老金）。2014 年 7 月，基础养老金提高到 70 元。2015 年，交费档次提高到 200 ~ 3000 元，财政补贴也提高到 45 ~ 100 元。2017 年，全镇参加城乡居民养老保险 20121 人，领取养老保险金 1.2 万人。

农村合作医疗 2006 年，烟店镇新型农村合作医疗制度开始建立。当年，全镇参合人数 29805 人。之后，参合农民逐年增加。2010 年，全镇参合人数 39481 人。2013 年后，全镇新型农村合作医疗参合率 100%，个人交费基数也不断调整。2006—2008 年，个人交纳 10 元；2009—2013 年，个人交纳 20 元；2014 年，个人交纳 70 元；2015 年，个人交纳 90 元；2016 年，个人交纳 160 元；2017 年，个人交纳 180 元。农村“五保”从财政转移支付资金中划拨，特困户个人从扶贫救助金中解决。

易家镜 摄

附：2011—2017 年烟店镇所获主要荣誉称号

白兆山李白文化旅游区——国家 AAAA 级旅游景区（2011 年 10 月）

袁畈村——全国文明村（2015 年 2 月）

烟店镇——中国最美村镇（生态旅游类）（2015 年 10 月）

烟店镇——湖北省森林城镇（2015 年 11 月）

烟店镇——湖北省旅游魅力名镇（2016 年 6 月）

烟店镇——中国最具特色名镇（2016 年 11 月）

烟店镇——中国美丽乡村建设示范镇（2016 年 12 月）

烟店镇——湖北省农村产业融合发展试点示范乡镇（2017 年 7 月）

白兆山李白文化旅游景区——湖北省 A 级旅游景区红榜（2017 年 10 月）

烟店镇——全国文明镇（2017 年 11 月）

中国最美村镇牌楼（2018 年）　　赵信伟　摄

诗仙古镇

悠悠府河水，巍巍白兆山。包揽山水者，唯有烟店镇。

唐开元十五年（727），27 岁的李白“仗剑去国，辞亲远游”，来到安陆。在这里，他同故宰相许圉师的孙女成婚，寓家烟店境内白兆山，养育了一双儿女。十年间，他东游淮扬，西入秦海，北至太原，南抵衡庐，留下以《静夜思》《蜀道难》《将进酒》为代表的百余首千古绝唱。与此同时，留存众多遗址遗迹和民间故事传说。历代文人墨客，如唐代杜牧、刘长卿，宋代宋祁、秦观、范雍，元代贯云石，明代何迁曾到白兆山追寻李白足迹，在此题咏。80 年代初，烟店有关李白的研究工作在时任中共中央总书记胡耀邦的关心下开展起来，以“李白文化”元素为内核的“诗仙小镇”建设也全面展开。

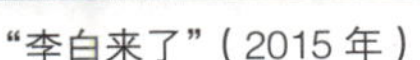

“李白来了”（2015 年） 吴晓东 摄

诗仙遗踪

李白栖居白兆山十年行踪 唐开元十五年（727）春，李白东涉溟海后，返棹游安陆，初居寿山，随即迁居白兆山。是年夏，游洛阳，结识元丹丘、元演；早秋，复还安陆；冬，游随州。其间，写下《代寿山答孟少府移文书》《夏日诸从弟登汝州龙兴阁序》《题元丹丘颖阳山居》《上安州李长史书》等诗文 11 篇。

开元十八年（730）春，李白与故宰相许圉师的孙女结婚后移居白兆山桃花岩（《上安州裴长史书》云：“而许相公家见招，妻以孙女”,《安陆白兆山桃花岩寄刘侍御绾》云：“归来桃花岩”）。是年冬，女儿平阳出生。李白在白兆山桃花岩开山田，日以耕种、读书为生活，并以文会友，等待入仕时机。在此期间，相继写下《春夜宴从弟桃花园序》

《山中问答》《上安州裴长史书》《题元丹丘山居》等诗文 17 篇。

开元十九年（731）春，李白作别妻儿，离开白兆山，取道南阳，第一次到长安。至开元二十一年（733），李白以长安为中心，北至雁门，南达湘沅，东临越中，西抵武功，为了实现入仕理想，足迹遍布全国。李白广泛上书干谒，上至朝廷达官，下至州郡官吏，都成为李白上书求荐的对象，如少府崔叔封、坊州司马王嵩、玉真公主等人。其间，李白写下《赠华州王司士》《读诸葛武侯传书怀赠长安崔少府叔封昆季》《留别王司马嵩》《月下独酌四首》《蜀道难》《行路难》《长相思》等诗文 41 篇。这一时期，李白曾两次归隐终南山。

开元二十二年（734），李白长安干谒未果，春归白兆山。随即游襄阳，暮春至江夏，旋归安陆。秋冬游江东，泛潮海，滞庐霍。开元二十三年（735）春，李白归白兆山；夏，北上游嵩山；秋，游河东。是年，李白长子伯禽出生。开元二十四年（736）春，李白由太原返洛阳，游颍阳、淮阳；夏末秋初，归白兆山。其间，写下《安陆白兆山桃花岩刘侍御绾》《春日归山寄孟浩然》《将进酒》等诗文 40 篇，并对十年来的诗稿进行整理。

开元二十五年（737）夏，李白携家离开白兆山，移家东鲁，开始谋求新的政治出路。

链接：李白栖居白兆山所作诗文（部分）

上安州李长史书

白，嵚崎历落可笑人也。虽然，颇尝览千载，观百家，至于圣贤，相似厥众。则有若似其仲尼，纪信似于高祖，牢之似于无忌，宋玉似于屈原。而遥观君侯，窃疑魏洽，便欲趋就。临然举鞭，迟疑之间，未及回避。且理有疑误而成过，事有形似而类真，惟大雅含弘，方能恕之也。

白少颇周慎，忝闻义方，入暗室而无欺，属昏行而不变。今小人履疑误形似之迹，君侯流恺悌矜舍之恩。戢秋霜之威，布冬日之爱。睟容有穆，怒颜不彰。虽将军息恨于长孙（一作孺）之前，此无惭德；司空受（一作爱揖）于元淑之际，彼未为贤。一言见冤，九死非谢。

白孤剑谁托，悲歌自怜。迫于恓惶，席不暇暖。寄绝国而何仰？若浮云而无依。南徙莫从，北游失路。远客汝海，近还郧城。昨遇故人，饮以狂药。一酌一笑，陶然乐酣。困河朔之清觞，饫中山之醇酎。属早日初眩，晨霾未收。乏离朱之明，昧王戎之视。青白其眼，瞢而前行，亦何异抗庄公之轮，怒螳螂之臂？御者趋召，明其是非。入门鞠躬，精魄飞散。昔徐邈缘醉而赏，魏王却以为贤；无盐因丑而获，齐君待之逾厚。白，妄人也，安能比之？上挂《国风》相鼠之讥，下怀《周易》履虎之惧。愍以固陋，礼而遣之。幸容宁越之辜，深荷王公之德。铭刻心骨，退思狂愆，五情冰炭，罔知所措。昼愧于影，夜惭于魄，启处不遑，战跼无地。

伏惟君侯，明夺秋月，和均韶风。扫尘辞场，振发文雅。陆机作太康之杰士，未可比肩；曹植为建安之雄才，惟堪捧驾。天下豪俊，翕然趋风。白之不敏，窃慕余论。何图叔夜潦倒，不切于事情；正平猖狂，自贻于耻辱。一忤容色，终身厚颜。敢沐芳负荆，请罪门下。倘免以训责，恤其愚蒙，如能伏剑结缨，谢君侯之德。敢一夜力撰《春游救苦寺》诗一首十韵、《石岩诗》诗一首八韵、《上杨都尉》诗一首三十韵，辞旨狂野，贵露下情，轻干视听，幸乞详览。

春夜宴从弟桃花园序

夫天地者，万物之逆旅也；光阴者，百代之过客也。而浮生若梦，为欢几何？古人秉烛夜游，良有以也。况阳春召我以烟景，大块假我以文章。会桃花之芳园，序天伦之乐事。群季俊秀，皆为惠连；吾人咏歌，独惭康乐。幽赏未已，高谈转清。开琼筵以坐花，飞羽觞而醉月。不有佳咏，何伸雅怀？如诗不成，罚依金谷酒数。

山中问答

问余何意栖碧山，笑而不答心自闲。
桃花流水窅然去，别有天地非人间。

日夕山中忽然有怀

久卧青山云，遂为青山客。
山深云更好，赏弄终日夕。
月衔楼间峰，泉漱阶下石。
素心自此得，真趣非外惜。
鼯啼桂方秋，风灭籁归寂。
缅思洪崖术，欲往沧海隔。
云车来何迟，抚几空叹息。

上安州裴长史书

白闻天不言而四时行，地不语而百物生。白人焉，非天地，安得不言而知乎？敢剖心析肝，论举身之事，便当谈笑，以明其心。而粗陈其大纲，一快愤懑，惟君侯察焉。

白本家金陵，世为右姓。遭沮渠蒙逊难，奔流咸秦，因官寓家。少长江汉，五岁诵六甲，十岁观百家。轩辕以来，颇得闻矣。常横经籍书，制作不倦，迄于今三十春矣。

以为士生则桑弧蓬矢，射乎四方，故知大丈夫必有四方之志。乃仗剑去国，辞亲远游。南穷苍梧，东涉溟海。见乡人相如大夸云梦之事，云楚有七泽，遂来观焉。而许相公家见招，妻以孙女，便憩迹于此，至移三霜焉。

曩昔东游维扬，不逾一年，散金三十余万，有落魄公子，悉皆济之。此则是白之轻财好施也。

又昔与蜀中友人吴指南同游于楚，指南死于洞庭之上，白禫服恸哭，若丧天伦。炎月伏尸，泣尽而继之以血。行路闻者，悉皆伤心。猛虎前临，坚守不动。遂权殡于湖侧，便之金陵。数年来观，筋骨尚在。白雪泣持刃，躬申洗削。裹骨徒步，负之而趋。寝兴携持，无辍身手。遂丐贷营葬于鄂城之东。故乡路遥，魂魄无主，礼以迁窆，式昭朋情。此则是白存交重义也。

又昔与逸人东严子隐于岷山之阳，白巢居数年，不迹城市。养奇禽千计，呼皆就掌取食，了无惊猜。广汉太守闻而异之，诣庐亲睹，因举二人以有道，并不起。此则白养高忘机，不屈之迹也。

又前礼部尚书苏公出为益州长史，白于路中投刺，待以布衣之礼。因谓群僚曰："此子天才英丽，下笔不休，虽风力未成，且见专车之骨。若广之以学，可以相如比肩也。"四海明识，具知此谈。

前此郡都督马公，朝野豪彦，一见礼，许为奇才。因谓长史李京之曰："诸人之文，犹山无烟霞，春无草树。李白之文，清雄奔放，名章俊语，络绎间起，光明洞彻，句句动人。"此则故交元丹，亲接斯议。若苏、马二公愚人也，复何足尽陈？倘贤者也，白有可尚。

夫唐虞之际，于斯为盛，有妇人焉，九人而已。是知才难，不可多得。白，野人也，颇工于文，惟君侯顾之，无按剑也。伏惟君侯，贵而且贤，鹰扬虎视，齿若编贝，肤如凝脂，昭昭乎若玉山上行，朗然映人也。而高义重诺，名飞天京，四方诸侯，闻风暗许。倚剑慷慨，气干虹霓。月费千金，日宴群客。出跃骏马，入罗红颜。所在之处，宾朋成市。故时人歌曰："宾朋何喧喧，日夜裴公门。愿得裴公之一言，不须驱马将华轩。"白不知君侯何以得此声于天壤之间，岂不由重诺好贤，谦以得也？而晚节改操，栖情翰林，天才超然，度越作者。屈佐郧国，时惟清哉。棱威雄雄，下慑群物。

白窃慕高义，已经十年。云山间之，造谒无路。今也运会，得趋末尘，承颜接辞，八九度矣。常欲一雪心迹，崎岖未便。何图谤詈忽生，众口攒毁，将欲投杼下客，震于严威。然自明无辜，何忧悔吝！孔子曰："畏天命，畏大人，畏圣人之言"。过此三者，鬼神不害。若使事得其实，罪当其身，则将浴兰沐芳，自屏于烹鲜之地，惟君侯死生。不然，投山窜海，转死沟壑。岂能明目张胆，托书自陈耶！昔王东海问犯夜者曰："何所从来？"答曰："从师受学，不觉日晚。"王曰："吾岂可鞭挞宁越，以立威名？"想君侯通人，必不尔也。

愿君侯惠以大遇，洞天心颜，终乎前恩，再辱英盼。白必能使精诚动天，长虹贯日，直度易水，不以为寒。若赫然作威，加以大怒，不许门下，逐之长途，白既膝行于前，再拜而去，西入秦海，一观国风，永辞君侯，黄鹄举矣。何王公大人之门，不可以弹长剑乎？

安陆白兆山桃花岩寄刘侍御绾

云卧三十年，好闲复爱仙。
蓬壶虽冥绝，鸾鹤心悠然。
归来桃花岩，得憩云窗眠。
对岭人共语，饮潭猿相连。
时升翠微上，邈若罗浮巅。
两岑抱东壑，一嶂横西天。
树杂日易隐，崖倾月难圆。
芳草换野色，飞萝摇春烟。
入远构石室，选幽开山田。
独此林下意，杳无区中缘。
永辞霜台客，千载方来旋。

安州般若寺[①]水阁纳凉喜遇薛员外乂

翛然金园赏，远近含晴光。
楼台成海气，草木皆天香。
忽逢青云士，共解丹霞裳。
水退池上热，风生松下凉。
吞讨破万象，搴窥临众芳。
而我遗有漏，与君用无方。
心垢都已灭，永言题禅房。

春日归山寄孟浩然

朱绂遗尘境，青山谒梵筵。
金绳开觉路，宝筏度迷川。

① 般若寺，即白兆山白兆寺。

岭树攒飞栱，岩花覆谷泉。
塔形标海月，楼势出江烟。
香气三天下，钟声万壑连。
荷秋珠已满，松密盖初圆。
鸟聚疑闻法，龙参若护禅。
愧非流水韵，叨入伯牙弦。

赠内

三百六十日，日日醉如泥。
虽为李白妇，何异太常妻。

白兆山李白遗址遗迹 境内白兆山是李白在安陆时期主要生活的地方。白兆山横跨烟店镇与雷公镇，留存为数众多的李白遗址遗迹：白兆寺、太白堂、桃花岩、洗笔池、李白读书台、古银杏树、白云泉、绀珠泉、长庚书院、洗脚塘、大安寺、太白林、太白楼、五桂轩、石岩寺、救苦寺、车盖亭。80 年代开始，这些遗址遗迹开始修复或重建。至 2017 年，已建成白兆山李白文化旅游区（参见本志“诗仙古镇 · 白兆山李白文化旅游区 · 翰林湖李白文化景区、太白湖道教源流景区、桃源谷遗址遗迹景区”）。

雕塑：李白一家人（2018 年） 段家强 摄

省级非物质文化遗产《李白在安陆的传说》

搜集整理 李白在烟店白兆山十年期间，留下了大量民间传说，并世代流传。广泛搜集这些传说，是李白研究工作的一部分。1982 年年底，考证李白办公室的李孟之、肖成强等 8 名工作人员到李白活动过的白兆山、车盖亭、大安山等地采风，先后找农民、和尚、道人共 100 余人座谈，搜集到 18 篇关于李白的传说。是年，杨亚、王义功搜集、整理的《飞笔成字》《指官为棺》在《布谷鸟》杂志发表。1983—1990 年，考证李白办公室工作人员在烟店镇又搜集到李白在安陆的传说 20 篇。其中，卫保群搜集、整理的《娶妻出丑》《李白酒谜》《太白豆腐》《太白解难》《白云泉的传说》相继在《民间故事》《山西文艺》等省级以上报刊发表。

雕塑：诗仙李白（2018 年） 段家强 摄

1992 年，《李白在安陆的传说》编印出版，作为纪念《在延安文艺座谈会上的讲话》发表 50 周年和向全国第二届农民运动会（安陆设立了分会场）敬献的一份礼物。

分类 《李白在安陆的传说》从史料记载到民间口头语言艺术作品的形成，经历了历史记载、方志传承、民间传说、文人传播 4 个阶段。《李白在安陆的传说》共收录传说 38 则，从内容上分为 8 类：反映李白为仙人下凡的故事，有《李白出世》《李白登天》2 则；反映李白的爱情故事，有《仙子伴读》《下马桩》《大安寺前的两棵大柏树》3 则；反映李白天资聪慧、刻苦学习的故事，有《笔头生花》《灯盏窝》《洗笔开池》《白兆书院》《月夜写经》《李仙人与晒经坡》《双桂劝学》7 则；反映李白匡君济世的政治抱负的故事，有《万言不值一杯水》《指官为棺》2 则；反映李白关心民间疾苦的故事，有《龙泉观的传说》《笔架石》2 则；反映李白钟情安陆山水的故事，有《天花台》《笔架山》《金牛石门》3 则；反映李白倜傥不羁、宽以待人、浪漫飘逸个性的故事，有《太白下棋》《李白改诗》《李白投宿》《太白香蕉》《玉浮梁的传说》《齐眉之量》6 则；反映李白蔑视权臣、不畏强暴、行侠仗义的故事，有《大安寺的传说》《飞笔成字》《李白测字》《巧治庸医》《洗脚塘》《李白救塾师》《巧解难》《贪官怕李白》《巧计惩州官》《李白做中保》《李州官三难李白》《李白骑驴登公堂》《李白与杨贵妃》13 则。

2008 年 8 月，烟店镇配合相关部门对白兆山李白遗址遗迹和民间传说传承人进行了采访拍摄，申报省级非物质文化遗产。2009 年 5 月 27 日，《李白在安陆的传说》被评定为湖北省第二批省级非物质文化遗产。

李白研究

李白“酒隐安陆，蹉跎十年”，留下大量脍炙人口的诗篇和许多历史遗址遗迹。但在中国文学研究领域，李白在白兆山的十年，由于史料稀少、研究匮乏，向为学术空白。1982 年 5 月，时任中共中央总书记胡耀邦到湖北视察工作时，询问了李白在安陆十年的活动情况。之后，在各级领导的关心、支持下，成立考证李白领导小组和办公室，全面开展李白学术研究工作。30 余年来，先后编辑出版《李白在安陆》《李白在安陆十年诗文选注》《安陆李白文化丛书》和《李白在湖北诗文选注》等多种学术专著。至 2017 年，先后在《李白学刊》《唐代文学论丛》《中国文学研究》《四川大学学报（哲学社会科学版）》《华中师范大学学报（人文社会科学版）》等全国有关学术杂志发表了数十万字的李白研究论文。参加了《李白文选》《李白诗四百首》《李白大辞典》的编撰。这些研究成果成为烟店镇开发白兆山李白文化旅游和“诗仙小镇”创建的文化源泉。

李白研究机构与研究专业人员 80年代，以李白栖居白兆山十年史实为基础，安陆李白研究工作全面展开，先后成立了安陆县考证李白领导小组（1982年11月成立）、李白纪念馆（1985年成立）、安陆市李白研究学会（1988年1月成立）、李白论坛（2008年成立）、湖北省李白研究会（2010年11月成立）。

在李白研究中，主要研究人员有3人。

陈建平，1982年抽调到考证李白在安陆十年活动办公室，担任《李白在安陆十年诗文系年》等主要论文的撰写和文献资料的咨询工作。《李白在安陆十年诗文系年》填补了李白研究中安陆十年这段历史空白。

张昕，安陆市专业技术拔尖人才、副研究馆员，曾任中国李白研究会理事。1995—2007年，任李白纪念馆副馆长、馆长，主持纪念馆工作。1982年开始从事李白研究工作，先后发表李白研究论文20余篇；主编《李白在安陆论丛》《李白在湖北诗文选注》等专著。

王清，1986年，分配到李白纪念馆工作。2007—2013年，任李白纪念馆馆长。先后发表《李白诗中的地名考异》等李白研究文章20余篇。2006—2013年，主持出版《安陆李白文化丛书》《李白在湖北诗文选注》等专著。

李白研究主要成果

专著

《李白在安陆》 1983年，《李白在安陆》内部印行，分送相关专家征求意见。全书分五大部分：一、十年风尘，以通俗文字介绍李白在安陆十年的活动。二、论文，以大量的史料论证李白在安陆十年的活动及行踪。三、李白在安陆的民间传说。四、各种史料中有关李白的记载摘抄。五、历代名人题咏李白的诗词。清华大学教授、中华书局总编辑傅璇琮和陕西师范大学教授霍松林当时正在编《唐代文学研究年鉴（1983）》，看到《李白在安陆》书稿后，即安排西北大学唐代文学研究室的阎琦写了书评，刊登在当年的年鉴上。这是年鉴“新书选评”专栏中唯一为一本不是正式出版的专著而写的书评，认为“是一部旨在学术的著作”。书稿完成后、研究人员又分组拜访了一些专家、学者，广泛征求意见，进一步收集资料，对该书进行修改。1986年12月，《李白在安陆》由华中师范大学出版社出版，全书25万字，共分10部分，收入论文24篇，摘编历代文献有关李白在安陆的记载34则，将其分为“行踪”“家室”“逸事”三类。论文部分主要包括《李白在安陆十年诗文系年》、《李白在安陆十年行踪》、《李白在安陆十年论丛》（之

一、之二）等。李白在安陆的民间传说部分凡 18 篇，其中 10 篇曾在《民间文学》等文艺刊物上发表，另外 8 篇是当时新收集的。李白在安陆十年诗文部分录诗文 115 篇，只对李白在古安州地域写的 18 篇诗文作了笺注。历代题咏李白在安陆遗址的诗词和楹联部分收录了历代题咏李白在安陆遗址诗词 29 首、楹联 15 幅，同时还择优收录今人所撰的 10 幅楹联。《唐代文学》《华中师范大学学报（人文社会科学版）》《民间文学》选登该书论文和民间传说 9 篇。傅璇琮、武汉大学教授胡国瑞为该书作序。胡国瑞称，该书作者“用力之勤，用心之细，至足钦佩”。《李白在安陆》填补了李白在安陆十年学术研究空白。

《李白在安陆十年诗文选注》 2005 年 8 月，为配合白兆山旅游资源的开发，由张昕选注的《李白在安陆十年诗文选注》出版。全书 15 万字，共选注李白诗文 106 篇（文

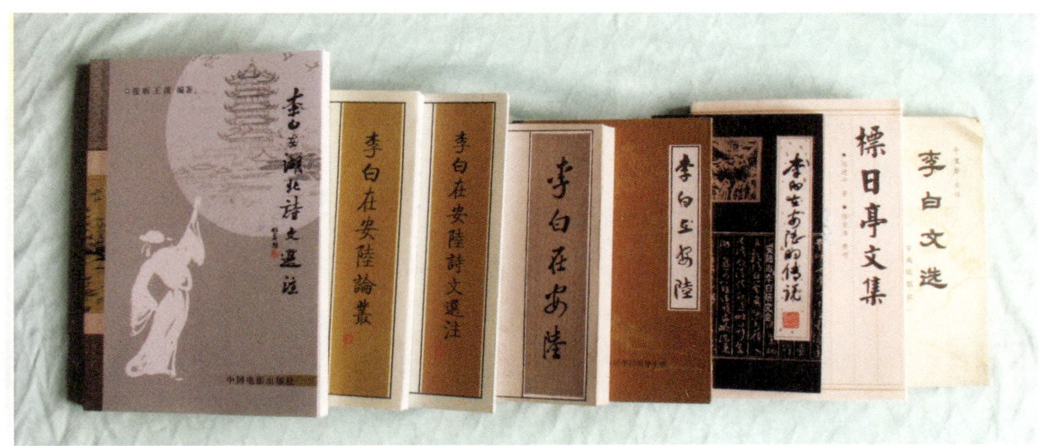

李白研究部分成果一览（一）（2009 年）　　王清　提供

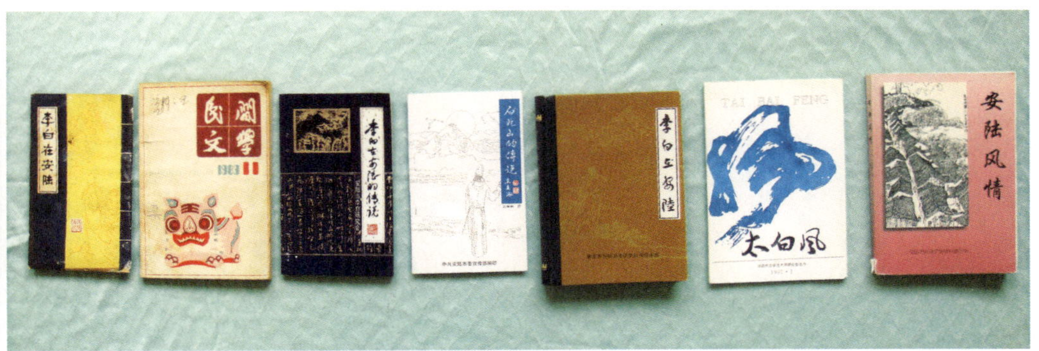

李白研究部分成果一览（二）（2009 年）　　王清　提供

17 篇、诗 89 篇）。篇目选定依据《李白在安陆》考评成果。为让一般读者了解李白诗文，尽量少引或不引用李白用典的原文，主要对一些较难的句子作了诠释。

《标日亭文集》 2005 年 10 月出版，由张昕整理，收录了李白研究学者陈建平研究地域文化的心得和对李白诗歌的独特感悟。《标日亭文集》分“李白论丛”“李诗赏析”“读书札记”“史志文存”“诗词辑萃”5 个部分，收录各类文稿 38 篇、诗词近 60 首，计 30 余万字。其李白研究的主要成就集中体现在“李白论丛”中。傅璇琮、西北大学教授安旗、中央民族大学教授裴斐等学者，对陈建平的关于“李白一入长安回安陆的路线”“李白与刘长卿、王昌龄的交往”“李白与许夫人的关系”“许夫人卒年”等学术观点颇为称道。

《安陆李白文化丛书》 2007 年出版，张昕、王清编著，含《李白在安陆论丛》《李白在安陆十年诗文选注》两本书，共 45 万字。该书是对 20 余年来李白研究成果的一次汇总，作为安陆建市 20 周年市庆礼品。共收录李白论文 23 篇、李白文化丛谈 6 篇和附记 3 篇。论文部分主要对《李白在安陆》一书中的部分文章作进一步修订，另收录发表于有关李白学术刊物的文稿 6 篇。李白文化丛谈部分收录傅璇琮和胡国瑞为《李白在安陆》所作序言。

《李白在湖北诗文选注》 2008 年上半年，为配合李白学术活动，《李白在湖北诗文选注》一书由中国电影出版社出版。全书 20 万字，收录李白在湖北期间写下的具有荆楚风味的诗赋 76 篇。共检索相关资料 30 多种。

《李白在安陆论丛》 2009 年，为配合首届中国银杏节在安陆召开，张昕主编的《李白在安陆论丛》由长江文艺出版社出版。该书对《李白在安陆》进行了修订和补充，收录《李白在安陆》出版后发表于有关学术刊物的文稿 11 篇，李白在白兆山的传说 24 则。

李白研究论文及其他文稿一览表

表 1

作者	名称	出　处
张昕	《李白在安陆十年论略》	《华中师范学院报（哲学社会科学版）》1985 年第 3 期
陈建平、张昕	《〈李白卒年辩〉存疑》	《唐代文学论丛》1986 年总第 8 辑
张昕	《李邕生平及其与李白的交游》	《天府新论》1986 年第 2 期
张昕	《诸家李白年谱中有关安陆十年系年比较》	《李白研究论丛》，巴蜀书社，1987 年

续表 1

作者	名称	出　处
张昕	《李白诗中的“碧山”小议》	《荆门大学学报》1987 年第 1 期
张昕	《长干行》赏析	《李白诗歌赏析集》，巴蜀书社，1988 年
张昕	《李白寓家东鲁时间存疑》	《四川大学学报（哲学社会科学版）》1988 年第 4 期
张昕	《唐人诗中的“潇湘”考》	《中国文学研究》1990 年第 3 期
张昕、王清	《李白诗中地名考异》	《李白学刊》1990 年总第 3 期
王清	《李白与许氏婚姻推论》	《中国李白研究》2014 年集
张昕	《李白旧游地白兆山》	湖北人民广播电台《知识与生活》专栏，1987 年 8 月
张昕	《“归来云卧此为家”——李白和安陆白兆山》	《楚天纵横》，人民日报出版社，1987 年
张昕	《李白旧游地——碧山》	《可爱的家乡·湖北风光名胜》，中国广播电视出版社，1988 年
张昕	《李白与安陆》	《春秋》1988 年第 5 期

李白文化场馆

烟店素有传承李白文化、纪念李白的传统。宋代，在白兆寺兴建太白堂。元代，因李白字太白，而太白金星在中国古文化里又称长庚星，所以在白兆山兴建了长庚书院。明清时期，在白兆寺太白堂塑李白像以供游人瞻仰。2009—2011 年，在烟店白兆山相继建成李白纪念馆、李太白诗廊、李白民间故事画廊等文化场馆。

李白纪念馆　2010 年 2 月 1 日，李白纪念馆建设工程在白兆山太白峰东面山脚下的太白广场李白铜像原址举行奠基仪式。奠基时作庆联：

兴楼在山脉尽头，江汉平原收眼底。

斯人以文采横世，碧涢大地留胜迹。

东到江夏放鹰，南往洞庭赊月，西曾荆门浮舟，北上襄阳醉酒，唯有碧山可安家。

春来笑而不答，夏至水阁纳凉，秋于安府送别，冬日归山言志，从此高楼谱新篇。

2011 年 11 月，完成硬件基础建设。2012 年年初，李白纪念馆陈展工作启动。2012 年 11 月 19 日，李白纪念馆向游人开放。

李白纪念馆主楼为 3 层斗拱飞檐式仿唐建筑，占地面积 2000 多平方米，楼高 32.5 米，单体建筑面积 6370 平方米，布展面积 4000 平方米。单体建筑规模在全国同类纪念性建筑物中居第一。整幢建筑屹立在 3 层 62 级方形台基上，这 62 级台阶暗合李白生卒年岁。主体建筑第二、第三层逐层收窄，四重屋檐出挑深远，层次分明，轩敞明亮，给人强烈的韵律感。屋坡舒缓流畅，翘角简洁，舒展大度，清新飘逸；镇脊兽依次排列，肃穆沉郁，体现出“天人合一”的传统建筑思想和美学观点。

馆名“安陆李白纪念馆” 7 个大字，由启功题写。大门两侧的 3 幅楹联为：“隐酒碧山诗名天下，怀才涢水气贯神州”，是中国书法家协会副主席李铎的作品；“酒沃愁肠愁结清霜寒一世，才添诗胆诗悬明月亮千秋”，是人民文学出版社总编辑林东海所作对联，

安陆李白纪念馆（2007 年）　　烟店镇　提供

李白纪念馆展厅（2017 年） 烟店镇 提供

由中国书法家协会原主席沈鹏书写；“气冠三唐辉妙韵，地灵安陆肇仙踪”，是书法家爱新觉罗·溥杰的作品。

李白纪念馆以“一代诗仙，永远的李白”为主题，陈列共分为三大部分，一楼为“陈列总序和盛世李白”，二楼为“安陆李白”，三楼为“魅力李白”，四楼为多功能厅（3D 放映厅）。共设计 13 个单元、77 个场景，有 200 多幅照片，300 多件（幅）文物与字画。展馆以文房四宝为元素，声光技术相结合，配以具有浓厚唐代气息的中式阁窗，以图片、文物、绘画、场景、雕塑、多媒体互动等多种形式丰富展览语言。全面介绍李白生活的时代背景、家世、生平、文集历代版本、与安陆的渊源和诗歌在世界范围的影响，展示李白白兆山十年及其传奇浪漫的一生。

纪念馆大厅陈列历代留传下来的关于李白诗歌的碑刻，其中以明代何宇度书写的《安陆白兆山桃花岩寄刘侍御绾》石碑最有价值。展出明清时期《李白全集》的各种版本 20 种，计 4 种明代版本、7 种清代版本、2 种影印本、5 种民国版本、1 种珂珞版本、1 种近代日本人翻译的英文版本，其中明嘉靖郭云鹏本、万历刘世教本、万历许自昌本尤为珍贵。收藏国内名家字画近 200 幅，其中有赵朴初、启功、沈鹏、费新我、王遐举、李铎、吴丈蜀、爱新觉罗·溥杰、黄养辉、周韶华等的字画。收藏有中华人民共和国成立以来李白诗选或论文集 200 余种，与李白有关的参考资料近千种，其中珍贵的有明万历刘世教校刊本《李翰林全集》和瑞桃堂刊本《重刊分类编次李太白文集》，清光绪三十四年（1908）上海扫叶山房石印本、光绪元年（1875）湖北崇文书局版在全国也不多见。李白纪念馆馆藏被收录入《文学艺术档案国际指南（中国部分）》一书，全省仅收录有省图书馆等 4 家单位。

序厅为大型主题雕像——举杯邀明月，由国家一级美术师、湖北美术馆馆长傅中望创作。天空群星闪烁，诗仙李白伫立碧山，举杯向天邀明月，开怀畅饮，吟诵诗篇。两侧巨幅浮雕是李白所游历的名山大川和流传千古的诗句，从左至右分别为巫山、白兆山、泰山、牛渚矶。黄色波纹地板犹如浩瀚壮阔的黄河从天而来，奔腾澎湃。过道两侧

雕像：举杯邀明月（2017 年） 周建东 摄

浮雕分别为《铁杵磨针》《仙子伴读》《笔头生花》和《月夜写经》4 个李白传说故事。

“盛世李白”分为 3 个单元。第一单元展示的是李白生活的时代背景，第二单元展示的是李白的家世和生平，第三单元展示的是李白一生的行踪。

二楼“安陆李白”分为“流水杳然心自闲”“风尘萧瑟多苦颜”“直挂云帆济沧海”和“别有天地非人间”4 个部分，详尽介绍了李白在白兆山十年的经历。

三楼“魅力李白”主要介绍了李白诗歌内容、艺术特点、历史地位及全国书画艺术家和世界各地李白文化爱好者赠送的书画作品。

李太白诗廊 2009 年 11 月，李太白诗廊建成，为木构长廊，似瑶族风雨桥，依翰林湖堤逶迤展开。有 3 幅楹联，翰墨林入口处为：“朝政纷纭辅君但写清平调，仕途坎坷济世偏吟蜀道难”，观湖长廊栈桥处为：“佳兴四时同亭邀客醉，清晖千里共月助诗迷”，翰墨林出口处为：“奇文冠楚屈，妙思习蒙庄”。

诗廊长 300 米，收藏据传为李白书法真迹摹刻 3 幅：《送贺八归越》碑帖，今藏曲阜孔庙；宋拓《星凤楼帖》，今藏马鞍山市李白纪念馆（安徽马鞍山名人博物馆）；《上阳台帖》，今藏故宫博物院。诗廊中还有宋徽宗赵佶，清康熙、乾隆、光绪题写李白诗作

李太白诗廊（2016 年）　　袁洪年　摄

的碑刻；据传系唐代画家、画圣吴道子所绘李白像；现藏南薰殿的唐翰林供奉李白像碑刻以及宋代苏轼、米芾、黄庭坚，明代徐渭、祝枝山、唐寅、文徵明，清代郑板桥、李鸿章，近现代王昌硕、齐白石、于右任、鲁迅、沈尹默、毛泽东、启功等书画作品碑刻。碑刻内容包括李白生平、其在安陆创作的 109 首诗篇和其他名作。

李白民间故事画廊　2011 年 11 月 19 日建成，自李太白诗廊经紫藤岩，为李白民间故事画廊。画廊陈列 28 幅国画，系浙江画家王镛斌根据李白诗文和民间传说，以传统人物画线描技法创作而成。作品勾勒出了李白白兆山十年隐逸生活的轮廓，诠释了《安陆白兆山桃花岩寄刘侍御绾》《山中问答》等诗歌的创作背景和意境，再现了《李谪仙醉草吓蛮书》、李白戏作《清平调》、挥毫写下《将进

李白民间故事画廊（2018 年）　　袁洪年　摄

酒》的傲岸不羁。画中配文以小楷书写，作者为敖永才。画廊主联为今人明旭东撰：“幽谷听松涛犹伴几声杜宇，笔池寻墨迹难逢千载诗魂”，副联为古篆：“无尽今来古往，多少秋月春花”。

链接：李白文化交流

烟店镇李白文化交流情况一览表

表 2

时间	团体	主要活动
1986 年 9 月	日本“中国古典诗歌访华团”一行 13 人	到白兆山考察李白遗址遗迹，双方就李白初次离开长安的路线、李白家室、李白思想、李白一生的经济来源、李白诗句“问余何意栖碧山”中的“碧山”就是白兆山、李白与王维是否有交往、中国古代入声字的归属和辨别问题 7 个方面的内容进行了交流，并互赠书法作品
2009 年 10 月	吉尔吉斯斯坦驻华文化商务参赞古邦一行	游览翰林湖边 300 米的李白文化长廊，欣赏诗、画、书法作品
2010 年 3 月	《走遍中国》栏目摄制组	摄制以李白在白兆山十年生活为题材的专题片《蹉跎十年》，并于 5 月 17 日 20 时在央视中文国际频道播出
2010 年 11 月	全国各地 50 余名李白文化研究专家学者	在白兆山举行湖北省李白研究会成立大会暨李白文化论坛；举行《李白在安陆》乡土教材首发式、“永远的李白”诗意书画展及“千年诗仙”大型唱诗会
2011 年 4 月	中央新闻纪录电影制片厂	摄制三集高清人文纪录片《李白在安陆》，分别为《别有天地非人间》《唯有饮者留其名》《长风破浪会有时》，并于 12 月 5—7 日 20 时在央视中文国际频道播出。2012 年 5 月，《李白在安陆》获第六届“纪录·中国”节目类三等奖
2012 年 11 月	国内外李白研究学界 40 余位知名学者	举办以“浪漫诗仙　醉美安陆”为主题的 2012 中国（安陆）国际李白文化旅游节，举行国家 AAAA 级旅游景区白兆山李白文化旅游区揭牌、李白纪念馆开馆仪式。其间，举办李白文化高端论坛、文化旅游项目签约仪式、全国水墨漫画理论研讨会和笔会、“李白故里银杏之乡”安陆风光摄影大赛颁奖典礼和文艺演出等活动

诗仙小镇创建

李白诗歌影响着烟店人民的精神文化生活。唐宋以来，吟诗写诗之风盛行。在烟店，以李白传说故事命名的街道、商店、商标达 20 余个；“读李白、画李白、写李白、知李白”的李白文化知识普及、宣传、推广活动常年开展。2016 年，烟店镇政府正式提出创建“诗仙小镇”。

小镇建设

翰林湖 原名碧山湖，位于白兆山下尖山村境内，原来只是一口蓄水千余立方米的水塘。2000 年，为发展白兆山旅游，烟店镇在原址基础上，将水塘扩建为小型水库。2001 年 4 月完工，坝高 30 米，长 350 米，底宽 120 米，占地面积 300 亩，承雨面积近 1 平方千米。2009 年，为纪念李白，碧山湖更名为翰林湖。翰林湖环依群山，水清如镜，湖岸上建有翰林轩，牌匾“翰林湖”三字系临摹明代书法家王宠草书字。楹联为中国书法家协会原主席张海以隶书题写：“邀月花间对影飞觞欣纵酒，展才圣殿答蛮拟诏醉挥毫”。

翰林湖（2018 年） 周大安 摄

青年桃花林 2002年1月18日，建造青年桃花林活动启动。青年桃花林是白兆山森林公园规划中的一个旅游景点，选址于桃花崖下，绀珠泉以西。青年桃花林实行业主开发，按市场化方式进行有偿管理，其建设资金通过“认养”方式向社会筹集。11月，青年桃花林工程竣工，占地面积40余亩，共植桃树等观赏树木3000余株，建1200米步行道，1000米竹篱笆和1座长8米、宽2米的平水桥，有6米宽的外围公路与风景区旅游公路相连接。

李白铜像 2002年10月23日，白兆山“李白塑像”工程完工。新建的李白塑像高8米，全铜锻造，总投资43万元，坐落于白兆山张家岗景点。塑像广场占地面积5000平方米。李白铜像由湖北美术学院雕塑系教授项金国设计，并参考了唐代吴道子、宋代梁楷、清代苏六朋、张大千等的李白画像。李白铜像一袭“青衣”，展现了李白风骨清奇的诗人气度。

李白雕像 位于白兆山中堡峰顶，高39米，其中三层基座高19米，雕像高20米，系2010年10月由浙江美术学院以玉白石、花岗岩雕塑而成。李白雕像高踞山顶，在群峰簇拥下，显得高大挺拔，成为白兆山标志性人文景观之一。雕像再现了李白狂放不羁、傲岸不群的诗仙风骨。雕像前有一展开的巨型书卷，上面镌刻李白研究学者、湖北省社科院研究员何念龙撰写的李白生平简介。

李白铜像（2005年） 易家镜 摄

李白雕像（2016年） 袁洪年 摄

李白诗画长廊 2014 年，按照“突出李白文化元素，展示李白文化内涵，打造李白文化品牌，提升李白文化软实力”的要求，在长约 2.5 千米的中心集镇旅游走廊建设李白诗画长廊，沿线绘制李白诗画 360 幅，面积 800 平方米。

仿唐南街 2015 年，421 户住户共计 823 间临街门面，按照统一仿古建棚、统一制作牌匾、统一门前画线、统一集约经营“四统一”的要求，一律实施白墙、绿瓦、红方格和仿唐改造，建成风貌古朴、功能完善的仿唐一条街。2017 年 4 月，在仿唐南街围墙绘制《太白遗风》8 幅画，其中人物像、李白诗画诗屏各 4 幅，展现了李白乐生哲学和狂放之情。

李白题材雕塑小品 2017 年 4 月，烟店镇在集镇人群流动集中场所安装了《碧山耕读》《金龟换酒》《长风破浪》《太白遗风》4 组由玻璃钢材质制作的雕塑。其中，在碧山社区广场安装《碧山耕读》《太白遗风》雕塑 2 组，在镇机关安装《长风破浪》1 组，展现李白仗剑去国，隐居碧山，与许氏相识、入赘成亲、许氏赠书入世的场景；在集镇十字路口围墙上制作《金龟换酒》等浮雕，再现李白与贺知章一见如故、惺惺相惜、饮酒论诗的情景；在碧山广场制作《长风破浪》8 组雕塑，雕塑以《行路难》为蓝本，展现出尽管前路障碍重重，但李白相信终有一天会实现南朝宗悫所说的，乘长风破万里浪，挂上云帆，横渡沧海，到达理想彼岸的情景。

李白雕塑：李白醉酒（2018 年） 段家强 摄

小镇宣传

对外宣传　2008 年，湖北卫视到白兆山采访、取景，摄制专题片《李白在安陆》。该片作为对外文化交流节目，在美国加州电视台播出。

2010 年 9 月，美国《华盛顿邮报》记者来到白兆山探访李白遗迹，并向美国读者推介。

中央电视台播出电视专题片　2013—2016 年，中央电视台先后播出《印象烟店》《魅力烟店》《大美烟店》《美丽家园》4 部电视专题片，展现烟店“生态成系、园区成景、产业成链、发展成型”的生态旅游主题、乡村旅游特色和美丽乡村建设成果。

“千年银杏　诗画安陆”全国摄影大展　2013 年 11 月、2014 年 11 月、2015 年 11 月，安陆连续举办三届“千年银杏　诗画安陆”全国摄影大展（散文诗歌、漫画比赛）。烟

白兆钟声（第一届“千年银杏　诗画安陆”全国摄影大展入展作品）（2012 年）　王小平　摄

白兆山日出（第二届“千年银杏 诗画安陆”全国摄影大展铜奖作品）（2015 年） 王兴阁 摄

店白兆山为大展参展作品取材的主要地点之一。三届比赛中，取材于烟店白兆山的作品 3000 多幅，其中获奖作品 70 余幅。

书刊光碟 2013 年，出版旅游专著《白兆山下烟店镇》，分为“展烟店风情”“讲历史故事”“绘秀丽山水”“集名人荟萃”“忆家乡嬗变”“议旅游发展”6 个部分，全书约 20 万字。2014 年，制作《印象烟店》《魅力烟店》宣传光碟。2013—2017 年，共向社会免费发放《白兆山下烟店镇》6 万多册，发放《印象烟店》《魅力烟店》宣传光碟 8 万多盘。

李白遗风传承

吟诗写诗 烟店群众性诗词创作活动素有传统。自古至今，孩子周岁及十岁生日、房屋上梁、乔迁、婚嫁时，均有彩词吟唱环节；举办宴席时，民间艺人桌前即兴创作、吟唱，增添喜庆气氛。如结婚时，创作“号联”（将结婚男女名字嵌入对联），一般由当地有文化的人创作。

80 年代，随着人民生活水平的提高，吟诗写诗蔚然成风。2017 年年底，全镇爱好诗歌创作的群众达 800 多人。2015 年 5—11 月，72 名诗词爱好者创作诗词 400 多首，选用其中 218 首编辑出版诗集《碧山新花》。2015—2017 年，碧山诗社会员原创作品 1300 多首。其中，192 首被市级诗刊选用，6 首被省地级诗刊采用，3 首被市级宣传展示牌采用。

成立诗社 1990 年，烟店镇成立太白遗风诗社，有 8 名会员。主要任务是搜集李白在烟店的活动资料，创作传承李白文化的诗词，弘扬李白文化。出版发行 3 部诗集后，因乡镇机构改革，人员流失，于 1992 年停办。

2015 年 5 月 8 日，烟店镇碧山诗社成立。至 2017 年，有会员 72 人。其中，被吸收为市级诗社会员 13 人，省地级诗社会员 4 人。会员中，年龄最大的 84 岁，最小的 9 岁。

编写通俗读本《李白在安陆》 2010 年，烟店镇参与编写全套通俗读本《李白在安陆》。该书分为小学版、初中版、高中版和普通版，通过深入浅出的文字及富有诗意的配图，介绍李白在安陆的历史，普及推广李白文化知识。

读李白、画李白、写李白、知李白 2010 年 6 月，全市组织开展“传承文化经典　诵创李白诗歌”主题活动，烟店镇是活动重点单位。烟店镇开展诗歌吟诵、创作、比赛、展演等活动，组织优秀作品参加“千年诗仙”安陆市李白诗歌吟诵大赛。2010—2017 年，在社区、乡村、机关、校园、企业举办李白文化知识讲座、李白纪念馆馆藏墨迹暨李白珍本展、李白诗歌吟诵和创作赛事活动近百场，参与人数 10 余万人次。

李白文化进校园 2014 年，白店小学在校园内的围墙上绘制李白诗画 10 余幅，传播李白诗词文化。

烟店镇初级中学李白诗画墙（2018 年）　　袁洪年　摄

2016 年 9 月，烟店初级小学将校园网更名为“白兆山下——烟店中学校园网”，开设李白文化研究专栏。10 月 19 日，选派“安陆市先进班集体”八年级（1）班的 41 名学生参观李白纪念馆，并寻访斗笠崖摩崖题刻、白云泉等李白遗址，在耳濡目染中走近李白，感受李白。11 月，开展以“我心中的李白”为主题的征文活动，全校学生通过书写李白，再次走近李白，提升对李白魅力和家乡美好的感悟。八年级（1）班学生徐帝创作的《我心中的李白》一文经学校推荐，在市教育局举办的“访李白、写李白”征文活动中获二等奖。

2017 年 5 月，烟店镇中心小学六年级学生参加市教育局组织的“访李白”征文活动。

2017 年暑期，烟店初级中学精心挑选李白代表诗作，制作 10 余块牌匾，悬挂于教学楼走廊，让学生耳濡目染经典诗词的魅力。

2017 年 9 月始，烟店初级中学、烟店镇中心小学把诵读李白诗纳入每日“朝读经典”中。烟店镇中心小学还在每日大课间，将李白诗纳入“每日一诗”中。

2017 年 11 月 4 日，烟店镇中心小学五、六年级学生到李白纪念馆参加“诗画安陆”大型摄影活动。

烟店中学开展户外活动，诵读李白诗歌（2018 年） 候向东 摄

诗乡创建 2010年，烟店镇启动“中华诗词之乡”创建工作。2015年12月4日，中华诗词学会常务副会长李文朝率领诗乡创建考评小组和湖北省中华诗词学会主要成员到烟店检查验收。实地参观了烟店镇李白诗画长廊、碧山诗社和文化广场，随后参观李白纪念馆。考评小组研究分析了安陆诗乡创建的基本情况，授予安陆“中华诗词之乡”称号，烟店被评为“湖北省诗乡创建先进单位”。2017年11月16—17日，湖北省中华诗词学会到安陆，对已授牌的“中华诗词之乡”“湖北省诗乡创建先进单位”工作巩固情况进行复查验收。复查组到烟店镇查看烟店镇诗教活动现场，听取有关情况介绍。检查组成员一致认为：烟店镇诗词创建工作扎实、到位，诗词创作氛围良好，诗词作品丰富，烟店镇“湖北省诗乡创建先进单位”通过复查。

白兆山李白文化旅游区

诗仙李白“酒隐安陆，蹉跎十年”，谪居白兆山，留下桃花岩、千年银杏、读书台等遗址遗迹。这些遗址遗迹自80年代开始修复和建设，同时新建玄武宫、钟鼓楼等景点。至2017年，白兆山风景区形成3个富有历史文化特色的景区：翰林湖李白文化景区、太白峰道教源流景区、桃源谷遗址遗迹景区。景区占地面积804公顷，富含李白文化元素的景点49处。2011年11月24日，白兆山李白文化旅游区被评为国家AAAA级旅游景区。2016年6月25日，烟店镇被授予“湖北省旅游魅力名镇”称号；11月，被评为“中国最具特色名镇”。

旅游规划 1987年9月，烟店撤区建镇，随即成立开发白兆山旅游业领导小组，以创建湖北旅游名镇为目标，确定发展烟店旅游业。1988年，烟店旅游业发展被纳入安陆市经济社会发展总体规划。1992年，为深度开发白兆山旅游业，烟店镇开发白兆山旅游业领导小组更名为“创建全省旅游名镇领导小组”。烟店旅游创建工作以镇创建办、文明办等单位为重点，其他镇直部门配合开展旅游创建工作。

游客游览白兆山风景区（2012 年）　　袁洪年　摄

2009 年，烟店镇制定《2010—2020 年旅游业发展规划》，镇直部门均成立 2 ~ 3 人的旅游创建工作专班，协助开展李白文化宣传、传承等工作。

2013 年，烟店镇制定《精品乡村游发展规划》《整体推进生态文化旅游名镇建设规划》《绿色示范村创建规划》和《三区三业的产业发展规划》。

2015 年，烟店镇编制《白兆山 1.5 平方千米旅游建设规划》和《烟店镇 2014—2020 年整镇推进生态文化旅游名镇建设规划》，规划建设银杏长廊、生态院落、苗木花卉、现代农业、唐镇唐村、三类社区、水上乐园、美丽乡村八大“精品工程”，发展以科技应用、艺术欣赏、生态体验、乡村休闲、自然观光为核心的旅游产业。

烟店春光（2018 年）　　宋厚斌　摄

景点保护 1989年，烟店镇组织专班人员搜集景点及文化遗址资料，组织52名70岁以上老人，配合市旅游局、地方志办公室、文体局进村入户，登山入林，搜集整理李白在白兆山周围的活动资料，还搜集了包氏祠堂、十八里大庙、打锣山、千佛庵、竹篓铺、黎严冲、柏树塘、望城岗、陈家湾、龙泉观等31处景点资料。之后，烟店镇对景区实行限制开发，对旅游景点实行围院、立碑式保护。2008年3月1日起，白兆山风景区全面禁牧，整治景区牛、羊散放及境内环境脏、乱、差现象。

2000年，修建碧山湖，搬迁居民8户。2008年，修建白兆山山门，搬迁居民5户。

道路建设 1993年秋，白兆山盘山旅游公路动工建设。日投劳动力1.2万人，不到10天时间，路基成型。6千米长的毛坯盘山公路成形后，各种车辆可以在盘山公路上行驶。盘山公路最宽处5米，可以错车行驶，最窄处3.5米，有大小弯道24个，其中急转弯处6个。11月8日，白兆山盘山旅游公路全面竣工。是年春，完善盘山公路配套设施建设，在道路安装排水刭管、警示牌等；是年夏，白兆山盘山旅游公路黑色化。

2000年春，投资2000万元，硬化烟店集镇到白兆山山门前3千米长的旅游公路。2010年，投入63万元，维修和硬化通往景区4千米长的道路，安装路灯28盏。

2011年3月，白兆山旅游专线公路复线工程开始建设，东起汉十高速公路烟店互通出口，西至白兆山风景区入口，全长2.8千米，投资2400万元。8月，白兆山旅游专线公路建成。

白兆山盘山旅游公路（2018年） 喻永春 摄

2013 年 9 月，镇投入资金近千万元，建设集镇旅游环线公路 5 千米、休闲观光公路 3.8 千米，建成能容纳 300 辆车辆、面积近 8000 平方米的集镇停车场。

旅游名镇创建 2009 年 8 月，烟店镇以李白文化为依托，首次向省政府申报创建湖北旅游名镇。镇委、镇政府就创建湖北旅游名镇印发《致全镇干部群众的公开信》，要求每人要做到“五个一”，即会讲一个李白故事，会背一首以上李白的诗，会说一句迎客礼貌话，会当一名旅游导游，会做一个旅游广告。2013 年，碧山村被评为“湖北旅游名村”。

2009—2015 年，镇政府编辑出版《白兆山下烟店镇》《碧山新花》，制作《印象烟店》《魅力烟店》光碟，免费发放给农户。在各学校、社区、单位院墙、文化广场、农户庭院前后绘制李白诗画、科普宣传画、旅游风景画、民情风俗画、法制宣传画和卫生宣传画。2016 年 6 月 25 日，烟店镇被授予“湖北省旅游魅力名镇”称号。

翰林湖李白文化景区

李白纪念馆 （参见本志“诗仙古镇 · 李白文化场馆 · 李白纪念馆”）

李太白诗廊 （参见本志“诗仙古镇 · 李白文化场馆 · 李太白诗廊”）

李白民间故事画廊 （参见本志“诗仙古镇 · 李白文化场馆 · 李白民间故事画廊”）

牌坊 2009 年 5 月建成。位于烟店镇西百余米处，系白兆山风景区入口。牌坊高 10 余米，饰以传统的红、黄色为主色调的吉祥图案，庄重古朴，肃穆大气。牌坊上楷书

白兆山牌坊（2009 年） 易家镜 摄

“白兆山”三字，由书法家高占祥题写。主门联“千古垂辉历代诗葩承美沃，十年安陆此方山水系长思”，由古典文学专家佘冠英撰书，副门联“隐酒碧山诗名天下，怀才涢水气贯神州”，由中国书法家协会原副主席李铎书。经牌坊，过唐宋一条街，为一座白色花岗岩筑成的古长城式建筑物，上书行草“白兆山”，系中国书法家协会原主席沈鹏所题。

太白广场　沿盘山公路蜿蜒上行，便是太白广场。广场占地面积5000余平方米，系开山劈石建成，是白兆山风景区的交通枢纽。向西，可达白兆山主峰太白峰景区。往北，可到白兆山宾馆，观赏碧浪烟波的翰林湖。太白广场东北隅，小巧玲珑的翰林轩翼然卓立，建造时融入环保理念，碑亭廊柱全部漆以透明的青漆，屋面覆盖青瓦，保持自然色调。

太白广场（2018年）　　宋厚斌　摄

朗月亭（2017年） 侯向东 摄

太白潭 位于翰林湖上，形似酒壶。传说李白在朗月亭对月独酌，写下传诵千古的《月下独酌》后，仍意犹未尽，举杯再饮时，发现酒已喝完，不禁感叹：“此潭中若是美酒多好！”玉帝听闻，命酒神杜康领天庭美酒赐予李白。哪知杜康嗜酒如命，途中竟独自偷饮美酒，一滴不剩，无奈之下便将酒壶丢到了白兆山脚，化为一泓小潭，酒香四溢，人称太白潭。

潭边有一小楼，名“别有天地楼”，有沈鹏题字“别有天地非人间”。

朗月亭 翰林湖畔，背倚山麓建有朗月亭，四角飞檐，青漆亭柱，小青瓦屋面。朗月亭取名于李白《早春于江夏送蔡十还家云梦序》中“一见夫子，冥心道存。穷朝晚以作宴，驱烟霞以辅赏。朗笑明月，时眠落花”。亭上“朗月”二字系陈寿松摹明代书法家唐寅行草。亭上主楹联：“一天朗月亭前照，万点桃花径外飞”，陈正耀撰；副楹联：“何时太白重来看星际千年朗月，今日诗魂尚在绘此间一座新亭”，蒋启先撰。亭下镌刻两首诗，系近代书法家马公愚墨迹。一首为李白《送贺宾客归越》：“镜湖流水漾清波，狂客归舟逸兴多。山阴道士如相见，应写黄庭换白鹅。”另一首是白居易《同李十一醉忆元九》：“花时同醉破春愁，醉折花枝当酒筹。忽忆故人天际去，计程今日到梁州。”

孝坊　安陆孝文化源远流长，流传至今的二十四孝，古安陆独占其三：黄香扇枕温衾，孟宗哭竹生笋，董永卖身葬父。为了让游客了解烟店孝文化，白兆山风景区建孝坊，陈列二十四孝石雕像。这些雕像形神兼备，各具情态。孝坊匾额题有篆文“孝义”二字，配以吴昌硕古篆楹联：“小园禽鸣逢日永，平田兽乐乱时静”。

谪仙石　沿濒湖步道至李白诗画长廊路上，可见两块卧牛状的太湖石。一块正反两面均镌有“和”字，正面系明吴中四才子之一祝枝山书迹，背面系书法家沈尹默墨宝。另一块正反两面分别镌刻“诗”“仙”二字，系宋代四大书法家之一黄庭坚的书迹。题字均从书碑上拓出，潇洒俊逸，笔力深湛。两块巨石既似李白酒酣踞坐，远眺湖边胜景，又似白兆山远景的缩微景观。

祈雨坛　南北朝时期，有地方官带领百姓到白兆山白龙泉求神祈雨的习俗。每至节庆，人们焚香礼拜，祈求风调雨顺、五谷丰登。尤其是遇到大旱，地方官都要到白兆山

孝坊（2015年）　　喻永春　摄

祈雨坛（2016 年） 袁洪年 摄

祈雨以解民困。为再现历史上祈雨盛况，白兆山风景区重建祈雨坛，由正殿和偏殿组成。正殿供奉普施仙水、救济众生的观音菩萨像，由完整的花岗岩阴雕而成。观音菩萨一条腿垂地，另一条腿放在莲花座上，神情专注地倾倒净瓶中的“仙泉”。座下有水柱喷水。匾额“祈雨坛”三字系近代书法家马一浮墨迹。楹联：“放大光明百千亿，灭除一切众生苦”，系弘一法师墨宝。

白兆山宾馆 白兆山宾馆建筑群由好闲楼、迎宾楼、会议厅等组成，有各式客（套）房 80 余间、大小会议室 4 间、餐饮包间 6 间，深谷之中有翠竹楼、梨花楼、盆景楼 3 栋独立休闲别墅。四周苍松翠柏，高大的香樟树、桂花树犹如亭亭华盖，覆荫楼群。2007 年，白兆山宾馆被全国旅游星级饭店评定委员会评定为三星级饭店。客房、餐厅、走廊有名人题咏和书画精品 80 多幅。

太白修竹（洗心池） 沿白兆山宾馆向谷中深入，曲径通幽之处，有片茂密的楠竹林，土壤肥沃，溪涧潺潺。传说李白寓居白兆山期间，常在此默思精读，故称该片楠竹林为太白修竹林。竹林中藏一小潭，水质清澈，遍生水草，小鱼小虾嬉戏其间，时见飞鸟轻巧地落在水边饮水。飞蝶游荡于草丛花间，蝉虫时鸣于幽树之中。相传，李白屡次干谒遇挫，回到白兆山后，常在此放声长啸，倾吐积郁；或静心止息，目与景合，心与神合，神游物外。因此处能助人安定心神，故又名洗心池。

盆景大观园（2018 年）　　段家强　摄

盆景大观园　自白兆山宾馆向山谷幽深处前行，经过小桥流水，可见一处精雅园林。曲水回栏，陈列有 600 多种盆景，与假山、赏石相错杂，美不胜收。国内多为白兆山独具特色的树桩盆景，形态各异，品种繁多，有观花盆景、观果盆景、观叶盆景等。其中有很多名贵盆景，如千年银杏古树蔸（树干接近根部的部分）嫁接培育的珍奇银杏盆景，树龄数百年的珍稀对节白蜡古树盆景，还有培育数十年的黄山松、五针松盆景等。

升冠井（2013 年）　　段家强　摄

升冠井　位于盆景大观园内。井内为山岩渗出的泉水，清冽无比。该井井水经冬不涸，终年碧涌，每逢大旱之年，别处塘堰、水井皆干涸无水，附近村庄百姓远道而来担水，以解干旱之苦。传说，一天清早，李白在山林深处行吟时，发现此处水质极佳，便令人凿井而汲。后李白被唐玄宗征召入京任翰林供奉，临行前以该井井水为镜，正衣帽，因此称其为升冠井。

太白峰道教源流景区

白兆山主峰太白峰传说系道教真武神清修的地方。四面林木茂密，俯瞰古木参天，静听泉韵清吟。北望太平寨、大安山奇峰削立，直上云霄；南眺云梦古泽千里沃野，悠远空阔。景区有景点17处。

斗笠崖摩崖题刻（参见本志“文物古迹·斗笠崖摩崖题刻”）

李白雕像（参见本志“诗仙古镇·诗仙小镇创建·小镇建设·李白雕像”）

祖师顶　太白峰一峰独秀，常年云遮雾绕，缭缈天半，因传说中是祖师爷的道场而被称为祖师顶。历史上于峰顶建道教宫观——祖师殿，极盛时期曾有宫观百间。至50年代初期，山顶仍保存有规模宏大的道观建筑群，坐北朝南，前后两进，附配殿10余间。除此之外，还有十余间客房，供信众及游客食宿。正殿供奉真武神像，前立炼丹炉，四周筑有石墙。殿墙设南、西、北3个门。1994年，重建祖师殿，在古道观原址开挖地基时，挖出很多古币、香炉以及银器、铁器。其中，一个石雕小香炉尤为精美，上面阳刻“白兆山”三字，系明代遗物。

祖师顶东面悬崖下有一溶洞，洞口为灌木杂草遮掩，仅容一人侧身爬入，洞内可容三五人。因水流侵蚀，洞口淤塞，渐有湮灭之虞。民间传说，祖师爷初到白兆山时，便在此洞栖身修道，故称仙人洞。祖师顶东面一峰略低，形如牯牛项脊，故名黄牯山。其下有块长十余米、高四五米的碣石，深嵌山体，石面斑驳，长满绿苔，四周黄檀、刺桐林遮天蔽日。

祖师顶北面悬崖石缝处有常青藤和四季不谢的花草，其中多为名贵中药材。旧时，民间有条不成文的规矩，如道人、僧人不守清规戒律，或乡民不遵乡规犯下大逆不道之罪，即从这里抛下，任其生死，俗称滚北坡。

娘娘庙　位于白兆山陡崖白虎岭上。正门两侧嵌有楹联“山静日长惟仁者寿，荷香风细得圣之清”。各殿皆有送子观音神像。殿前置高1.5米、阔1米的石雕大香炉，上镌“白兆山”三字。娘娘庙后为幽静偏僻的深谷，人称大淌，为白兆山风景区西门出口，因人迹罕至，保留着原生态的山野风光。四面绿树环合，时有鸟鸣声。庙外有一数米高的碧山石，上刻巨大“道”字，名为悟道石。门楼上有马公愚墨迹“观其趣”“畅斯怀”。庙前山崖立有2米多高的石柱，上镌刘洪彪草书“我本楚狂人”。旁边为一小巧

娘娘庙（2015 年）　　喻永春　摄

玲珑的山石，上刻篆书“白云泉”。娘娘庙西为到白虎岭顶的步道，起步处立有数米高的“福寿柱”。

白云泉　斗笠崖下有一六角山亭，立于石阶下，四周绿树环拥，是游人小憩佳处，名白云亭。白云亭篆书楹联为清代书法家莫友芝墨迹：“倚天照海花无数，流水高山泉自知”。亭柱镌有今人陈建平、吴亦斯等题楹联：“倚树听流泉白云遥相识，登楼送远目

白云泉　　喻永春　摄

黄鹤久不来”“泉自白云生溅玉飞珠夏草春花染秀色，源循崖罅出流光溢彩晨曦暮露焕清姿”。

亭旁石壁缝隙有一泉眼，有泉水涌出，水质清冽。民间传说此泉乃天授神泉，虽大旱之年，不竭不涸。晨昏之际，常有白雾缭绕，人称“白云泉”。相传李白身佩龙泉宝剑登白兆山顶观日出，当他在山顶舞剑赋诗时，天空突然乌云滚滚，电闪雷鸣，瓢泼大雨从天而降。下山躲雨时，剑插进岩石，随之涌出清泉。泉水净无杂质，为煮茶上品，李白便以此泉水烹茗，招待文友。之后，历代文人、地方官员附庸风雅，遇有重大节庆或贵客来临，多取该泉水烹茗，以此助乐。

李白躬耕处 自白云泉向山凹下行数百米处，土质肥沃，有耕种过的田塍痕迹，即李白躬耕处。清道光《安陆县志》载：“（白兆山）西则土壤腴润，良田万亩，太白诗所谓‘选幽开山田’是也。”吴亦斯有诗：“霜台辞去赋归旋，筑室开田耕读兼。银杏丛中敲字句，桃花崖畔听流泉。”这里也是蝴蝶的天堂，自初春至初秋，蝴蝶聚集于茂林之中，追逐嬉戏，当地人称为蝴蝶谷。

南天门 位于太白峰西，沿斗笠崖仰望，上有一牌坊式建筑，正中书“南天门”3个大字，两边书楹联：“南极生辉三台八景闻中外，天门溢彩诗圣酒仙傲古今”。传说太白金星因下棋耽误了下凡传圣旨，而被玉帝贬入凡间，化身李白，贬入凡间的地点就是南天门。数十年后，李白魂归故土，自南天门飘然复归天宫，功行圆满。后人在南天门处修了九十九级台阶直通山巅，“九九归一”，意即圆满之意。

神仙灶 祖师顶上有一块造型奇特的岩石，上尖下圆，中间有孔相通，形似野炊的锅灶，灶门只有半尺见方；又如放置马灯的石臼，民间俗称灯盏窝。相传李白在此读书，诗才上达于

南天门（2017年） 袁洪年 摄

天，桃花仙子好生敬重之情，化身许夫人，夜夜燃灯置于灶台，助李白读书。每当李白饿时，桃花仙子便将在此灶台做好的饭菜，温好的美酒拿给他吃。酒足饭饱后，文思泉涌，写下无数诗篇。

神龟石和灵蛇石 与神仙灶相邻，有两块硕大的奇石蹲卧于杂树茂草之中。一块状如伏地爬行的巨型乌龟，伸出长长的脑袋，似是等待真武神驾临，名神龟石；另一块如半个身子钻入山壁的长蛇，似是畏惧真武神的威严，名灵蛇石。传说祖师顶是真武神修仙炼道之所，而道教中与真武神相伴的是神龟和灵蛇，它们匍匐于真武神足下。真武神得道升天后，神龟和灵蛇便留下来忠实地看守山门。

玄武宫 位于祖师顶，道观静穆肃立，红墙碧瓦。倚栏可见远方涢水奔流，田畴沃野如诗如画；俯瞰峰峦幽壑，含吐英华。白兆山自古为道教灵山，镇山之神即真武神。据传真武神由净乐国去武当山的路途中，曾在太白峰小住，后人便建观祀之，历代香火不断。清道光《安陆县志》载："土人岁时祀真武神于此。"

玄武宫前为三清殿，供奉道教三清（玉清元始天尊、上清灵宝天尊、太清道德天尊）神像；后为祖师殿，供奉真武神像。三清殿为道教传统庑殿建筑，轩敞巍峨，雄峙

三清殿（2015 年） 喻永春 摄

山巅。殿顶屋脊作“二龙抢珠”造型，上书“国泰民安”4个大字；四角飞檐，塑有螭、麒麟等镇脊神兽。殿内四壁装饰有梅兰竹菊图案；四周围以汉白玉石栏；门槛高30厘米，包以黄铜。据传殿内的神像不能用手摸，门槛不能用脚踩。整个道观设计精巧，古朴宏大。三清殿牌匾高1米，长2米，四周金龙盘绕，上题“三清殿”3个草书大字。殿门楹联为：“神灵显赫仰佑八方来客，道通天地颂愿万户呈祥”，殿廊楹联为：“合玉清上清太清之旨，福天道地道人道所宗”，后廊柱联为：“涢水长流名邦毓秀闻中外，碧山永峙道观钟灵耀古今”。

三清殿内景（2015年）　　喻永春　摄

祖师殿　三清殿后为祖师殿。祖师殿斗拱飞檐，形制朴拙，殿内真武神端然正坐，面目慈祥，俯视众生。楹联有：“大道无形玄武显像北地南溟昭教化，桃岩危峙涢水回环金砂琼液育灵仙”，吴亦斯撰；“白兆春回紫气旋开三清境，玄武显圣真风演化五千言”，陈建平撰；“东海炼丹历半百流年返朴还真德昭宇宙，碧山享祀教大千世界皈纯全性

祖师殿（1995年）　　易家镜　摄

道化苍生”，曹明高撰。

千年银杏 生长在太白峰之巅，祖师殿前。清康熙《德安安陆郡县志》载:“上有白果树，大数百围，千年物也。”民间传说，李白与许氏成亲后，登临山顶栽下这株银杏树，以示百年之好。千年银杏树高15米，径围4.2米，繁荫100平方米。虽屡经战火，斧砍雷击，风雨剥蚀，树今犹存，且枝干苍劲，为白兆山的标志性景点之一。每到农历三月初三，游客络绎不绝，导致银杏树遭到一定的破坏。1985年，该树被列为县级文物保护单位，周围加装护栏。

千年银杏（2008年） 烟店镇 提供

邀月亭 位于南天门至钟鼓楼和李白雕像的路上，四周苍松掩映，匾额上书“极清闲地”4字。传说每当清风朗月之夜，李白都要来到此亭，一边欣赏夜景，一边构思诗作。邀月亭即取名于李白《月下独酌》“举杯邀明月”。

钟鼓楼 祖师顶东南、西南方向，有两座高耸的山峰对峙，峰巅各建一亭，翼然凌云，名钟鼓楼。

东南面山峰名新砦城，钟楼屹立山巅，匾上篆书“钟楼”，楹联为行书“朝霞开宿雾，春风散微和”，系清光绪帝师翁同龢墨迹。楼内有高1.5米、径约1米的铜钟。击响铜钟，声音厚重洪亮。

西南面山峰为桃花岩，山巅鼓楼巍然，内置径约2米的大鼓。鼓楼与李白雕像之间的山凹为胜棋台，传说李白常在此处与仙人下棋。

钟鼓楼四周山岩遭水力侵蚀，多孔穴。每当晨暮钟鼓声响起时，远近共鸣，回音悠扬成韵。

钟鼓楼（2017年） 侯向东 摄

谪仙小道　循太白峰东麓攀登，一条羊肠小道蜿蜒穿入山林，直通祖师顶，名谪仙小道。谪仙小道起步处为汉白玉十字形牌坊，篆书“尽其妙”3字。正面楹联为康有为墨迹：“雄奇倚泰岱，文章上石渠”，背面为于右任草书墨宝：“江山如有待，天地更无私”。

谪仙小道修建于2001年，从山脚至北天门共1300级，暗合纪念李白1300年诞辰之意。500级步道处，可见山道右边横卧一棋盘石，上面棋路纵横，据传系李白与神仙下棋的遗物。棋盘边野藤爬满松树，亭亭如华盖。600级步道处，为地势险峻的悬崖，密密麻麻斜生葱绿的侧柏，林下石壁间长满玄胡草、地丁草。800级步道处，为一亭台，可遥望险峻高耸的北天门。人们取李白《夜宿山寺》诗“危楼高百尺，手可摘星辰。不敢高声语，恐惊天上人”意，名此亭台为“摘星台”。登上摘星台，即到壁立如墙的祖师顶北崖，坡度极陡，犹如登天之路，故名“谪仙天梯”。北天门外，两株古柏夹道而立，民间传说，捉鬼降妖的门神神荼、郁垒的化身在此做天宫卫士。

龙泉观　遗址位于太白峰东麓一山谷中。烟店解放前，龙泉观保存较好，有数十间精舍及石墙围砌成的院落。每到农历正月十五，附近百姓都要到这里进香，举办法会。解放初期，庙观拆毁，砖瓦木料运到山下用以建学校。

龙泉观遗址（2017年）　　王小平　摄

龙泉观下有块百余平方米的台地，开阔通风，下临池塘，每到炎炎盛夏，清风送爽，周围百姓往往聚于此处纳凉。传说李白寓居白兆山桃花岩，常到龙泉观与观中高人谈诗论道，于此处饮酒消暑。因他是太白金星下凡，所以该处蚊蝇不侵，当地人称此处为“李白纳凉台”。李白有诗《夏日山中》：“懒摇白羽扇，裸袒青林中。脱巾挂石壁，露顶洒松风。”

龙泉观遗址附近有3块奇石。一块位于遗址上方的山涧之中，白色砂页岩，长3米，宽2米，形如伸长脖颈的乌龟，正往山涧底的洞中钻，栩栩如生，名寿龟石；一块在北面的黄山牯东坳、松林荆棘中，砂页岩，如天然雕琢而成的石鼓，浑圆敦实，上刻古篆；另一块位于对面山坳，外表纹理如铜锣，倒扣在山壁。

白龙泉 龙泉观附近空谷深处有一溶洞，人称老龙口、白龙洞。洞口高约15米，宽2米，可容一人弯腰进入，深入10米后即隐入黑暗，越来越窄，爬行约30米后再无法前行。此洞究竟有多深，没有人探穷其源。一道清澈涧水自洞中潺潺流出，注入崖下老龙潭，人称白龙泉，又名老龙泉。泉上为百米石崖，新雨之后，激流飞漱，形成百米长瀑，称为白龙瀑。

桃源谷遗址遗迹景区

桃源谷遗址遗迹景区位于白兆山南麓，背靠青山，南对幽谷。景区浓荫蔽天，山岭苍翠；曲径通幽，甘泉叮咚。明德安知府汤绍恩有诗赞曰：“地僻青林蔼，天开白兆雄。一江来汉外，万象落空中。”景区有景点18处[①]。

白兆寺遗址 白兆山西麓桃花岩下，林木繁茂，数条小径蜿蜒没入深林。谷中芳草萋萋，谷口梯田如棋。稻野之中，矗立着一道粉白石壁，壁嵌大理石碑，上有楷书“白兆寺”3字，即白兆寺遗址所在地。石墙周围的断砖残瓦被农民砌入田埂，留有破损磉墩、香台等，可见白兆寺鼎盛时期规模之大。白兆寺始建于唐代，清道光《安陆县志》载：“志圆为白兆寺开山第一世，寺旧名通慧，据此则本唐之竺乾院也。”

白兆寺香火最旺盛的时候，曾建有前后三层宫殿式建筑。李白酒隐白兆山期间，与白兆寺缘分极深。至民国年间，该寺仍具规模，据史载，共有房间99间。白兆寺自宋代以后，一直建有3间太白堂，为纪念李白而修建，堂内绘有李白让杨国忠磨墨、高

---

① 白兆寺、大安山、长庚书院等景点位于今雷公镇境内，为详细反映白兆山李白文化旅游区的全貌，在此也予以介绍。

力士捧靴的壁画。寺前题壁上，嵌有明万历三十五年（1607）夔州通判何宇度书写李白诗《山中问答》《安陆白兆山桃花岩寄刘侍御绾》红石碑两块，直书阴刻，字迹工整，藏安陆李白纪念馆。寺门前照壁上，嵌有清康熙十六年（1677）陈中龙《重修白兆寺记》青石碑一块，长110厘米，宽52厘米，厚5厘米，上有“李公留岷山，出襄汉，适楚观云梦，娶于相国许氏，留三霜已去。其所赋诗，亦雪泥鸿爪耳。栖栖十余载，然后金銮召见，供奉翰林”。又有李太白像碑，碑嵌在白兆寺北侧太白堂，立于道光三年（1823），上端直书阴刻隶体字，下端阴刻李白头像，现仅存残碑。清道光《安陆县志》载：“道光中蒋炯摩南薰殿本，嵌白兆寺壁。”这座千年古刹在历史上屡建屡废，现已列为白兆山李白文化旅游区修复景点之一。

天花台 古白兆寺前有一平坦土台，高数米，古柏葳蕤，杂花满地，为古代白兆寺高僧讲经说法之处。传说李白四处干谒求仕无果，回到白兆山，向白兆寺高僧倾诉心曲，高僧只说让他第二天一早到寺前听讲经。第二天，李白依言来到白兆寺，忽觉异香沁入心脾，寺前长出奇花异草，如入瑶台仙境。就在他错愕不已的时候，高僧哈哈一笑，奇花异草顿时消失。李白悟到所谓功名利禄，不过镜花水月，从此潜心创作，发奋赋诗，终成千古诗仙。民间因而称此台为天花台。白兆寺荒废后，寺前谷地辟为良田，唯独天花台得到当地人悉心保护，保留下来。

绀珠泉 位于桃花岩下。泉水从一小池中溢出，流入山坡下清澈的小潭中。绀珠泉天旱不干涸，隆冬不结冰，四季水流如一，当地人称为龙王井。又因冒出的水珠呈绛紫色，又名绛珠泉。李白读书桃花岩时，食用皆取此水，其“饮潭猿相连”诗句即指绀珠泉。

清道光《安陆县志》载：“绀珠泉，一名曰万珠泉，觱沸澄泫，可鉴毛发。”绀珠泉水清冽甘甜，为煮茶上品。历代文人争相题咏，明代学者何迁有诗咏绀珠泉：“古桂故含秋色，石泉自远秋山。野老已忘津处，桃花莫到人间。”

白兆山附近人家历代注重爱护绀珠泉，不许乱扔杂物，不准在附近便溺，并以青砖将池壁修砌整齐，护住泉口，作为谪仙遗迹供人游赏。泉旁修建八角小亭，供游人小憩。亭柱有陈建平、吴亦斯所写楹联：

“潭落天上星泉漱阶下石，沸珠跃明月濯缨想清波。

“桃花崖上月明月伴读照李白，绀珠泉中水碧水长流育诗人。

“白水涌沧波百斛绀珠争翻蟹眼，碧山藏灵秀十年学士独占名泉。”

桃花岩 位于白兆山西山腰，又名桃花洞、谪仙桃岩。桃花岩地势险峻，“一窍从峭壁百仞中腾出”，风貌奇特。洞中有数级石阶，拾级而入，洞中尚有一线通天，隐约可见蓝天白云。洞口临桃沟，即李白“桃花流水窅然去”中的“桃花沟”。桃沟附近佳木繁荫，清泉潺潺，是当时李白的主要游憩之所。今人曹明高有对联：“绀珠泉畔清音潺潺疑仙抚琴声声映淌千泉水，桃花岩里回声阵阵憾石障目步步踏寻一线天”。

与桃花洞相邻山壁之中有泉水“咕咕”流出，泉眼无声，细流不绝。岩壁上长满桃树，绿意葱茏。夏秋时每遇暴雨，泉流如瀑，直挂而下。春雨霏霏，泉水自石隙间流淌，壁间桃花片片飞落，颇有“桃花流水窅然去，别有天地非人间”的情韵。绀珠泉下积水成潭，名桃花潭，原为葫芦形的水潭，久遭沙石掩埋。历代整修，形成长约 20 米、宽约 10 米、深约 2 米的水池，四周以条石、片石砌成石壁。池水清澈见底，有如明镜。

谪仙桃岩系古代“安陆八景”之一。清代名士陈作辅作《安陆八景·调寄浪淘沙》，其中《谪仙桃岩》云：“峭削碧山高，花坞周遭。风流从古有人豪。岩下泉声岩上月，兴趣萧骚。”

李白读书铜像（2018 年） 段家强 摄

李白读书台 位于白兆寺遗址西南的一座小山上，当地人称青龙山，东西长，南北狭，如钻入山壁的长蛇，其上松柏森森，清幽雅致，绀珠泉水倒映出山光林影。清道光《安陆县志》载：“白兆山又名碧山，治西三十里，高二百丈许，有三门层递而上，土人岁时祀真武神于此。相属者曰太白峰、曰写经岭、曰长老山，李太白读书其下……”宋人蔡确诗：“闻说桃花岩石畔，读书曾有谪仙人。”明人杨涟《杨忠烈文集》云：“桃花岩则李青莲读书处也。”历代在此建学堂，传承李白诗风。今山坡下尚存学堂田遗迹。

笔架山 桃花岩向西延伸，形成一座元宝形山峰，犹如放置毛笔的巨型笔架，其中一道石梁伸向凹处，犹如天降巨笔，后世称为“笔架山”。笔架山后有块巨石，形如石砚，人称“砚王台”，当地传说是李白以巨笔醮墨、写出千古名作之处。后当地人开山炸石，巨石震裂为数块，但仍能看到石砚轮廓。

笔架山西北面紧邻的山峰名白虎岭，山凹僻处，密林深幽，人迹罕至，传说是白兆寺历代僧人的埋骨之地，历史上墓葬石塔林立。抗日战争时期被日军破坏。60 年代“破四旧”时被砸毁尽，湮灭于衰草乱石和杂树荆棘之间。

太白林 古白兆寺东南 1.5 千米处有一方圆数丈的平岗，岗上苍松翠柏茂密，绿草如茵，杂花生树，鸟鸣山幽。据说李白寓居桃花岩期间，常在林中读书赋诗，倚树小憩，人称太白林。明万历三十二年（1604）冬，乡人立翰林李白旧游处青石碑和石质下马桩等，供人凭吊。70 年代修建邓河水库时，太白林遭淹没。

下马桩 位于古太白林边，高 2 米余，粗约 1 人合抱。民间传说李白寓居桃花岩时，曾吟诵一首诗，其夫人许氏却不以为然。询问后得知，唐武则天曾写过与此相似的诗，李白听后羞愧难当。从此以后，每次经过石桩时就下马走回家。后人便称该石桩为下马桩。

翰林李白旧游处青石碑（80 年代摄） 王清 提供

写经岭 位于太白峰南侧，嶙峋怪石突立于草丛中，似天然形成的石桌石凳。相传李白寓居桃花岩，常到白兆寺拜会高僧，与之研讨经文，述说时事。一日，不慎将寺中珍藏的经卷掉入香炉中，见高僧面露惋惜之色，李白便让小和尚取来笔墨纸砚，端坐山岭上，将所烧经卷一字不差地默写出来。众僧俱佩服得五体投地，盛赞李白为名副其实的“谪仙人”，李白默写经卷的山岭被称为写经岭。古代写经岭下，有座坐东面西、前后两进的庙宇，殿堂 20 余间，左临深渊，右靠危崖，系白兆寺别院，人称石岩寺。

长庚书院遗址 又名李白草堂，建于白兆山南麓开阔之地。据传该处系白兆寺僧晾晒经书之处；又因李白常在此翻晒书籍文稿而被称为李白晒书台。元代杂剧作家李仲章仰慕李白，任德安府判官期间，买田筑庐，设立长庚书院，以培育人才。此后，历代均整修书院，以为士子求学之所，同时教化乡民。至清中叶，该书院仍保存有遗迹。清乾隆进士、翰林编修陈中龙与友人游白兆山，作诗《游白兆山・草堂》：“……依山结茅屋，凿石为小池。引泉流汩汩，深浅适其宜……”同游随州同知舒正载和诗：“……池边数椽屋，冬暖夏尤宜。屋上松罗盖，霜绿叶参差。檐楹罗石丈，蹇产鉴澄漪……”

望夫台 长庚书院遗址前有一高数米的土墩。传说李白一入长安，关山阻隔，音信不通。许氏和孩子思念李白，经常到土墩上遥望，等候李白归来，因此得名“望夫台”。后人曾在此处建亭，名“望夫亭”。

猫子堰 望夫台旁有一池塘，池水清澈。传说李白寓居桃花岩时勤奋创作，积诗文数十卷。时有老鼠咬啮书卷，有人送李白一只白猫，看守诗文，久而成精。李白离开白兆山后，白猫投水而死。人们便称该池塘为猫子堰。

洗笔池 写经岭下有一石潭，长、宽各3米，深约2米，池底有泉眼。潭水常年不涸，在青石池壁衬托下呈墨绿色。相传为李白饮酒赋诗后洗笔墨之处，故名洗笔池，又名洗墨池。洗笔池南有一石台，形似翘首欲下的乌龟，人称神龟台；池北有一处小山冈，人称“鸦雀垴”山。

新砦城 祖师顶南望，有一相对耸峙的高峰，名新砦城，顶阔数亩，分布着石墙遗迹。墙基为巨石垒砌，坚固异常。据清道光《安陆县志》载，白兆山有尖山砦、斗笠岩砦等。

尖山砦最早筑于南宋末年。据史载：南宋端平二年（1235），蒙古军南侵，附近士庶在此筑砦自保，顽强抵抗。开庆元年（1259），忽必烈率军再次进攻荆襄，直趋江南。宋元之际理学家赵复在其弟子郝经建议下，招抚流亡，纳降抚慰，当地百姓才得以迁出砦，安居乐业。郝经有诗《白兆山》：“旗尾拖涧云，鼓行断横谷。敌人隔林望，坐甲不敢出。白兆有居民，烟萝蔽乔木。负担来迎降，马首争蒲伏。为闻不杀令，又复治安陆……”

晚清至民国时期，白兆山区土匪横行，附近村民都到砦中躲避匪患，并整修古砦墙，以山石垒小房屋为栖身之所，称新砦城。砦有两门，南门下面原有观音庙，北门下面原有关帝庙。该地视野开阔，地势险要，易守难攻，是天然的军事要塞。

洗脚塘 原址位于白兆寺西数百米处，本为道路边一形似脚印的小池塘。据传此处系白兆山至大安山要道，李白夫妇到岳父家作客，往往在这里濯足。为纪念李白，人称洗脚塘。今此塘没入叶家凹水库。

夹马洞 太白峰有一山岭叫马死岭，岭壁崖下有个夹马洞。传说李白漫游大江南北，晚年回到白兆山，回想一生满腹经纶无处施展，郁闷异常，便向白兆寺高僧倾诉，高僧点化："生即是死，死即是生；生生死死，轮回不断；无死哪有生。"并授以秘诀，说太白峰下有一秘洞，只要念动真言，便能白日升天。李白依言骑马入洞，不管百姓挽留。李白穿过山洞，出南天门，飘然上天。而马的头刚刚伸进山洞，便被夹得不能动，后化作一道山梁。该山梁由此得名"马死岭"。

大安寺遗址 白兆山西面一山峰形如高耸的马鞍，即大安山。清康熙《德安安陆郡县志》载："大安山……周遭有泉。唐许绍家此，即李白妇翁处。宋黄晦叔诗曰：'大安妇翁处，来时枕流眠。'盖谓此也。"清道光《安陆县志》载："（大安山）四面陡削，高耸岳立，顶平衍，可数里许，周遭有泉。唐许绍家此。山势峻拔，白兆并峙，下有大安寺，或传即许绍旧宅。前有墓，亦传许氏旧冢。东为滴水岩，与白兆山相连。大安寺，前代多有卓锡者……"

相传唐高宗时修筑安陆城墙，高度超过了皇城。有人以宰相许圉师是安陆人而中伤他，称其有野心。许圉师罢职回到安陆，筑室自娱，但需要大量木材。白兆山杉树很多，但难以运出。大安山一古井与白兆山绀珠泉相通，人们便将木材丢进泉里，借助水流，木材可达古井，以此来运输木材。待到许宅建成，其他人也想照此搬运杉木时，泉眼就封闭了。后来，许氏子孙陆续外出做官，迁往京洛，老宅荒废，被改为寺院，依山命名为大安寺。

大安山（2010年） 易家镜 摄

今遗址处仍可看出寺柱础痕迹，拨开荒草碎瓦，磨光的地坪清晰可见。发现明嘉靖年间（1522—1566）石匠许胜所雕刻的红石佛像两尊。遗址保留高大粗壮的古银杏树、桂花树各一株。大安寺前是冬青崖，为数里宽、数十丈高的绝壁，长满冬青树。山凹间有两株古柏，粗数围，树下有古墓，相传为许氏祖茔。

大安砦遗址 位于大安山顶。据传，大安砦最早筑于元末明初，朱元璋、陈友谅和元朝官兵曾在此混战，当地居民为自保，筑砦栖身。明末清初和民国年间，大安砦相继重修，现仍可见古城墙及山顶石屋遗迹。

大安砦遗址（60年代） 李孟之 摄

滴水崖 位于白兆山西麓红毛洼前，为壁立而起的陡壁石岩，有飞瀑自石岩垂下。滴水崖下原有九峰寺，民国时期尚有殿宇20余间，老僧守护，钟磬悠扬，寺院前后古柏参天，少有人迹。1958年，九峰寺被毁。

链接：历代史籍中有关白兆山记载资料

（北周）建德二年，（于翼）出为安、随等六州五防诸军事、安州总管。时属大旱，涢水绝流。旧俗，每逢亢阳，祷白兆山祈雨。高祖先禁群祀，山庙已除。翼遣主簿祭之，即日澍雨沾洽，岁遂有年。民庶感之，聚会歌舞，颂翼之德。

——〔唐〕令狐德棻《北周书·于翼传》

白兆山，在县西三十里。

——〔北宋〕乐史《太平寰宇记》

安州安陆郡，中都督府，县六……有白兆山。

——〔北宋〕宋祁、欧阳修《新唐书·地理志三》

（安陆）前人《德安府记》西揖白兆，峰峦秀出其下。李太白之庐，想见挚丹砂，抚青海而凌八极……人境之胜如此。

——〔南宋〕祝穆《方舆胜览》

白兆山，在府西三十里，西去大洪山一百里，皆峦嶂联络，有岩洞泉涧之胜。其东相峙者曰石梁山，亦高耸，有石如梁。

——〔明〕顾祖禹《读史方舆纪要》

白兆山，一名碧山。山下有桃花岩，李白读书处。

——〔明〕万历《湖广总志》

白兆山，又名碧山，在德安府城西三十里；下有桃花岩及李白读书处。

——〔清〕康熙《湖广通志》

白兆山，一名碧山。治西三十里，高二百丈许。有三门层递而上，土人岁时祀真武神于此。相属者曰太白峰，曰钵盂山，曰写经岭，为僧妙济写经处；曰长老山，李太白读书其下。弥望烟云，缥缈天半，为宋重素禅师栖止处，铁牛和尚、禧公、眉公皆卓锡焉。古今名人选胜题咏者，不可胜数。

——〔清〕康熙《德安安陆郡县志》

白兆山，一名金峰山，东为钵盂峰，又东为汤家岩，中为太白岭。其支为长老山、官山，北为写经岭，有飞仙洞，西为斗笠岩，石壁有宋郑獬、僧文莹及明德安守马龠题名。其上为桃花岩，有一窍从峭壁百仞中腾出，峰顶尤为奇绝。下有绛珠泉，一名万珠泉，觱沸澄泓，可鉴毛发。嘉植美箭，错杂交映，太白诗所谓“树杂日易隐，崖倾月难圆”者，犹可想见。山多紫藤，盘拿木杪，春时作花，如璎珞。寺居山坳，有古桂二株。殿阁隐见白云苍霭间，钟鸣梵和，如出世外。旧有婆罗树一株，今朽矣。

顶有庙，祀真武神。一银杏树，大数百围，千年物也。西则土壤腴润，良田万亩，太白诗所谓“选幽开山田”是也。东北有白龙洞，在写经岭下，两崖危竦，绝壁中剖，有蚊蛟潭、蜃潭、蛳潭，皆昔时龙起蛰楚。龙洞在潭之右，巨石棋布，入洞门壁下一窦，有泉流出。洞屋高不寻丈，愈入愈狭。每旱，炷香祷之，澍雨立注。泉左有龙王寺。

——〔清〕道光《安陆县志》

白兆山，在府城西三十里。

——〔清〕《大清一统志》

白兆山，有白气之异山，因名。

——〔清〕光绪《德安府志》

碧山鼓楼　　刘俊萍　摄

红色烟店

20年代起，烟店人民在中国共产党的领导下，前仆后继，进行了艰苦卓绝的革命斗争。大革命时期，组织农民协会，掀起农村革命风暴。抗日战争时期，烟店是白兆山抗日民主根据地的重要组成部分。解放战争时期，烟店是人民解放军攻打安陆城的战略基地和拉锯战的重要战场。这里不仅是李先念、陈少敏等人长期转战的枢纽要地，也是周叔屏、杨威等人或出生，或战斗，或牺牲的热土。

白兆山抗日民主根据地

白兆山抗日民主根据地是李先念南下鄂中，首创赵家棚抗日民主根据地后，又开辟的一块著名的抗日民主根据地。它以大洪山的余脉白兆山为中心，地跨安陆西部、京山东北部、随县南部和应城、云梦北部，方圆百余里，是鄂豫边区抗日民主根据地的重要组成部分，是新四军第五师（包括其前身豫鄂独立游击支队、挺进纵队）的诞生地、重要的战略指挥中心和可靠的后勤保障基地。

烟店位于白兆山抗日民主根据地东北部，东隔涢水与赵家棚抗日民主根据地相邻，是跨越平汉铁路和涢水，连接大悟山和大山头的重要通道；东南与日军重要据点安陆城相接，是白兆山抗日民主根据地的边缘区和对敌斗争的前线，战略位置极为重要。抗日战争时期，除烟墩店等地短时期被国民党顽固派占据外，该地区一直牢牢被新四军控制，发挥了战略通道和拱卫根据地心脏的作用。

如诗如画白兆山（2015 年） 赵广亮 摄

龙泉观培训班 1938年4月，汤池训练班一期学员、共产党员萧松年带领汤池训练班和临时学校学员到白兆山，以安陆县合作事业办事处的名义，进行抗日救亡宣传，建立党组织，动员民众积极进行抗战准备。在白兆山下，龙泉观举办了一期基层合作人员骨干培训班，参加人数五六十人，时间一周。除传授合作事业业务知识外，主要讲解全国抗战形势和《中国共产党抗日救国十大纲领》等，并进行军事训练。主任指导员萧松年、指导员萧依黎亲自授课，指导员童世用负责刺杀、野战等简单的军事训练。后来，这些学员中很多成为白兆山地区的抗日骨干。

周叔屏起义 周叔屏系烟店周家香铺人，为安陆县国民兵团第三大队大队长，拥有一支200人和枪支的队伍。因受到国民党反共顽固派、安陆县长彭炳文排挤、暗算，将队伍从县政府所在地三里店转移到陶家店，暂借"皇效保安组"之名保持独立，名义上沦为汉奸组织。新四军豫鄂独立游击支队进入烟店一带后，第一团队政委周志坚派政工干部关旭东进行统战工作，获得成功。1939年7月22日，周志坚与周叔屏会晤并进一步交流。7月24日，周叔屏按照约定时间，率领李日新、黄仙斋的两个中队到青龙潭举兵起义。游击支队第一团队在汪家祠堂门前的广场上召开欢迎会，祝贺周叔屏率部起义成功。周叔屏的两个中队被编入第一团队第三大队。游击支队又为周叔屏扩充了1个中队，周叔屏任大队长。周叔屏起义后，青龙潭一带为新四军控制，初步打开白兆山地区抗战局面。

安随工委 周叔屏起义后，青龙潭及周边地区为新四军豫鄂独立游击支队控制，改善了斗争环境。1939年9月，陈少敏部署成立中共安（陆）随（县）工作委员会。工委由随陈少敏从延安和河南竹沟南下的胡山、王明时、杨威（女）、卢明远、易水和从汤池临时学校毕业的吴天成等人组成，胡山任书记。工委成立后的首要任务是培养和发展中共党员，先后建立蔡家冲、曹家棚、潘家畈、黄家寨、黎严冲5个党支部，发展党员50余人。同时，广泛发动群众，把凡是愿意抗日的人，都吸收到抗日十人团中，抗日十人团在烟墩店和青龙潭地区迅速发展壮大。

青龙潭留守处 新四军豫鄂独立游击支队安（陆）随（县）青龙潭留守处建立于1939年10月。根据地开创时，由于国民党的反共政策和日伪统治，中共的活动，包括筹建各级组织在内只能秘密进行。为了适应初创时期各方面的需要，游击支队在安随工委所在地青龙潭设立留守处，任命周叔屏为主任，胡山兼政委。留守处下设交接股、经济股和警卫班。根据地处在日伪顽的包围之中，日伪不断组织"扫荡”，领导机关则不断转移，留守处居无定所，跟随安随工委活动在白兆山、府河交汇地区的烟墩店、青龙潭、竹罗铺、李家畈一带。其主要任务：一是掩护安随工委开展工作。工委的公开活动都是以留守处的名义进行的。二是密切注视和掌握日伪顽的活动，提供情报，充当向导。留守处人员曾多次护送李先念、陈少敏等领导人安全渡过府河，穿越敌伪封锁线。三是为主力部队筹措给养和输送兵员。留守处成立后，动员和组织 10 多名缝纫工人办起游击支队第一家被服厂，并逐步扩大到拥有 70 余人和 40 多台缝纫机的规模，为主力部队提供了大量的被服。留守处还通过发动青年参军，成建制地为主力部队输送兵员。至 1940 年 4 月，根据地党的各级组织建立健全，成立了各界代表参加的抗日民主政权——安陆县宪政促进会。至此，青龙潭留守处撤销。

抗日十人团 抗日十人团（简称“抗十团”）是鄂中抗日民主根据地中共党组织在 1938 年 10 月武汉沦陷后开始组建的群众性救亡团体。1939 年秋，随陈少敏南下的安随工委委员卢明远，帮助建立青龙潭“抗十团”，杨忠立任团长。随后，各保也纷纷成立“抗十团”分团。到 1940 年春，整个烟墩店地区“抗十团”团员发展到 200 余人。1941 年夏，农民、青年、妇女等救国会成立后，“抗十团”撤销。

“抗十团”的首要任务是动员民众，抗日救亡。向广大群众宣讲全国抗战形势，宣传国共合作抗战及《中国共产党抗日救国十大纲领》，号召全体民众团结一致，共赴国难，提出“有钱出钱，有力出力”。“抗十团”在雷岗召开“声讨卖国贼汪精卫”的大会，到会群众 1000 多人，一致愤怒声讨汪精卫卖国罪行，揭露国民党顽固派闹摩擦、搞分裂、破坏抗战的阴谋。

除奸反特是“抗十团”另一项重要任务。青龙潭的土匪、汉奸汪光良为非作歹，绑票勒索，无恶不作，又破坏抗战，民愤很大。“抗十团”经请示安随工委批准，在青龙潭东门外召开群众大会，由卢明远主持，对汪光良进行公审，处以极刑。

“抗十团”还有一个职责是保护群众利益。青龙潭有名妇女不愿在地主杨某家做小妾，跑到陈家湾姨娘家。姨娘心术不正，暗中将她卖给一个姓陈的人做媳妇。该妇女不从，陈氏便纠合了一帮人在一天夜里将妇女抢走。“抗十团”陈家湾大队知道这一情况后，为革除封建恶习，直接出面主持正义，批评了陈氏的恶劣行为，并对其进行惩罚。

“蚕豆选举”县人民代表 1940 年 7 月，安陆县行政委员会（简称县行委会）作为全县抗日民主政权，在彭家祠堂选举产生。随后，县行委会领导了全县区、乡政权的民选和保甲人员的改造工作。在河东建立安北工委和行政办事处后，便开始在河西建立京（山）安（陆）抗日民主政权。代表的选举从 1941 年冬开始。当时烟店乡按照分配名额，选举县人民代表一人。选举会场设在烟店北岔路口附近的周家湾。一天夜晚，全乡代表数十人集会进行选举。京安县抗日游击大队大队长吴天成及乡政府领导报告了开会意义及选举办法。经过代表讨论，提出 5 个候选人名单。为了充分发挥民主，采取票选。但到会代表大都是农民，不识字。于是进行了一场别开生面的“投票”选举。选举大厅里并列放置 3 个方桌，桌上点一对大红蜡烛，排列 5 个大碗。用大红纸封闭碗口，在红纸中间打一小孔。每个碗口红纸上，各写一名候选人姓名。旁边摆着一盘蚕豆。选举开始，代表们依次走到桌前。由监票人指着碗上候选人的姓名，由代表选择一人。从小孔投入一粒蚕豆，当作票。投票结束，盘点有多少蚕豆，即算多少票，再由计票人宣布票数。这次选举，教师丁鼎三当选为县人民代表。1942 年初春，全县代表 32 人，齐聚响塘湾，选举产生县政府领导成员。列席代表 20 余人。

军政干部大会 1940 年 8 月 1—20 日，豫鄂边区党委和新四军豫鄂挺进纵队召开有 200 余名县、团以上的党政军领导干部参加的军政干部大会。大会在随县九口堰开幕，主要议程在白兆山彭家祠堂进行，在京山八字门作总结。会上，李先念作了军事总结报告，任质斌发表了克服不良倾向问题的专题讲话，陈少敏就地方党和政权建设问题作了报告。会议着重讨论扩充部队，扩大根据地，加强锄奸工作，克服财政困难，以及准备进行“二五减租”等问题的同时，批判了部队中个别中层干部的分散主义和违反纪律的错误，也指出了一些干部身上的军阀残余、执行政策不坚决和游击习气的毛病。军政干部大会是豫鄂边区党和军队在组织上统一以后，真正从思想上统一的一个标志。

五师建军 皖南事变后，新四军重建军部。豫鄂挺进纵队整编为新四军第五师。1941 年 4 月 5 日，李先念在白兆山发出《率新四军第五师全体将领就职通电》，并在彭家祠堂召开统一大会。李先念宣布就任师长、政委。参加统一大会的有罗厚福、张体学、王海山等各路部队。第五师辖第十三旅、十四旅、十五旅 3 个正规旅，2 个地方游击纵队和区党委警卫团，总兵力 1.5 万余人。

京安县第三抗日小学 1941 年农历三月，京（山）安（陆）县第三抗日小学创办。它是以丁鼎三教书的高家湾（今烟店镇肖湾村 1 组）私塾 20 余名学生为生源基础，在抗日民主政权建政扩军的形势下建立起来的。创办人为京安县抗日游击大队大队长吴天

校址由烟墩店附近的高家湾（今肖湾大队一小队）迁至下高家湾（今肖塆大队二小队），借用黎毓学的厅屋作教室。由丁鼎三负责，聘请教师，开展教学工作。

学生由原来30名发展到60余名，按学生程度编为三个年级，两个教学班。一年级30余名为单式班，二、三年级30余名为复式班。

教师待遇为薪给制，每月包括办公费用计六十余元，由烟墩店财税收入支付，学校按月出据领薪。

课程设置：国语、算术、体育、唱歌、美术。

国语采用边区油印课本。一年级为识字课本，第一单元内容是：1.人。2.一个人。3.有工人，有农人，有商人，有富人；4.大家都是人。在教学上联系实际向儿童进行爱国教育，阶级教育。

算术课，根据不同年级，结合农村生产、生活实际，自编计算题和应用题进行教学。

根据当时的环境，学生仍带着旧书如《三字经》之类，如情况发生变异时，以此作掩护。

边区油印课本，数量有限，不能做到人手一册，便由学生抄读。每天课后，由教师将书本收集保存。

1989 年印行的《安陆县教育志》载京安县第三抗日小学课程设置内容（2018 年）　　段家强　摄

成和青龙潭留守处主任、三区区长周叔屏。

为防止敌人破坏，保障师生安全，对外不挂牌。后校址由高家湾迁至下高家湾（今肖湾村 2 组），借用黎毓学的厅屋作教室。学校由丁鼎三负责，聘请教师，开展教学工作。

后来学生数由原来 30 人发展到 60 余人，按学生水平程度编为 3 个年级、2 个教学班。一年级 30 余人，为单式班；二、三年级 30 余人，为复式班。

1942 年农历四月底，国民党反动派大搞“清乡”“扫荡”“治安强化”运动，以两个师的兵力进犯京安地区，局势逆转。抗日民主政权在痛击敌人之后，党、政、军机关由白兆山一带开始战略转移，京安县第三抗日小学被迫停办。

红色史事

望城岗农民勇斗日军　1940 年 4 月 23 日，驻安陆县城的日军小分队一早便来到府河岸边的辛家坝打捞鱼虾，他们随身各带一把刺刀。中午时分，3 名日兵由辛家坝动身，路过孙家坝（今八里村孙家畈）径直向西，来到二里畈望城岗（今陈家大湾）的张岗棚子。3名日兵一到望城岗，便开始抓鸡抢粮，调戏妇女。

当地民兵包学志、李修明迅速组织二三十名群众，有的拿着耙子，有的拿着冲担[①]，与3名日兵展开搏斗，杀死1人，另2人逃走。两名日兵跑回辛家坝，报告了望城岗百姓围打他们的情况。日军一个小队的人马赶到望城岗时，老百姓都早已逃出躲难。

第二天中午，日军驻安陆县城的一个小队人马又扑向望城岗。但躲难的老百姓还未归家。日军恼羞成怒，把老百姓的柴草拉到各家的大门口，纵火烧房约4个小时后才离开。望城岗13户人家的80余间房子全部烧光，损失2.5万余元。

两打烟墩店 1942年4月，偏安三里店一带的国民党安陆县政府趁新四军第五师主力东进大悟山之机，派遣县政府办事处主任兼军事科科长游文杰和县自卫大队大队长邓文山等部200余人，配合戴焕章部一个连及川军一二七师三七九团一个排，占领烟墩店，以扼制白兆山抗日民主根据地东西交通要道。他们还构筑、加固防御工事，建立乡保政权，推行绥靖政策；搜集新四军情报，杀害抗日军民，破坏抗日政权；肆意派丁拉夫、派粮催款，群众对其恨之入骨。当时传唱着一首民谣："杀了游文杰，眷粮才能灭。赶走邓文山，烟店才得安。"同年10月12日，鄂中军分区京安县大队和京安县三区中队，袭击盘踞在烟店的顽军，因力量悬殊和过早暴露目标，攻之未克。10月15日，周志坚率新四军第五师十三旅三十九团转战白兆山下，在京安县大队和区中队的配合下，再次攻打烟墩店。8时，首攻失利后，总结经验，调整部

居民李天发宅内凿开的烟墩店战斗通道遗迹（80年代摄）

安陆市委党史办 提供

① 冲担：将长木头两端削尖，再套上铁尖而成，主要用于挑柴草等。

署。下午5时，重新发动总攻，激战3小时，突破据点，毙伤顽军数十人，俘200余人，缴获轻机枪5挺、步枪130余支、大米2000千克、面粉500千克。此战以后，烟墩店重回新四军手中，东西通道打开，白兆山抗日民主根据地进一步巩固。

智除顽军谍报组 1943年1月，国民党第五战区第六游击纵队乘新四军东进之时，反扑并占领三里店、万家寨，同时派出谍报组到青龙潭一线设立黄家寨、宋家湾、龙王阁、陶家庙、竹罗铺5道岗哨，企图阻断安北与随南之间的联系。为了扫清障碍，随南县委决定除掉谍报组，并把任务交给随南县六区区委，区长杨忠顺具体负责组织实施。杨忠顺找到黄家寨人杨有金，让其以做白布生意的身份接近敌人，与谍报组组长孙国卿混熟，并摸清敌人的活动规律和人员分布等情况，然后制定周密的“捕谍”方案。一天，杨有金以请客的名义，将孙国卿等人约到竹罗铺附近的冯高宇家，又派人约谍报组成员蔡某某、周某某等人到青龙潭一家饭馆吃饭。然后锄奸组兵分两路，一路直扑竹罗铺，一路直趋青龙潭，两路都非常顺利地将谍报组成员一网打尽。一个星期后，经过审判，在三里店将孙国卿枪毙，其他人员经教育后释放。

虎口夺白布 1943年的一天，日军和伪军40余人在烟墩店抢了上百个挑子的白布，强迫老百姓挑往县城。白布是当地的土特产品，是农民生活的一项重要来源。这种布纱紧，线细，平整，厚实，富有光泽，深受顾客欢迎，远销山西、陕西一带。得知情况后，京安县龙泉乡乡长黄少民立即组织18名乡自卫队队员去“追赶”白布。从白兆山下的黎严冲出发，快到袁家畈时，才隐约发现日伪军押着白布挑子在冲里行进。黄少民立即命令副队长严明镜带8人占领左边的岗地以控制制高点。当押运白布的日伪军进入射击圈后，两边岗上的自卫队队员一齐向日伪军射击。日伪军随即组织兵力，抢占山头，进行反击。乡自卫队用火力吸引日伪军，挑白布的百姓趁机逃走。之后，自卫队迅速撤离山岗。日军丢了白布，更为恼怒，穷追不舍。自卫队利用熟悉地形的优势，边打边退，撤往白兆山深林后，日伪军便不敢追赶。事后，群众担着酒肉，找到自卫队驻地，感谢和慰劳自卫队队员。但群众送来的礼物原封不动地退回去了。

挺进鲁家冲 1945年4月8日，李先念率新四军第五师十三旅三十七团、第二军分区独立团、第五军分区四十四团及应北大队向西挺进白兆山，牵制日军西侵，遭到占据白兆山岭北花屋湾一带的国民党军第六、九两纵队及别动军一部的阻击。13—15日，两军在鲁家冲周边战斗，俘获国民党别动军少将、支队长兼前线副指挥长刘玉明等军官75人，士兵400人，缴获美式冲锋枪28支、半自动步枪30支、马枪440支、短枪56支、子弹 12780 发、战马 10 匹、电台 2 部。李先念部牺牲营级以下官兵 27 人，三十七团参谋长邹顺华等 67 人负伤。此战后，新四军第五师再次收复白兆山抗日民主根据地北部地区。

屯兵包家墩 位于安陆城 2.5 千米处的包家墩，是通往随州的交通要道，也是历代兵家争夺之地。1948 年 2 月，江汉军区独立旅二团团长王兴照率部 1000 多人，奉命屯兵包家墩，作为攻打安陆的战备兵力。其中，一营驻扎在黄家台子（今水寨村 10 组），负责监督京山方向国民党军队的动向，阻击攻打安陆的援敌；二营驻扎在周家寨（今水寨村 2 组），负责阻击西门的逃敌和备攻北门的任务；三营两个连驻扎在潘家寨（今水寨村 3 组），备攻北门，还有一个连驻扎在艾家墩（今八里村 1 组），除了阻击北下援敌外，还担负着协助兄弟部队撬掉京汉铁路轨道、切断敌人乘火车南下援军的任务。2 月 17 日，江汉军区独立旅在完成对安陆城东、南、北三面合围的布阵后，于下午 5 时半发起总攻。晚 11 时许，安陆城被攻克。3 天后，江汉军区独立旅为实现战略展开，主动撤出安陆县城。

红色人物在烟店

李先念率兵挺进白兆山 1940 年 6 月初，李先念、陈少敏、任质斌、刘少卿等率领新四军豫鄂挺进纵队第一、二、八共 3 个团队的主力，发动白兆山战斗。战斗第一阶段被称为围山战斗。指挥部设在白果树湾。14 日拂晓战斗打响，18 日结束，将固守在赵家畈、龙王寺、三里店、洛阳店、桂子冲、大松林、穷人寨等处的彭炳文、杨弼卿、谢指梁等部击溃。彭炳文只身逃窜，谢指梁逃脱后公开投奔日伪军，杨弼卿投降后被李先念释放。围山战斗毙俘国民党官兵 500 余人。第二阶段为迫降严叔端。6 月 18 日，李先念率领第一团队翻越软脚岭，通过军事压力和政治攻势，迫使国民党安陆县第三游击支队支队长严叔端在周家冲率领该部 100 余人反正。第三阶段为平坝战斗。在迫降不成的情况下，6 月 21 日，李先念指挥第一、二团队，一举攻克工事坚固的重镇平坝，全歼伪军丁巨川、谢占魁部，缴获各种枪支 214 支和大量军用物资。白兆山战斗后，白兆山、大山头连为一体，白兆山抗日民主根据地正式形成。挺进纵队司令部、政治部、平汉支队司令部和报社、修械所、被服厂等进驻钱冲腊树湾、王家湾和响塘湾等地，钱冲成为挺进纵队指挥枢纽和重要后勤基地。

陈少敏组织大生产 1939 年 6 月 6 日，陈少敏率 200 多人与先期到达的李先念队伍在安陆赵家棚（今安陆市赵棚镇）会合，开始了创建抗日民主根据地的艰难历程。

陈少敏（70 年代摄）

安陆市委党史办 提供

陈少敏率新四军豫鄂挺进纵队一部，从京汉铁路以西向东挺进，直至日军占领区。在白兆山周边，陈少敏白天发动群众，晚上袭击日军据点，搅得日军坐立不安。日军对陈少敏又恨又怕，专门派人搜集她的情报，重金悬赏要缉拿她。解放后，日军战犯访华团到华时，还特地提出要见当时在豫鄂边区赫赫有名的女将。

国民党军队为限制和消灭新四军，经常故意制造摩擦，设置陷阱，每次都被陈少敏机智而又巧妙地躲过，还适时予以还击。国民党军第五战区司令长官李宗仁一个月内 3 次急电蒋介石，不得不承认陈少敏是一位“带兵如虎”的猛将。

随着根据地逐步形成，陈少敏全身心地投入到根据地各项建设中。为了打破日伪顽的经济封锁，她组织白兆山一带的群众广辟财源，大搞生产，自己也亲手开荒种菜，喂养鸡鸭，和妇女一起纺纱织布，被根据地群众亲切地称为“陈大姐”。当时，“陈大姐，种白菜，又肥又大人人爱”的歌谣在根据地群众中广为流传。她生活简朴，总是头戴军帽，身着军装，打着齐膝绑腿，赤脚穿草鞋。

任质斌（1941 年摄）

安陆市委党史办 提供

任质斌领导创办《挺进报》 抗日战争时期，任质斌先后任豫鄂边区党委副书记，新四军豫鄂挺进纵队政治部主任、代理政委，新四军第五师政治部主任、代理政委、副政委兼政治部主任，是新四军第五师和豫鄂边区的重要领导人之一。他于白兆山地区创建了豫鄂挺进纵队和第五师的机关报《挺进报》，并长期坚持和转战于白兆山、赵家棚一带，活动时间2年多。《挺进报》初创时油印，四开两版，每周出版1～2期，每期1500余份。1941年6月，由油印改为石印，四开四版，每周出版2～3期，每期2000多份。《挺进报》的主要读者是第五师的基层干部和战士，主要任务是宣传中国共产党在抗日战争时期的各项方针、政策，揭露日军的侵略罪行等。1943年，挺进报社印制了《踏着先烈的血迹前进》一书，书中完整记载了烈士名字和事迹。书名由任质斌题写，序言《悲悼本师三年来壮烈殉国将士》由李先念所作。同年，《挺进报》转移到小悟山杨湾。

刘少卿统一战线建功绩 抗日战争时期，刘少卿参与创建豫鄂边抗日根据地，先后任新四军豫鄂挺进纵队、第五师参谋长，在边区和第五师被敬称为刘总长。他与李先念带兵开辟白兆山抗日民主根据地期间，为争取和平解决杨弼卿支队，亲自深入龙王寺，做通杨弼卿工作；又带领第五师干部张水泉，运用军事攻势和思想工作，迫使严叔端支队反正，为创建白兆山抗日民主根据地做出贡献。在当地，至今流传《刘少卿巧施疑兵退敌顽》等战斗故事。

刘少卿（1943年摄）
安陆市委党史办 提供

周志坚情系烟墩店 抗日战争时期，周志坚曾任新四军豫鄂挺进纵队参谋长、二团团长兼政委、平汉支队司令员、第五师十三旅旅长等职。先后指挥部队参加了白兆山、礼南等战斗，白兆山地区留下了周志坚的许多战斗和养伤的旧址。1955年，被授予中将军衔，荣获一级八一勋章、一级独立自由勋章、一级解放勋章。80年代，时任南京军区副参谋长的周志坚3次回到烟店，凭吊抗日英雄周叔屏烈士，考察烟店的变化，看望当年支持抗战的乡亲。1994年9月，周志坚专程到周祠村看望当地群众，寻访当年作战的战场——白兆山楠竹林。周志坚看到当地的水利设施比较落后，捐资5万元用于改善生产条件。

周志坚（1951年摄）
安陆市委党史办 提供

萧松年点燃抗日烽火 1937年10月，萧松年加入中国共产党。同年，由中共武大

1982年5月，原第五师十三旅旅长、南京军区副参谋长周志坚（左二）到烟店考察

安陆市委党史办 提供

支部介绍到陶铸主办的湖北应城汤池农村合作人员训练班学习。1938年4月，在白兆山龙泉观举办基层合作人员骨干培训班，动员抗日，由此点燃了白兆山地区的抗日烽火。1939年，李先念率部从河南竹沟南下，萧松年奉中共鄂中特委指示，专门赴赵家棚迎接李先念等到京山与特委会合。萧松年在战争年代和武汉解放以后，先后在5家党报担任领导工作。中华人民共和国成立后，萧松年撰写了《怀念吴华宛同志》[①]《在碧山涢水的岁月》[②] 等数篇回忆录，回忆在白兆山的斗争历程。

胡山发动群众抗日 1938年4月，胡山加入中国共产党。1939年4月，随陈少敏一行200余人从河南竹沟南下，于6月6日到达赵家棚，与先期到达的李先念部会合，被分配到安陆、随县交界的青龙潭一带，担任安随工委书记。他任命周叔屏担任新四军青龙潭留守处主任，由周叔屏出面收集枪支及收回原国民党安陆县政府办合作社时放的贷款。3个月内，以1个班做骨干，建立3个连，成立安随大队。又在安随大队掩护下，发展抗日十人团和党的基层组织，摧毁日伪政权。1940年1月，京（山）安（陆）应

① 《怀念吴华琬同志》刊载于安陆县革命史编写室编的《革命回忆录》第二辑，1981年12月，174～179页。

②《在碧山涢水的岁月》刊载于安陆市委党史办公室、孝感市新四军历史研究会安陆联络组编著的《安陆抗战》，1995年8月，279～286页。

1986 年，胡山（右二）访问烟店　　　　易家镜　摄

（城）县委和安随工委合并为京（山）安（陆）县委，胡山担任县委组织部部长，后任县委书记。1941 年 1 月，皖南事变发生后，京安地区因日伪顽破坏，党的干部和组织损失很大。胡山带领机关部队在白兆山、大山头穿插游击，坚持斗争。通过统战工作，使安陆伪军大队长谢指梁保持中立，之后集中力量打击另一伪军大队长晏永宽和国民党特务雷镜若。然后派武工队发动群众，开辟新区，组织反对国民党军的抢粮斗争，实行空室清野战术，开展武装自卫。

英烈传

周叔屏（1940 年摄）
安陆市委党史办　提供

周叔屏（1901—1941）烟墩店人，出身书香门第。幼时，受父亲影响，嫉恶向善。读书尤喜岳飞的《满江红》和文天祥的《正气歌》。1938 年 10 月，安陆沦陷后，在烟墩店开杂货铺的周叔屏经绅商耆宿力邀，担任安陆县第四区第五联保主任兼联保武装队队长。上任后，即提出“抗日救亡，保家卫国”的口号。1939 年 1 月，任安陆县国民兵团第三大队大队长。6 月初，带领部队在岔路口一带主动出击，伏击了“扫荡”的日伪，一时名声大噪。7 月 24 日，不满县长彭炳文虚假抗日，率部起义，参加新四军，其武装编入新四军豫鄂独立游击支队一团队，周叔屏

任大队长。周叔屏参加新四军的当天晚上即随周志坚出征，急行军百余里，奔袭孝感白沙铺的顽军胡翼武部。周叔屏率三大队负责正面攻寨。在一团队其他大队策应下，周叔屏率部发起冲锋，一举攻进寨内。整个战斗只用了 40 分钟就大获全胜，歼灭胡翼武部一个中队，胡翼武侥幸脱逃，新四军无一伤亡。9 月，原受编于应城县抗日游击队（简称“应抗”）第二支队的李又唐，又脱离“应抗”，大肆招收土匪，自拉队伍，勾结日伪顽，破坏抗战，还自恃武力，进逼“应抗”第一支队。鄂中区党委决定歼灭该部，解除内患。周叔屏率队来到应城龙王庙，活捉李又唐一个中队 200 余人。10 月，周叔屏所在一团队驻扎新街。是月 13 日，日军集结罗店、贾店等据点的 300 多名日军和 400 多名伪军“扫荡”。周叔屏第二大队坚守阵地，第一、三大队从两侧迂回包抄敌人，分击围歼。激战一整天，日军伤亡惨重。至傍晚，日军用汽油焚化 180 多具无法运走的尸体后，仓皇逃跑。新街一战，是新四军豫鄂独立游击支队对日军的首次阵地战，国民党报纸也以特大号字体登载了这一捷报。新街战斗后不久，周叔屏加入中国共产党。

1939 年 10 月，周叔屏受命回到地方，任青龙潭留守处主任，担负整个支队的后勤工作。他经常带队在安（陆）坪（坝）、安（陆）应（山）公路上伏截资敌货车，在府河中拦截敌伪粮船，还在地方为部队筹粮集款，扩充兵员，留守处先后向主力部队输送新战士 1200 余人。

1941 年 5 月，周叔屏再次回到部队，任新四军第五师安（陆）随（县）应（山）游击支队司令。同年 7 月 28 日，在白兆山下万家寨掩护部队突围时被一颗子弹射中小腿而被捕。次日，日伪军将周叔屏押至烟墩店杀害。鄂豫边区党委于 8 月 3 日为周叔屏举行隆重的追悼大会，由新四军第五师十三旅旅长周志坚主持，第五师师长李先念为周叔屏写了一幅宽 1 米、长 6.6 米的挽联：“渡府河思君功绩，望碧山壮我军心”。第五师师长兼政治委员李先念、副政治委员兼政治部主任任质斌、政治部副主任王翰联名向中央军委、军部电告了周叔屏牺牲简况。

2015 年 8 月 24 日，周叔屏入选民政部公布的第二批在抗日战争中顽强奋战、为国捐躯的 600 名著名抗日英烈和英雄群体名录。

李日新（1912—1944） 原名文德，烟店横山庙人。1919 年，入私塾读书。1934 年，设馆教徒。1936 年，经随南阎家河联保主任易筱卿动员，至该办事处当文书。曾冒死参加剿匪，获左轮手枪 1 支。1937 年 6 月，报考湖北省第三区地方行政干部训练班，因体弱未录，遂自学军事课程。

1938年10月，日军侵占安陆，经与烟店街的朋友丁鼎三商议，收编了陈培宗一支小武装，建立起拥有100余人和枪支的抗日武装游击中队，自任中队长。1939年春，被国民党安陆县长彭炳文收编，委充安陆县国民兵团独立第二中队队长。后见彭炳文并非真正抗日，渐生离异动机。恰遇一心想摆脱彭炳文控制的第三大队队长周叔屏，派丁鼎三前来商议，遂率所部从三里店移至孛畈附近的王家炮楼。是时，彭炳文派大队长赵博文率部追来。遂以武力击退赵博文部，转入青龙潭一带与日军周旋。7月24日，随周叔屏部参加新四军，受任豫鄂独立游击支队第一团队第三大队第九中队队长，从此走上革命道路。

1939年8月1日，李日新奉命随第三大队急奔憨山寺，击毁日军汽车5辆，击毙日军10人，缴获军用物资一批。8月3日，率部参加赵家棚反"扫荡"战斗，激战3日，将日军赶走。10月3日，随大队至大山头参加歼灭地主武装李又唐部的战斗。10月13日，率部参加新街战斗，毙伤日军百余人，缴获战马6匹，轻重武器及军用物资一批。1940年，日军为报复，烧了他的房子，抓了他的弟弟。

1941年7月29日，周叔屏被敌杀害，李日新奉调回县，接任安随应游击支队支队长。不久，日军又来"扫荡"，李日新在第十三旅的配合下，对日军进行夹击。同年10月，中国人民抗日军政大学第十分校（简称抗大十分校）成立。上级为保证学校的安全，将李日新调入该校任警卫团团长，并担任部分军事课程教学任务。1942年2月18日，国民党第六纵队第三支队向随南柳林店地区进犯，李日新率学生军在第十三旅三十九团的配合下，分3路同时冲杀，毙伤大队长以下官兵100余人。1942年4月29日至5月3日，李日新率部在第十五旅一部和京安县地方武装援助下，在白兆山软脚岭、云雾山、杨家寨、扁担寨等地，对前来袭击抗大十分校的蒋介石嫡系部队一师及顽六纵队各一部予以反击，取得白兆山反击战的胜利。1942年6月，为掩护边区机关转移，受任第十五旅四十五团团长。此后，曾与国民党军交战多次，歼敌百余人。1943年春，李日新加入中国共产党。是年年底，调任安应县军事指挥部指挥长。在任期间，积极动员青年参军参战，为主力部队输送兵员。1944年，组织军民开展"一斗田"生产运动。亲率2个连，在吉阳山潮盐观开荒种菜。9月，因积劳成疾，在赵家棚附近的汤家湾病逝。

中华人民共和国成立后，李日新被追认为革命烈士。2015年8月24日，李日新入选民政部公布的第二批在抗日战争中顽强奋战、为国捐躯的600名著名抗日英烈和英雄群体名录。

张文轩（1923—1942） 白兆山蔡家冲人，出身贫苦农民。抗日战争初期，安随工委成员吴天成到白兆山一带组建抗日十人团，发展抗日武装。张文轩参加抗日十人团，担任工委交通员。1942年春，国民党川军第二十二集团军孙震部和第五战区右路游击纵队戴焕章部等，乘新四军第五师机关、部队主力迁往大悟山之际，侵占白兆山一带。京（山）安（陆）县抗日民主政府转移到烟店杨家湾胡中发家。吴天成到县立第三抗日小学，找到教员丁鼎三，令其趁顽军到达之前，筹办几份壁报和若干宣传标语，分别张贴、散发到烟店、岔路口和青龙潭等国民党军必经地带。壁报和标语内容由吴天成拟好后，派张文轩送到丁鼎三家。不料，次日张文轩将标语等内容送达后，突遇国民党军，张文轩为了掩护丁鼎三脱身，险遭被捕。张文轩脱险不久，深夜又秘密来到丁鼎三家，通知丁鼎三到后山与吴天成见面，商议让丁鼎三打入乡公所一事。10月，吴天成率领京安县大队袭击烟墩店顽军据点，因目标暴露而失利，迅速转移。张文轩在岔路口附近的国民党军营地散发传单后，便往烟墩店赶去，按计划与吴天成会合。不料当天下午，与戴焕章部两名士兵、军粮干事侯乐三在罗谷甲相遇，张文轩被捕，被连夜带到万家寨，遭受酷刑，宁死不屈，英勇牺牲。

吴天成（1920—1947） 安陆巡店人，出身贫寒农民家庭，上过几年私塾，十来岁就随父亲肩挑背扛当一名小贩。1938年春，经中共地下党员曹冰清介绍，到汤池临时学校学习。不久加入中国共产党。同年秋结业，奉派回县，到共产党员萧松年主持的安陆合作事业办事处任指导员。借发放农贷，深入农村，宣传抗日。并受萧松年委托回到巡店协助陈琳川举办合作人员训练班，培训抗日骨干。他还组建了青龙潭地区第一个党的基层组织——中共龙窝支部。1939年8月，担任安（陆）随（县）工委委员。1940年春，中共京（山）安（陆）县委建立后，任京安抗日游击大队副大队长。1941年，担任京（山）安（陆）县委委员兼抗日游击大队大队长。1942年，担任县委副书记兼大队长。1945年，担任县委书记兼武装指挥部政委。1946年夏，担任京安应中心县委副书记兼京安随县委书记和游击总队长，掩护主力北上。不久转战南（漳）远（安），原县委奉令改为中共南远县委，任县委书记兼南

吴天成用过的书籍（80年代摄） 李立楚 献交

远县行政委员会主席，同时受任江汉中心县委副书记。1947 年 2 月 24 日傍晚，吴天成率 18 人重返京安，在钟祥靠小渔划子抢渡襄河时，因风急浪大，超载，小船翻沉，不幸牺牲。

卢明远（1914—1946） 湖北省应山县人。1938年6月，经董必武介绍，到河南竹沟新四军第八团队留守处，被分配到中共河南省委宣传部工作，担任《小消息》油印报刻写工作，报道国内外重要新闻、新四军在敌后作战消息和地方新闻。同年，加入中国共产党。1937 年 9 月，卢明远调任中共安随工委委员，主编《抗日报》。1940 年 6 月，随新四军豫鄂挺进纵队西进白兆山，击溃杨弼卿等部，迫使严叔端部放下武器。7 月，安陆县行政委员会（简称行委会）成立，卢明远任行委会民政科科长，不久又兼任行委会秘书。在中共京安县委领导下，从事抗日民主政权建设工作。他发动群众参与政事，管理政权，全县除行委会外，3 个区署、17 个乡公所、130 个保委会实行自下而上的民选，提拔了大批工农分子和知识分子干部。根据地理条件、群众习惯和扩大基本区、缩小敌占区的原则，重新将全县划分成 5 个区、32 个乡、436 个保。为巩固抗日民主政权，卢明远还制定了增强进步力量、建设根据地的政策和措施。1942 年 9 月，调任中共礼（礼山，今大悟县）南县委委员兼政府秘书，一年后任县长。1946 年，卢明远肺病恶化，不幸病逝。

卢明远（40 年代摄）
安陆市委党史办　提供

王明时（1915—1940） 湖北省枣阳县人。1938 年 6 月，奔赴延安，被分配到陕北公学学习，并加入中国共产党。同年底，学习结业后到豫鄂边区，参加新四军抗日。1939 年 4 月，王明时随陈少敏从河南竹沟南下，于 6 月 6 日到达赵家棚，同先期到达的李先念会师。7 月 24 日，李先念率新四军部队进入白兆山过青龙潭时，周叔屏在政治、军事攻势下，举兵起义，参加新四军。王明时留在青龙潭一带作地方工作。安随工委成立后，王明时任委员。他与其他委员一起，以一个班为基础，借助周叔屏在安随一带的威望，收集枪支及农村合作社发放的贷款，3 个月内，发展为 3 个连 200 余人和枪支的安随大队。1940 年年初，京（山）安（陆）应（城）县委和安（陆）随（县）工委合并建立京（山）安（陆）县委，王明时改任烟墩店区委书记。烟墩店位于敌据点雷公店及国民党县政府驻地三里店之间，时常遭到日军的打掳和骚扰，彭炳文也常派人收保甲费、“救国捐”、壮丁税等各种捐税，农民每年收成大都缴租，有的还不够缴纳捐税。王明时上任后，广泛发动群众，实行自下而上民选，改选乡保政权，民主产生乡保长。规定除每月征收抗日经费 30 元外，免除一切捐税。还帮助成立借贷合作社和春耕委员会，鼓励开荒，帮助抗属代耕，发展生产，减少中间剥削。为了防止日军打掳，在成立农民救国会基础上，建立基干民兵组织，站岗放哨，破坏安（陆）坪（坝）公路，配合新四军开展小型游击战，打击敌特和“黑色伪匪”。他帮助烧窑工人建立窑工组织，实行集体烧窑，换工互助，并设法提高石灰产量，改善工人生活。1940 年 4 月，新四军豫鄂挺进纵队奉命东进鄂东，开辟大、小悟山区。国民党川军由于冬季攻势失利，以钻隙办法，一旅兵力，在曹勖部和彭炳文部配合下，进攻大山头留守部队。第五战区也下令“在一个月内肃清鄂中的新四军”。一天，王明时到烟墩店附近执行公务时，遭晏永宽部突袭，不幸牺牲。

烈士录

烟店镇烈士一览表 ①

表 3

姓名	性别	出生年份	籍贯	简介
李强典	男	1900 年	烟店镇程巷村	中共党员。1928 年参加革命，任红军司务长及宣传员。1931 年，在江西横路与国民党军作战中牺牲
刘明寿	男	1920 年	烟店镇周祠村	1938 年参加革命，新四军战士。1940 年，在京山许家坝与日军作战中牺牲
吴利江	男	1916 年	烟店镇柏树村	1939 年参加革命，抗日游击队战士。1939 年春，在哨位上被抓捕。1940 年遇害

① 按烈士牺牲时间排序。

续表 3

姓名	性别	出生年份	籍贯	简介
周明年	男	1904 年	烟店镇务丰村	1939 年参加革命，豫鄂独立游击支队三团队战士。1940 年，在安陆白头岭与国民党军作战中牺牲
周荣坤	男	1922 年	烟店镇务丰村	1939 年参加革命，豫鄂独立游击支队三团队战士。1940 年，在安陆白头岭与国民党军作战中牺牲
温德才	男	1919 年	烟店镇长岗村	1940 年参加革命，抗日武装战士。1941 年，在洪湖县与日军作战中牺牲
周三娘	女	1910 年	烟店镇官堰村	中共党员，妇救会会长。1942 年，被国民党捕至孝感杀害
何运喜	男	1922 年	烟店镇李岗村	1939 年参加革命，抗日游击队侦查队队长。1943 年，在安陆长岗与日军作战中牺牲
黄庆厚	男	1927 年	烟店镇李岗村	1941 年参加革命，新四军第五师战士。1943 年，在京山大山头与日军作战中牺牲
吴德贵	男	1913 年	烟店镇周祠村	1939 年参加革命，新四军第五师战士。1944 年，在洪湖县与日军作战中牺牲
谷继准	男	1928 年	烟店镇李岗村	1941 年参加革命，京安县炊事班班长。1944 年，在安陆辛家榨与日军作战中牺牲
殷大发	男	1924 年	烟店镇冯庙村	1945 年参加革命，新四军第五师四十五团战士。1945 年，在河南鸡公山与日军作战中牺牲
李　龙	男	1915 年	烟店镇双庙村	中共党员。1935 年参加革命。1946 年，随军突围，在过黄河作战中牺牲
黄少民	男	1919 年	烟店镇柏树村	中共党员。1937 年参加革命，新四军连长。1946 年，随军突围，在河南与国民党军作战中牺牲
罗至清	男	1920 年	烟店镇黄寨村	1945 年参加革命，新四军第五师战士。1946 年，随军突围，在过黄河作战中牺牲
李权有	男	1895 年	烟店镇柏树村	1942 年参加革命，当地侦查员。1947 年，在烟店姜家冲被国民党抓捕杀害
曾照宇	男	1893 年	烟店镇双庙村	1947 年参加革命，贫民团团长。1948 年，在为部队筹粮时被国民党抓捕杀害
龚成春	男	1915 年	烟店镇柏树村	1947 年参加革命，柏树村大队长。1948 年 9 月，被国民党抓捕杀害
张大华	男	1925 年	烟店镇肖湾村	1941 年参加革命，江汉独立旅战士。1948 年，在解放安陆城时牺牲
董永和	男	1927 年	烟店镇	1940 年参加革命，随南指挥部指挥长。1948 年 9 月，回家结婚时，被国民党抓捕杀害

续表 3

姓名	性别	出生年份	籍贯	简介
王正清	男	1900 年	烟店镇岔路村	1943 年参加革命，电台工作人员。1949 年，在武昌触电牺牲
方世贵	男	1930 年	烟店镇烟店村	1948 年参加革命，桐柏军区战士。1949 年，在解放孝感花园作战中牺牲
余明信	男	1912 年	烟店镇田湾村	1932 年参加革命，解放军炊事员。1949 年，在解放孝感花园作战中牺牲
杨明才	男	1930 年	烟店镇周桥村	1950 年参加革命，志愿军战士。1951 年，在朝鲜牺牲
蔡尧云	男	1930 年	烟店镇徐庙村	1950 年参加革命，志愿军三等功臣。1951 年 12 月，在朝鲜遭到敌人飞机轰炸牺牲
吴光裕	男	1928 年	烟店镇官堰村	1951 年参加革命，志愿军 204 师战士。1952 年，在朝鲜牺牲
张光坤	男	1929 年	烟店镇	1944 年参加革命，志愿军 204 师战士。1952 年，在朝鲜牺牲
蔡国享	男	1925 年	烟店镇	1950 年参加革命，志愿军战士。1952 年，在朝鲜牺牲
万云泽	男	1929 年	烟店镇石河村	1952 年参加革命，志愿军战士。1953 年，在朝鲜牺牲
包建雄	男	1930 年	烟店镇周桥村	1950 年参加革命，志愿军 204 师战士。1953 年，在朝鲜白石山牺牲
严耀忠	男	1940 年	烟店镇张岗村	1959 年参加革命，解放军 8199 部队战士。1959 年，在一次实战演习中牺牲
金达旺	男	1945 年	烟店镇冯庙村	中共党员。1964 年参加革命，空军 873 部队班长。1969 年，在北京房山战备施工中，遇到塌方牺牲

搏　　　　翁第亮　摄

美丽乡村建设

80年代始，烟店镇即把建设“美丽烟店”作为振兴乡村的奋斗目标。1992年5月，林业部批准白兆山建设国家森林公园。1993年8月，林业部批准《白兆山森林公园总体设计》。随着白兆山景区建设的启动，烟店镇发挥生态资源优势，制定并实施乡村振兴计划。尤其是中共十八大以来，烟店镇坚持以绿色为主线，以山水为依托，以民生为重点，以农业强、农村美、农民富为出发点和落脚点，致力于“打造美丽环境、建设美丽村镇、发展美丽经济”，先后获得全国文明乡镇、中国最美村镇（生态旅游类）、湖北省森林城镇、湖北省旅游魅力名镇、中国最具特色名镇、中国美丽乡村建设示范镇、湖北省农村产业融合发展试点示范乡镇等称号。

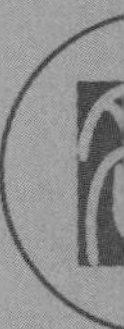

走进山间，像公园；走进田野，像花园；走进村庄，像乐园。烟店依然是诗仙笔下的“别有天地非人间”。

共绘蓝图（2017 年）　　程超　摄

打造美丽环境

烟店有山林面积 1965.94 公顷，水域面积 1381.2 公顷，耕地面积 5573.2 公顷。1991 年，安陆市被湖北省政府列为“全省 7 个生态农业县（市）”之后，烟店镇将绿色生态环境的保护与优化纳入创建生态农业大镇的主体工程，注重生态涵养，厚植本土优势，实施“山、林、水、田、路及人居生态环境优化”工程。2014 年，烟店镇被授予“湖北省生态镇”称号。

森林保护

2017 年年底，全镇有林面积 1812.34 公顷，活立木总蓄量 102169.5 立方米。其中人工造林面积 1174.65 公顷，占全镇有林面积的 64.81%。

烟店镇柏树村头 500 年的古柏树（2017 年） 王小平 摄

古树保护 烟店镇解放初，域内百年以上的古树随处可见，最为常见的古树品种有栎树、皂角树、乌桕树（又称木子树）、柏树等。1956 年，农民大量使用木制单轮车，烟店域内所有几人围的栎树基本被砍光，一人围以下的也被大量砍伐。1958 年“大炼钢铁”时，为了烧炭炼钢铁，古树几无幸免。有些村幸存的古树，在六七十年代建仓库、学校、榨坊时，就地取材而被砍伐。

2015 年，烟店镇林业部门组织技术人员对境内古树进行调查，仅存古树 14 棵。其中，千年银杏 1 棵；500 年以上古柏树 13 棵，均生长在柏树村的柏树塘周边。烟店镇林业部门按古柏树的胸径、树高、树冠、树龄、权属、保护级别、保护人等项目，详细填写了《烟店镇古树名木调查表》，编制了《烟店镇古树名木统计表》《烟店镇古树名木清单》，绘制了《烟店镇古树名木分布图》，摄制了《烟店镇古树名木照片集》，对 14 棵古树登记、拍照、建档，实行挂牌保护。

野生动植物保护 据 1990 年林业资源调查统计，烟店境内主要林木有 68 科、146 属、240 种，其中本土树种近 200 种。野生植物主要有黑壳楠、青檀、银杏等，均分布在镇的西北部。1992 年，烟店在消灭荒山过程中，注重野生植物原生态保护。凡属非经济林区，一律实行原生林与新建林共生共荣，确保生态林业多样化，也为野生动物提供了繁衍空间。境内发现野生动物有鸟类、兽类、两栖类、爬行类等 63 种。鸟类有灰喜鹊、黄嘴白鹭等，兽类有野猪、狗獾等，两栖类有虎纹蛙等蛙类，爬行类有蛇类 8 种、蜥类 1 种。镇政府还依法制定乡规民约，依法严惩打猎、投毒、诱捕、贩卖等破坏野生植物、动物的行为。

森林防火 60年代，湖北省建立大洪山林区京山、曾都、枣阳、宜城、随县、安陆、钟祥七县（市、区）森林防火联防制度，烟店镇作为安陆市主要林业镇名列其中。1980—2017年，烟店镇与联防区建立并形成通力合作、积极参与、互联互动、协调配合的工作机制，共同开展森林火灾的防范和处置工作，保持联防区内多年无重大森林火灾发生。县林业局与白兆山林场及相邻地区成立白兆山林区联防指挥部，镇成立护林防火委员会，管理区成立防火护林队，各村配备防火护林员，并将护林防火工作与干部的工资、奖惩、提升任免挂钩。同时，每年开展护林防火全民宣传教育活动，为1991—1993年安陆市连续3年被林业部评为“全国森林防火先进单位”做出了贡献。

森林城镇创建

70年代初，烟店因挖山造田，毁林种粮，林业生态受到严重破坏，村庄、河流、沟渠、道路均处于树不见苗、绿不见荫的状态。80年代后，烟店镇围绕森林绿化，相继开展“山、水、路、庭院”绿化行动，绘就烟店绿色发展的“生态底色”。2015年，烟店镇被授予“湖北省森林城镇”称号。

封山育林造林 1980年，烟店镇把封山育林造林纳入“美丽烟店”建设蓝图。1984年3月19—22日，白兆山区域首次采用直升机直播造林。国家投资9.11万元，出动飞机13架次，使用马尾松、刺柏、刺槐等树木种子1.1万千克，播种7.2万亩。此后，烟店镇封山育林造林持续推进。1995年，烟店申请参与湖北省林业厅世界银行二期贷款多功能防护林项目，以建设“生态防护林”为主体，开展区域造林。主要树种有马尾

封山育林后的白兆山森林植被（2009年） 易家境 摄

松、杉树、栎树、板栗、银杏 5 个品种。项目建设期 6 年，前 4 年造林，后 2 年抚育。1995 — 2001 年，烟店镇退耕还林，植树造林，发展经济林，共完成造林面积 0.95 万亩，占安陆市同期造林面积的 23%。

林业基地绿化 2013 年，烟店镇整合闲散荒山荒地资源，在张岗、董桥、袁畈 3 个村各建设葡萄种植基地 1000 亩，在石河、碧山、邓冲 3 个村各建设风景苗木培植基地 1000 余亩。2013—2017 年，烟店镇通过林业招商借力投资、推进项目建设带动投资、争取林业项目扩大投资、激活社会资本加大投资、开源节流增加财政投资等办法，吸引众鑫林业、王岗银杏、湖北立强等六大林业项目落户烟店，引进资金 3.8 亿元。按照示范、推进同步进行的总体思路，引领全镇林业生态快速发展，集镇周边的横路、双岭、柏树、尖山、黄榨等村建成林业基地 6380 亩，植树 120 万余株。其中，油茶 2000 亩，葡萄 800 亩，银杏 1600 亩，花卉苗圃 700 亩，对节白蜡 1000 亩，景观树 280 亩。

河渠农田绿化 2009 年，在黎严冲、邓河、朱家洼、碧山湖、乌龟嘴五大水域流经的尖山河、袁畈河、双庙河、余寨大坝、白店民主渠等 78 千米河道、渠道两侧，栽植金丝垂柳、水杉、意杨等景观树木 15 万余株，在 80 千米的机耕路两侧栽植柏树 3 万多株。

道路绿化 2013 年，开展旅游公路复线两侧的银杏绿化，栽植大规格成年银杏树 500 余株。同时，向安三公路沿线推进，使银杏绿化从中心集镇向北延伸，直至袁脊岗；向公路沿线的两侧村庄推进，在府河二桥西至烟店镇岔路村、烟应公路余寨村至棠棣镇十里村、张岗村至邓岗村，完成公路两侧银杏种植 28 千米，从而建成百里银杏长廊。

百里银杏长廊（2015 年） 烟店镇 提供

在环集镇170千米长的公路两侧，栽植银杏、意杨、荷花玉兰（又称广玉兰）、杜英、桂花、紫薇等混交林景观树种20多万株。其中，在环集镇11.8千米长的“精品乡村游”环线两侧栽植杜英、桂花、红叶石楠等景观树木3.2万株，绿化面积31.3亩，绿化色块1.1万平方米。

庭院绿化 2015年，按照一村“一个目标、一个方案、一个班子、一套举措”的要求，制定尖山、碧山、袁畈等9个村的《绿色创建规划》。在262个自然村湾和四大社区的房前屋后、庭院内，种植柑、橙、桃、李、柿、柚等果树8万多株。16个镇直机关部门庭院栽植桂花、广玉兰等常青树5000多株。

水利配套完善

烟店镇的水利资源主要由蓄水、引水、提水“三系”组成。蓄水系统，全镇有当家塘堰424口、小（1）型水库5座、小（2）型水库13座；引水系统，全镇有骨干渠道7条、渡槽1座，总长59.7千米；提水系统，全镇在府河西岸沿线先后兴建大、小泵站20座。

蓄水系统改造 2000年，黎严冲小流域被列为全国水土保持生态环境建设“十百千”示范工程。至2002年，投入标工31.5万个，完成土石方28.6万立方米，完成投资260万元，完成坡改梯67公顷、经果林0.75公顷、水保林183公顷、封山育林767公顷，流域植被覆盖率由23.8%提高到35%，宜林面积植被覆盖率达88%，修建小型水利水保工程35处、截排水沟9.5千米，完成治理面积11平方千米。经过治理，流域内水土流失得到遏制，涝灾得到缓解，人均粮食产量增加110千克，达835千克，人

石河村梅子塘水库一角（2016年） 烟店镇 提供

均纯收入增加268元。2005年，黎严冲小流域综合治理通过国家验收。2010—2013年，对全镇424口当家塘堰进行普挖、普改和扩建，蓄水量扩大25%。

2017年年底，烟店完成镇内程巷河等河流管护方案和治理图编制工作，列出目标、任务、问题、责任清单；同时开展重要河段的管理体系建设，落实全镇18座小型水库、5条河流的河库长的管护责任制。

引水系统建设 2011—2012年，冬旱连春旱，春旱连夏旱，烟店西北部的尖山、烟店、岔路、柏树、周祠、长岗、李岗7个村“塘堰底朝天，人畜饮水难”。烟店镇决定从镇北15千米外的孛畈清水河水库引水到烟店（称“引清入烟”），在兴建引水渠的同时，配套兴建岔路提水泵站。岔路提水泵站总投资75万元，配置135千瓦的机组一台，铺设坡度为43° 的水管650米，以扬程26.5米的高度，将水送到袁脊岗上的黎严冲渠道，直灌北部7个村的农田，并满足村民生活用水。

提水系统管护 1988年，安陆解放山电站在府河建坝蓄水发电后，烟店除水寨、周桥、彭桥、八里、白店、冯庙、竹罗、邓冲、黄棚9个村可以直接利用府河水实行自流灌溉外，碧山、黄棚等22个村全靠提水灌溉。至2017年，烟店镇配套建起100千瓦以上的中型电泵提水站9处，在吴家坳泵站水系建有3个2级提水站、1个3级提水站，解决石河、双庙、王岗等水利死角村的抗旱用水。在府河支流彭桥村的西、南两个方向，安装启闭闸，作为汛期溢洪通道，解决山洪暴发时带来的威胁。2013年，烟店镇开始河砂禁采，保证用水安全和生态稳定。

农田规模整治

90年代中期以前，烟店镇“月亮田”多、“巴掌地”多、种田绕的道多、抗旱花的钱多，导致“抛荒地”多，既浪费土地资源，又减少农民收入，还严重影响农村面貌的改观，制约农业现代化的发展。1997年始，烟店镇按照现代农业、生态农业、观光农业的发展目标，把农田规模整治作为美丽烟店建设的重要内容。总投资6005.6万元，先后在白店、程巷项目区进行土地整治，在平原、丘陵地区实施土地深度复垦，在新农村建设试点村开展土地综合整治。规模整治后的农田“田成方、渠成网、路相通、林成行、建筑物配套”。

白店项目区 白店项目区是安陆市1995—1997年国家第三期农业综合开发“五个土地治理项目区”之一，涉及白店、冯庙等10个村，人口2.1万人，耕地面积1.9万亩，其中低产田1.4万亩。1997年3月开工建设，1998年5月竣工。总投资314万元，其中，

规模整治后的农田（2016 年） 罗滋湘 摄

白店村土地整改（2008 年） 易家境 摄

财政资金 174 万元，农行贷款 60 万元，农民自筹资金（以劳折资）80 万元。修建水利排灌渠 61 条 73 千米、机耕路 23 条 28 千米，建桥梁 185 座、涵闸 24 座，建抽排水站 7 处 210 千瓦，“田网”造林 0.14 万亩。

程巷项目区 程巷项目区是安陆市1998—2000年国家第四期农业综合开发“六个土地治理项目区”之一，涉及程巷、余寨等10个村，人口1.3万人，耕地面积2.4万亩，其中中低产田1.8万亩。2000年3月开工建设，2001年4月竣工。总投资532.6万元，其中，财政资金301.6万元，农行贷款69.3万元，农民自筹资金161.7万元。修建水利排灌渠31条38千米、机耕路21条25千米，建桥梁121座、涵闸15座，建抽排水站2处210千瓦，“田网”造林0.24万亩。

彭桥平原区项目 2005—2006年，烟店争取国家农业开发资金1800万元，对府河沿线的彭桥、竹箩等5个平原村的1.5万亩土地进行深度复垦整理。修U型槽渠道5.5千米、人行桥25座、机耕路35千米，增加耕地面积800多亩。项目完成以后，平原地区农业生产基本实现机械化。

宋垅丘陵区项目 2008年，烟店争取国家农业开发资金900余万元，对汉十高速公路沿线柏树、宋垅等11个村共1.5万亩农田进行深度复垦整理。整理后，增加耕地面积80多亩，垦区内沟、渠、路、桥规划与建设配套到位。

张岗新农村试点区项目 2009年8月，烟店新农村试点区土地整治项目立项，涉及新农村试点村张岗、龚岗、王岗等9个村，土地整治总面积1万亩，总投资2459万元。2010年9月底开工建设，2011年4月底完工。除完成土地平整工程外，清挖塘堰184口，修建田间路50千米，硬化沟渠50千米，新修机耕桥29座，建滚水坝21处、泵站19座，拆迁废弃居民点5处93户。

道路硬化建设

90年代，烟店开始对境内市级公路和镇村公路进行硬化。

市级公路 安三（安陆—三里）公路安桃线在烟店镇境内长17千米，途经水寨、张岗、彭桥、程巷等20个村和集镇，沿途与费黄（费岗—黄棚）公路、程白（程巷—白店）公路、王横（王岗—横路）公路、双袁（双庙—袁畈）公路、烟长（烟店—长岗）公路、烟白（烟店—白兆山）公路等镇村主干道交会。1993年、1995年、1999年，先后3次进行油路铺筑、全线刷黑等硬化工程。

1997年，全镇组织9000余人，兴建市道水长（水寨—孛畈长松）公路，途径水寨、彭桥、八里、白店等12个村和集镇，沿途与大天公路、安三公路及镇村主干道交会。南起安三公路包家墩桥，北至孛畈镇的紫石桥。1988年，投资100余万元，对水长公路进行硬化。

硬化后的程巷—龚岗段公路（2013 年） 烟店镇 提供

镇村公路 1998 年 6 月，投资 50 万元，对烟店集镇 3.2 千米长的道路进行硬化。投资 200 余万元，对程白、费黄、王横、烟轭（烟店—轭头）4 条主要镇级公路垫石铺沙、加宽加厚。2017 年，全镇 40 个村共投资 6500 万元，兴修、硬化村级道路 190 千米。

旅游专线公路 90 年代，烟店先后修建了白兆山盘山旅游公路和白兆山旅游专线公路。2011 年以后，加大投入力度，实施道路硬化工程。（参见本志“诗仙古镇·白兆山李白文化旅游区·道路建设”）

人居环境提升

2006 年始，烟店镇开展“五大行动”，即以秸秆焚烧治理为重点的蓝天行动，以饮水质量保护为重点的碧水行动，以企业排污治理为重点的绿地行动，以村民生活污水和垃圾治理为重点的家园行动，以居民文明习惯养成教育为重点的文明行动，提升人居环境。

蓝天行动 2006 — 2017 年，全镇“不点一把火、不冒一股烟”的秸秆焚烧控制目标年年圆满完成，秸秆变废为宝，资源利用常态化。2016 年 7 月 18 日，位于董桥村的安陆市安源生态农业开发有限公司日产 1.65 万立方米生物天然气项目及

生态院落示范户（2018 年）　　杨杉　摄

有机肥生态循环利用项目开始建设，项目总投资 1 亿余元，是安陆首个投资过亿元的农村能源项目，也是湖北省 2 个规模化生物天然气工程试点项目之一。项目年综合利用农作物秸秆 10 万吨，年处理粪便类垃圾 2 万吨，减排温室气体 8 万吨二氧化碳当量。

2008 年，关闭镇内 3 家采石厂、2 个采砂点、1 家琉璃瓦厂，以此治理扬尘污染。

碧水行动　2011 年，投资 50 万元，实施污水改造工程。将碧山村作为环境综合整治试点，建立化粪池和污水处理站，对集镇边的陈家凹大塘进行深挖、扩宽，加固堤坝，增加蓄水。2016 年 3 月，烟店镇尖山村、董桥村和白店村“农业面源污染综合治理试点项目”开工建设。项目包括土建工程、田间工程和附属工程。其中，田间工程包括农田生态沟渠净化工程、区域多塘调控净化工程、农田灌溉水预处理系统、农

田水质水量综合平衡调控工程、水田浅水湿地处理系统、农田生态廊道工程、秸秆一体化处理系统和实施效果在线监测系统等。示范项目建成后，能有效控制化肥农药不合理使用，氮、磷外排量减少一半以上，项目区外排水量减少10%以上，秸秆等农业废弃物循环利用率达98%以上。同时，生产成本下降20%，农产品优质品率达95%以上。

绿地行动 2012年，烟店镇开始生态种植污染治理。至2017年，全镇建设张岗凌丰葡萄园集污池，董桥安源生态集污池，湖北康迪高标准生化池等干粪池、集污池58个，容积3856立方米。严禁未经环保处理的畜禽规模养殖粪污直接与种植基地对接，并拆除污染严重的规模养殖场2家，养殖面积4781平方米；关闭个体养殖场3家。2017年，以董桥、尖山、白店3个村为试点，严格执行畜禽限养区、禁养区、治理区“三区规划”，带动全镇82家规模养殖企业全面完成除污、排污、集污设施建设，建成“养殖企业＋种植基地＋生态环境”的养殖粪便治污链。

家园行动 2013年，建立农户清扫、村组收集、镇政府转运、市政府处理四级联动的垃圾治理新机制。2013—2017年，在集镇和社区建收集房40间、中转房8间，添置

石河村生态环境建设工程（2016年） 烟店镇 提供

垃圾箱70个，组建50人规模的卫生保洁队1支，建垃圾池180口，配垃圾车2台，兴建日处理能力20吨以上集镇污水处理池1个。2013年4月26日，广西陆川县委、县政府一行30人到烟店镇参观学习烟店镇开展家园行动，整治村庄环境的做法。

文明行动 2013年1月，省政府办公厅“三万”活动驻烟店镇工作组，向镇中心小学赠阅《农村环保实用技术指南》《农村环保宣传手册》1200余册，赠送“美丽家园、从我做起”环保袋600个，宣传环保知识。2月，在驻点村袁畈、碧山、尖山、烟店开展以“整治村庄环境、建设美丽家园、促进生态文明”为主题的文明评选活动。通过宣传发动、初评推荐、检查评比、复审筛选、表彰奖励的评比程序，评选出“最佳文明农户”19户、“文明农户”38户，并颁发了牌匾和奖金。此后，该活动在全镇推广。2014—2017年，全镇评选“文明农户”81户、“最佳文明农户”40户。

建设美丽村镇

80年代开始，烟店镇秉承以耕读文化为魂，以优美田园为韵，以生态循环农业为基，以绿色村落民居为形的建设理念，实施“筑巢引凤，村企同飞”的乡村振兴计划，通过中心集镇、区域小集镇、特色新村建设，逐步探索并形成产业发展、生态保护、休闲旅游、社会综治为特色的新农村建设模式。

中心集镇

烟店集镇历史悠久，至清末民国初，烟店老街商贸昌隆，成为德安府西部最有名的集镇。80年代，随着撤区建镇，这里成为烟店政治、经济、文化中心。

科学规划 1984年，烟店集镇建设总体规划由安陆县建设局规划设计院编制，经安陆县政府批准实施。后于1993年、2006年进行过两次修改。

街道发展 1984—1999年，烟店集镇先后进行了3次大规模建设，形成了通明街、

集镇画廊（2018 年） 周建东 摄

南街、北街、安三公路沿线等主要街道。2009 年，围绕碧山湖和白兆山风景区开发，逐步形成“西南民俗一条街”。2013—2015 年，进行仿唐南街和仿古北街建设。到 2017 年，烟店集镇面积增加到 2.2 平方千米，入住烟店集镇的户数达 1300 多户，30 多个镇直机关、单位、学校、医院、企业人员在集镇办公、居住。集镇总人口 1.2 万人（含外来人口）。

烟店镇文化广场（2018 年） 周大安 摄

功能配套 2008—2017年，烟店镇累计投入资金3923.4万元用于集镇功能配套建设。完成了新大街中心集贸市场重建、集镇路灯安装、街道路面维修和新建、下水道改造；兴建了文体站、烟店镇文化广场和南街娱乐广场；对境内旅游专线公路进行了硬化，通往旅游景点16千米长的公路两旁安装路灯240盏；对集镇实施硬化、绿化、亮化、美化、排水管网化、垃圾处理集中化的环境整治。

形象提升 在中心集镇、学校院墙、休闲广场以及旅游沿线，绘制李白诗画、廉政漫画、科普宣传画、民俗风情画、旅游风景画，让李白文化、廉政文化、科技文化、道德文化、民俗文化走进百姓的心中，融入居民的生活。

镇域小集镇

90年代，烟店镇在原有8个小集镇的基础上，择优确定了白店、程巷、水寨、宋垅、张岗5个集镇为烟店镇的卫星小集镇。这些小集镇吸引着全镇30多个村的村民在此交易和交流。

白店集镇 原白店小公社办公地，早在民国晚期就是安陆有名的集镇。1997年，白店中心村经安陆市人民政府批准建设，总规划面积27公顷。至1998年，建成十字街。南北街长137米，东西街长510米。2000年，投资30多万元，对白店中心村4938平方米的街道、长1191米的下水道分别进行了水泥硬化和配套建设。到2017年，集镇上有餐馆8家，小吃店15家，大型超市10家，卫生所1处，教学点1处，加工、修理等服务店（点）25家。辐射白店、竹箩、八里、冯庙、姚榨、黄榨、周冲、李湾、邓冲、黄棚等村以及府河对岸三陂等外村人口逾万人，是烟店东大门最大的小集镇。

程巷集镇 原位于刘家大庙东600米的大畈河道东侧。烟店镇解放后，随着交通的发展，迁移到了刘家大庙西南。1987年，烟店设程巷人民公社，程巷集镇便成了公社所在地。设有供销社、食品所、粮管所、卫生所、农机站、邮政网点和学校，以及金融、农技等代理服务机构。程巷集镇辐射张岗、程巷、龚岗、余寨、李湾、田湾、周冲7个村，人口5000多人。随着城镇一体化步伐的加快，在程白（程巷—白店）公路两侧以及路东岗上建成一栋栋楼房，形成新的程巷集镇，有粮食加工厂1家，超市3家，农技服务部1家，卫生所1处，联通、电信服务点3处，完小1所，餐馆2家，80%的程巷村民在集镇上安居乐业。

水寨集镇 位于城北的包家墩上，为"百日集"，又名"天天集"。1970年，包家墩是原西城小公社的办公地，辖府城蒿桥、河西及烟店的八里、周桥、彭桥、徐庙、水寨共7个大队（村），有4500多人。1994年，水寨集镇新建和改建纳入安陆市集镇建设总体规划。集镇范围南靠府城蒿桥，北至烟店水寨吴家湾，规划设计集镇街道全长1.5千米，宽50米。在新建和改建过程中，长岗、李湾、碧山、石河等边远村的部分农民，八里、彭桥、周桥、张岗等邻近村的部分农民，水寨的独屋户、危房户也到此建房。街道建设中，新增变压器3台，接通了有线电视、宽带和自来水，安装了路灯，铺设了水泥路，兴建了垃圾池。2017年，入住集镇的总户数达400余户，共2000余人。水寨集镇设有教学点1处、医院1所，是烟店南大门的小集镇。

宋垅集镇 位于安京线8千米处，东起汉十高速公路与安京线交叉处，西至横路村熊家大湾以东，全长600多米，是烟店镇横路村、宋垅社区和棠棣镇联合社区的集中地。该地原名罗家山，50年代时还只是几条荒山岗和几片农田，安京公路两旁几乎没有住户。60—70年代，先后为驻安陆河西部队、安陆最早的五七干校、安陆师范学校、安陆职业培训场地等所在地。后来，在公路北建起了农资商品供应站点，并设立1处小诊所。90年代后，横路、宋垅、石河及棠棣镇联合村的农民，陆续把房屋建在以罗家山为中心的公路两旁，自然地形成了一个新的小集镇。到2017年，集镇上有居户300余户，1600多人。

张岗集镇 张岗距城区3千米，地势较高，与岗下的水寨大畈落差2米，是烟店域内丘陵地带与平畈地带的分界点。站在岗上，可以看到市区概貌，古时称为“望城岗”，是烟店南北交通要道。民国时期，岗上只有30多户人家，但家家都是经营小本生意的生意人。2009年，张岗村沿安三公路两旁新建和改建居民房屋，又在临路住房后面新建3排楼房，逐步形成张岗集镇。集镇南北长500米，西南方又折回一个200米的“∟”形街面。2017年，集镇住户200余户，有驾校、交检站、花中花米业、安东印务、坤兴实业、康迪种猪、凌丰科技园等企事业单位，辐射总人口4500余人。

生态新村

烟店镇生态新村以石河、董桥、横路、王岗等村为代表，主要特点是自然条件比较优越，水资源、森林资源比较丰富，具有传统的田园风光和乡村特色，生态优势明显。

生态农业观光村——石河村 位于烟店镇南部6千米处，因村东低洼处有一条弯曲的小河，河中有一方红粉石而得名。全村耕地面积1466亩，有6个村民小组、12个自然湾，202户，829人。2012年，流转土地150亩，引进朴泥农场，种植圣女果、柠檬、

石河众鑫农业生态园（2018 年） 周大安 摄

董桥村刘家寨 侯向东 摄

葡萄等水果和各类有机蔬菜。2013 年 5 月，流转土地 180 亩，建设舒氏庄园；同年，总投资 1 亿元，连片开发“三岗两冲”近 1600 亩山场及耕地，发展园艺种植、生态观光、农家乐休闲等综合性生态农业项目；之后，创建药材产业园。2014 年 10 月，引进黑龙江省亿龙水上风情园，占地 300 亩，建设用地 180 亩，总投资 5 亿元。随着烟店生态园区项目的引进和建设，一个规模大、项目多的生态产业园区集聚石河，使其成为烟店镇生态新村第一村。

生态果蔬采摘村——董桥村 地处丘陵地带，耕地面积 1268 亩，有村民小组 5 个，152 户，700 人。2012 年 10 月，该村土地整治项目和新农村建设竣工，总投资 4.5 亿元的安源生态产业园落户董桥。规划建设生态能源园区、生态农业种植园区、有机果蔬加工仓储物流园区、生态农业科技观光园四大园区。

花卉苗木基地村——横路村 位于烟店镇西南，村域面积 2.2 平方千米，其中耕地面积 1660 亩，林地面积 500 亩，水域面积 300 亩。全村有 6 个村民小组，229 户，975 人。2006 年，开展新农村建设，在横路棚子原址上建横路新村、罗家山新村。2013 年，与双庙村共同建设投资 1.5 亿元的花卉苗木基地。基地占地总面积 2000 亩，主要从事园林绿化、园艺栽培、景观树培育、特种树木种植等绿色种植培育相关业务。2017 年，已建成大型对节白蜡基地。

银杏产业园林村——王岗村 位于烟店镇南部安三公路 7 千米处，耕地面积 660 亩，有 6 个村民小组，151 户，662 人。因其生态发展，被誉为“绿色王岗”。

董桥村村貌（2017 年） 龚小军 摄

2012 年，王岗村拆除砖厂，建集银杏苗木生产、银杏产品加工及生产管理于一体的银杏观光产业园。发展集银杏园艺生产、银杏休闲垂钓、银杏生态观光、农家乐休闲于一体的银杏休闲养生项目。

2014 年，引进红叶度假村入驻王岗，建设南部银杏产业园和北部银杏苑两大园区。园区占地 1200 亩（含邻村土地），总投资 1.5 亿元，成为烟店镇推进生态文化旅游名镇建设的形象工程之一。2015 年，完成首期投资 0.5 亿元，栽植树径 20 厘米银杏树 2500 株。2016 年，二期投资已完成建设规划。

王岗银杏观光产业园（2018 年） 段家强 摄

产业新村

烟店镇产业新村以彭桥、张岗、万桥、程巷、李湾、邓岗为代表，具有生态产业集聚和地方特色突出的优势，基本形成“一村一品”或“一村多业”的发展格局。

工业园区建设村——彭桥村 位于安陆城西北部，距市区 2 千米，属城乡接合部。全村耕地面积 664 亩，有 6 个村民小组，280 户，1130 人。2009 年，彭桥村开展新农村建设，建休闲广场 4 处、农家乐 3 家。同时加强水、电、路配套设施建设，大天公路建成通车后，原十户草塘南和二羊山东坡的部分农田，先后被安陆市花中花米业有限责任公司、安陆市坤兴实业有限公司、安东印务有限公司等征用，总面积 200 余亩。花中花米业，总投资 1 亿元，2012 年建成投产，年生产大米 20 万吨；坤兴实业，总投资 1.5 亿元，年生产混凝土 20 万立方米；安东印务，总投资 5000 万元，主营各类出版物的印刷，为当地解决就业 150 余人。彭桥村现为烟店工业第一村。

生态产业建设村——张岗村 位于安陆府河西 2 千米处，大天公路、安三公路在该村中心穿境而过。村域面积 2.5 平方千米，其中耕地面积 1180 亩。有 4 个村民小组，272 户（不含外来户），819 人。2000—2017 年，安陆市水稻高产创建示范区、市公路管理局车辆检测站、花中花米业、中石化加油站、湖北康迪种猪科技有限公司、湖北省

张岗葡萄园（2013 年）　　烟店镇　提供

万桥莲子采摘园（2017 年） 烟店镇 提供

凌丰农业科技公司、七彩园农业合作社等相继落户。张岗村是烟店镇产业新村中企业最多、产业最广的村。

生态农业建设村——万桥村 位于烟店镇东 3 千米处，白兆山旅游公路贯穿境内，因有一条呈万字形的板桥河而得名万桥村。全村耕地面积 964 亩，有 7 个村民小组、6 个自然湾，279 户，780 人。90 年代，市农业局水稻杂交良种示范基地在万桥制种多年。2012 年，万桥村被纳入土地规模整治范围，工程结束后，致力于推进土地流转。随后，万桥葛根种植项目落户兴业。2015 年 11 月，烟店镇首个高端科技工业项目——湖北北农大生物科技有限责任公司落户万桥，总投资 1.1 亿元，占地面积 30 亩，年产能 20 万吨，年产值 5000 万元，年利税 30 万元，新增就业 80 余人。

现代物流建设村——程巷村 位于安三公路 6 千米处，耕地面积 1228 亩，有 6 个村民小组，259 户，1030 人。程巷村是安陆市新农村建设示范点。2014 年 3 月，湖北裕和科技产业园落户程巷，总投资 1.1 亿元，连片流转土地 1200 亩。主要从事名贵中药材种植、销售、产品初加工及现代物流一条龙的药材生产经营服务。

科技养殖建设村——李湾村 位于程巷村以北，白店村以南，山林面积 150 余亩，耕地面积956亩，有7个村民小组，158户，635人。2010年，湖北康迪种猪科技有限公司落户李湾及张岗、周冲、龚岗等村，占地面积500亩，总投资2.9亿元，建起全省规模最大的现代化种猪繁育中心，年生产种猪10万头。2017年，李湾村拥有2个大型养殖基地、3处50亩精养鱼池、4家标准化养鸡场。全村配有5台输电变压器，建10座抗旱泵站，修通一条8千米长的水泥马路。

烟店康迪种猪繁育中心（2013年）　　烟店镇　提供

产业聚集建设村——邓岗村　位于白兆山南部，距烟店集镇4千米，安陆城区11千米。林地面积1100余亩，耕地面积748亩。有6个村民小组，178户，686人。2002年始，安陆市民爆物资有限责任公司、原皮防所养殖场、汤寨山林场等企业先后落户邓岗。2005年，鼓励村民发展养殖业，建成万只养鸡场2家，千头养猪场3家，50头养牛场1家，还引进市神丹养殖场。2011年，金川页岩砖厂落户邓岗村，投资2000余万元，建车间2个，日产砖30余万块。2013年，结合新农村建设，实行旧房、空房整体拆迁，腾地400余亩发展生态产业。2014年，村委会鼓励回乡青年创业，3名在外创业青年返乡投资500余万元，租赁村闲置土地100余亩，栽种油橄榄树，兴办花木苗圃基地。2015年，引进总投资2亿元的湖北柒彩园农业生态园有限公司。

邓岗村村民在草场放羊（2017年）　　烟店镇　提供

文明新村

烟店镇文明新村以袁畈、尖山、碧山、余寨、龚岗等村为代表，主要特点是交通便利，风景优美；文化传承和绿色发展有机结合，人文景观和自然景观交相辉映，不仅具有生态新村、产业新村的优势，而且旅游资源丰富；住宿、餐饮、休闲娱乐方便，适合各类人群休闲度假，具有发展乡村旅游的潜力。

精神文明建设先进村——袁畈村 位于烟店镇西部，地处白兆山东南麓。全村耕地面积 1547 亩，有 9 个村民小组，318 户，1259 人。走进袁畈村，农家小院花木吐绿，茂林修竹掩映小楼，文明墙画扮靓村庄。全村建 1000 平方米休闲广场和 500 平方米生态休闲园各 1 处、花坛 17 座、公共禾场 5 处；建公共厕所 5 个、垃圾池 57 个、日处理 10 吨以上污水处理场 1 家；硬化村庄主干道 12 千米、进村道路 8 千米；新挖、清淤和硬化当家塘堰 57 口，清淤河道 4.2 千米；安装路灯 52 盏，建竹栅栏 1200 多米，栽植景观树 1 万余株。

2012 年始，在全村开展“文明户、好邻居、好婆媳”等精神文明创建活动。至 2017 年，全村评选出最佳文明户 16 户、十星级文明户 116 户，“好邻居”6 人、“好婆媳”10 人。其中，2013 年，袁畈村被评为“湖北省文明村”、孝感市“最美乡村”；2015 年 2 月，被中央精神文明建设指导委员会表彰为“全国文明村”。

2014 年，袁畈村投资 1.5 亿元，发展生态农业、观光农业和休闲农业项目。连片流转土地 1060 亩，建设葡萄采摘园、葡萄观光园；流转土地 500 亩，种植辣椒、莲藕，并通过深加工，使其成为特色旅游产品。

袁畈辣椒（2013 年） 烟店镇 提供

袁畈村（2013 年） 宋厚斌 摄

农旅融合发展村——尖山村　位于烟店镇西，紧靠白兆山。因山后有座300多米高的尖形山峰，故由白兆村改名为尖山村。板子桥河贯穿全境，常年青山绿水，鸟语花香。全村有6个村民小组，158户，723人。

2001—2012年，开展山、水、田、路的综合治理和建设，扩宽河道20米，治理河道1000米，修闸3处，新挖塘堰5口，清塘30口，硬化塘堰堤坝5处，浆砌沟渠1000余米，硬化村级公路4千米。2014年，开展绿满尖山建设，四旁栽植各种名贵树木8000余株。2015年，硬化、刷黑道路4000米，安装太阳能路灯40盏，新建文化广场1处。是年8月，五言陆色生态农业观光园项目落户，拟建设集生态休闲、观光度假、餐饮娱乐、农事体验、运动养生等于一体的乡村旅游核心村，成为烟店“慢生活”体验地（参见本志“美丽乡村建设·发展特色经济·多彩观光园区·五言陆色生态农业观光园”）。2017年12月，尖山村被湖北省精神文明建设委员会授予“湖北省文明村”荣誉称号。

乡村旅游名村——碧山村　位于白兆山东麓，东邻肖湾村，南接袁畈村，北抵尖山村，有7个自然湾，2031人。山场、林地面积600亩，耕地面积1310亩。汉十高速公路穿境而过，一条旅游专线公路直通白兆山风景区。碧山村发挥独特的地理区位优势，2010年，启动省级旅游名村创建工作。2013年，被评为“湖北旅游名村”。

尖山村（2017年）　　段家强　摄

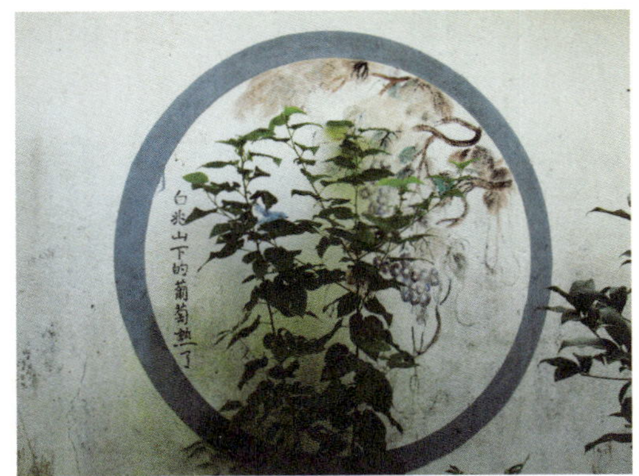

尖山村文化墙（2018 年） 赵信伟 摄

2010—2017 年，碧山村投入资金 400 余万元，硬化南街新村街道 400 米，硬化广场 4 处、5000 平方米，新修 1 座库容 9 万立方米的水库，建成 1 处日处理 20 吨的污水处理场。停车场、木质凉亭、石板小桥、旅游公共厕所、太阳能路灯、文化广场一应俱全，田块整齐，河道通畅，河水清澈，庭院变果园成花园。2014 年，碧山村被评为“湖北省生态旅游名村”“湖北省卫生村”。

碧山村生活污水处理设施（2018 年） 宋厚斌 摄

碧山村在保留原始风貌的同时，因景制宜，改造村落，修旧如旧、以旧修旧、建新仿古、装修如初，古老村镇风韵依旧。土墙、瓦顶、走廊、木门窗、天井高低起伏，错落有致，黑白辉映，构成独特的农舍造型。鹅卵石铺设的小路，纵横交错，四通八达。麻石板架设的拱桥，结实雄伟，美观大方。民居前后或旁侧，建庭园，置石桌、石凳，掘水井、鱼池，植果木花卉，叠山造泉，人与自然融为一体。村内临街住户、商业门面进行统一仿古建棚、牌匾制作，对居民房屋立面实施白墙、绿瓦、红方格仿唐改造。墙体绘制李白诗画，村广场建造李白雕像和浮雕，全村充盈着浓郁的李白文化气息。

2010 年，立强农业科技项目落户，流转土地 1200 亩，发展集葡萄采摘、生态观光、休闲度假、农事体验于一体的精品乡村旅游。2015 年，引进“白兆山居家养老”和“碧山旅游综合体”两大亿元项目。

省级文明新村示范村——余寨村 位于烟应公路、安三公路交会处，耕地面积 868 亩，有 4 个村民小组，132 户，532 人，是 2006 年全省 88 个新农村建设示范村之一。余寨村建有垃圾池，放置垃圾桶，在全镇率先实行垃圾户集、村管、镇运模式。农户房前屋后种草育花，植树绿化。2012 年，村民余新安创办家庭农场后，承包全村 80% 的耕地，实现土地零散耕种向规模经营的转变。2013 年，总投资 3 亿元，实现传统农业向生态农业、观光农业的转变。余寨村先后获得省级新农村建设先进村，孝感市生态文明先进村，安陆市精神文明、生态文明先进村等 10 项荣誉称号。

余寨村貌（2017 年） 易家镜 摄

红叶山庄秋意浓（2000年）　　烟店镇　提供

省级环境整治示范村——龚岗村　位于府河以西，烟店镇南部。耕地面积923亩，有6个村民小组，147户，587人。2013年，龚岗村按照乡村振兴计划，开展高标准农田建设和新农村建设。至2017年，完成农田道路、沟渠配套工程，河道清淤3534米，建毛石护坡2500平方米，修建小桥和水闸2座；开展环境整治和除“四乱”活动。全村147户村民全部配发垃圾桶，每天由专人将垃圾清理到垃圾中转站；统一规划建设农户小花园、小菜园、小果园，栽植桂花树、红叶石楠3000株，改造路边房屋立面1399平方米，绘制乡风文明3D墙体画10余幅；建设占地1950平方米的文化广场，配套建设农耕文化展示墙、仿古走廊和百姓大舞台；配置灯光球场、乒乓球台等健身设施。

龚岗村美丽乡村建设（2017年）　　烟店镇　提供

龚岗水稻田（2016年）　易家镜　摄

发展特色经济

90年代开始，烟店镇按照“农业＋生态＋旅游”的发展模式，精心描绘生态资源的“山水画”、观光农业的“田园画”、休闲旅游的“风情画”，发展美丽经济，走出了一条生态农业、观光农业、休闲农业比翼齐飞的发展之路。

绿色农业基地

1990—2017年，烟店镇坚持以市场为导向，开发优质稻米、大棚蔬菜、茶叶、银杏、油茶、药材、稻田鱼虾等绿色农业基地，形成了主打绿色品牌、发展特色农业的发展态势。

美丽乡村（2017年） 段家强 摄

优质稻米基地 1990年，在程巷、张岗、龚岗等9个村，建设总面积1.5万亩的程巷大畈优质稻示范基地。1991年，在白店、水寨、彭桥、八里等8个村，建设总面积1.12万亩的白店大畈优质稻生产基地。1996年起，全镇推广程巷大畈和白店大畈的优质稻生产经验，大面积种植优质稻品种，面积达4.5万亩，总产量达33750吨。为了实现优质稻生产基地向优质稻米基地的转变，2011年，烟店镇与花中花米业联合，建立万吨级粮食收储库2个，仓储量5万吨；150吨／批次的粮食烘干塔生产线2条，具有年烘干40万吨粮食的加工能力；年收购量12万吨，年生产优质稻米22万吨；建成优质稻米配送中心，成为孝感地区最大的优质水稻基地。

花中花米业注册商标“花蕊”优质稻米是湖北省著名商标，5个品种的产品通过中国绿色食品发展中心“绿色食品”认证。2012年，通过ISO 9001质量管理体系认证；2013年，被湖北省农业产业化经营领导小组评定为湖北省农业产业化龙头企业，被中国粮食行业协会评为全国放心粮油进农村进社区示范工程示范加工企业；2014年，获第四届“中国十佳粮油成长型企业”称号。

大棚蔬菜基地 1990年，周桥村调整产业结构，建千亩大棚蔬菜基地。采取“棚中盖棚”的方式，生产番茄、豌豆、辣椒、茄子、黄瓜、扁豆等反季节蔬菜。每亩平均收入6000多元，是粮食收入的4倍。1992年，八里、彭桥、白店、冯庙、竹篓、张岗、水寨、龚岗等村也兴建大棚种菜，蔬菜种植面积扩大到3500亩。周桥村被确定为全市蔬菜示范基地。1992—2010年，府河沿岸以及烟店南部共有15个村的农民用大棚种菜，北部的长岗、岔路、烟店等村也有部分农民用大棚种菜。

2012年，安源朴泥农场落户烟店，烟店的大棚蔬菜产业进一步形成。周桥等8个平畈村的蔬菜进入安陆吕家畈农贸市场、中百仓储等超市，销售到雷公、孛畈、洑水、李店等乡镇市场，安源朴泥农场的大棚蔬菜与武汉城市圈大超市实现对接，蔬菜供不应求。

茶叶基地 1991年7月，烟店镇组织全镇1.5万余人奋战7天，开发荒山1500亩。其中，种植茶叶1000亩、银杏50亩、用材林450亩。此后，先后投资17万元，投入劳动力10万余个，又在岔路、柏树等村交界处建立茶园。

银杏基地 1994年10月，烟店投入劳动力1.2万个，投资15万元，开发五龙岗银杏基地500亩。1997年冬，全镇投入劳动力1万余个，大、小机械100余台，开发十八里大庙5000亩银杏采叶园基地。2012年，在百里银杏长廊建设中，基地逐步形成银杏产业、银杏观光、银杏休闲、会务接待和农家乐服务“五位一体”的发展模式。

油茶基地　2009年，双岭村开发油茶基地500多亩。至2014年，油茶开始受益。周边的岔路、柏树、李岗等村，也利用荒山种植油茶，面积达1500余亩。烟店镇将油茶生产列入烟店“十二五”经济发展规划。

裕和药材基地　2014年，湖北裕和科技发展有限公司药材种植项目落户烟店，连片流转土地2000亩，发展集药材种植、药材科技、药材产品及现代物流于一体的药材产业项目，形成一轮多链、一主多元的药材产业模式。

稻虾共作基地　2015年，红叶山庄度假有限公司连片流转王岗、余寨、万桥、田湾4个村土地面积4600亩，其中水田3400亩，旱地1200亩，用于发展稻田鱼虾养殖，采取“两扶法”，实施精准扶贫。即“代管代购代销型”：由公司向贫困户提供鱼虾种苗和技术，按市场保值价格回收全部产品，确保每户贫困户第一年收入0.8万元，第二年收入1万元，第三年收入1.2万元；“入股入社型”：鼓励贫困户以承包地入股或参加合作社，实行“土地＋合作社＋贫困户”的扶贫模式，吸纳贫困劳动力参与合作社生产劳动，享受保底收入和土地分红，确保每户年收入在1万元以上。2015年，发展稻田鱼虾共生1000亩，亩产泥鳅1000余千克，收入1300万元；稻田鱼虾共育500亩，亩产河虾900千克，收入900万元。带动贫困户就业30人，人均年收入2万元以上。2017年5月18日，安陆市首届稻田龙虾节在烟店镇白店村举行。

黄棚村稻虾共作产业基地（2018年）　　易家境　摄

生态产业大户

2010 年，烟店镇以建设生态农业大镇、现代工业重镇、生态旅游强镇为定位，制定《烟店镇生态产业“三区”发展规划》，将中部丘陵地带的张岗、王岗、余寨、石河、双庙、万桥、董桥、龚岗、程巷、李湾等 25 个村定为生态农业区。2017 年，全镇年产值 200 万元的大户发展到 56 户。

种植大户 2005 年，烟店镇土地流转，大户适度规模经营开始萌芽。至 2017 年年底，烟店土地规模流转面积 1.4 万亩，占全镇种植面积的 35.9%。其中，种植面积 50 ～ 100 亩以上的农户 54 户，110 ～ 1000 亩以上的农户 18 户。大户年收入一般在 10 万～ 200 万元之间。其中，最为突出的是余寨村农民余新安。2013 年 6 月，余新安创办新安家庭农场。到 2017 年，共流转土地 1140 亩，与农户签订 10 年期合同，合同兑现率 100%。同时，服务农户 530 户，耕种面积 6400 亩。对农户实行统一机械作业，统一良种提供，统一配方施肥，统一药剂防治，统一收购运输。年收购粮食 400 万千克，加工 150 万千克，实现综合利润 120 万元。2015 年 2 月 10 日，新安家庭农场被湖北省农业厅表彰为全省首批“省级示范家庭农场”。

养殖大户 1992 年冬，烟店镇组织劳力在府河西岸的八里、彭桥等地人工开挖精养鱼池 27 个，面积 300 多亩。1993 年，亩产成鱼 1100 多千克，亩创效益 6000 多元，人称“八里效应”。1993 年起，石河、白店、周祠等 12 个村学习八里做法，利用冷浸田、冬闲田、半坡地开挖鱼池养鱼。到 2000 年，全镇养殖水面由 1997 年的 3100 亩扩大到 7000 多亩，成鱼总产 2150 吨，产值 800 余万元。2010—2017 年，全镇 182 个鱼池和 424 口新扩塘堰、5 个小（1）型水库、13 个小（2）型水库全部交给养鱼大户经营，从业人员 500 多人。2017 年年底，烟店镇养鱼大户 10 户。

2017 年年底，全镇有养猪大户 8 户，年养商品猪 4 万头；养牛大户 1 户，年养肉牛 80 头；养羊大户 1 户，年养商品羊 200 头；养鸡大户 15 户，年养蛋鸡 37 万只，年养肉鸡 6 万只；养鸭户 1 户，年养蛋鸭 0.5 万只；养鹌鹑大户 2 户，年养 13 万只。

专业合作社 2017 年，烟店镇从事种植、养殖、加工、销售和科技服务的农民专业合作社共有 8 家，投资规模 2756.2 万元。

2017 年烟店镇农民专业合作社情况一览表

表 4

名称	所在地	投资额（万元）	经营范围
安陆市涢晟种植专业合作社	周冲村 2 组	220	粮食种植、收购、销售供应成员所需生产资料；提供成员所需的储蓄服务；开展农作物种植技术培训、咨询服务
安陆市道贵种植专业合作社	黄棚村	300	粮食种植、收购、销售供应成员所需生产资料；提供运输、贮藏、加工、包装服务；开展种植技术培训、技术交流和咨询服务
安陆市红叶山家庭农场	余寨新村	500	粮食种植
安陆市建惠种植专业合作社	棠棣镇联合社区	36.2	农作物、水果种植；农业机械化作业；组织采购、供应生产资料；组织收购、销售农产品；提供贮藏服务；开展种植技术培训、咨询服务
湖北栗味香农业发展有限公司	余寨新村	1000	谷物、坚果、树木种植、销售；水产品养殖、销售；农业项目投资
安陆市辛安种养专业合作社	余寨村 1 组	500	组织粮食收购、加工、销售；引进新技术、新品种；开展种植、养殖技术培训、交流服务
安陆市植保专业合作社	黄棚村	100	病虫防治、除草、业务咨询服务
美乡农业专业生产合作社	袁畈村	100	辣椒、莲藕产品深加工等

多彩观光园区

2007—2017 年，烟店镇把生态产业园区建设作为助力绿色发展的重头戏，先后建立湖北立强葡萄产业园、众鑫农业生态园等九大观光园区。

立强葡萄产业园 位于碧山村，由浙江商会 2007 年创建，总投资 1.2 亿元。流转土地 1200 亩，其中葡萄产业园 800 亩、苗圃观光园 400 亩。按照“乡村休闲、农技体验、生态观光”的建设目标，建设集葡萄采摘、观光休闲、苗木培育、花卉欣赏、葡萄加工于一体的生态农业产业园，解决就业 300 余人，年创税收 100 万元。

立强葡萄采摘园（2015 年）　　烟店镇　提供

众鑫农业生态园　位于石河村，由安陆市众鑫农业开发有限公司 2013 年创办，总投资 1 亿元。流转耕地面积 1600 亩，发展园艺种植、生态观光、农家乐休闲等综合性生态农业项目。首期投资 3500 万元，完成花卉苗木基地、生态养殖基地建设，基地环线道路硬化 3.8 千米；新挖塘堰 5 口，蓄水容量 25 万立方米，完成塘堰护坡浆砌配套工程。2017 年，开始建设农家乐休闲等综合性生态农业项目。

安源生态产业园　位于烟应公路、大天公路交会处。2012 年，安陆市安源生态农业开发有限公司连片流转董桥、石河、宋垅、龚岗 4 个村土地 3000 亩，建安源生态产业园，

安源生态农户收摘圣女果（2017 年）　　烟店镇　提供

是全国首个全产业链生态农业科技园项目，总投资 4.5 亿元。按照“循环利用、流程建设、环节对接、链条生产、园中建园”的产业规划，首期投资 0.81 亿元，重点建设生态种植园；二期投资 1.69 亿元，建设“园中园”，即同步建设养殖区、蔬菜收集加工与物流区、休闲观光区 3 个园区。2015 年 12 月，安源生态产业园被认定为湖北省“互联网 +”现代农业应用示范基地。

湖北凌丰产业园 位于张岗村，2012 年创办。经营面积 1700 亩，总投资 1 亿元，首期投资 3000 万元。主要从事葡萄、蓝莓、猕猴桃种植，生态水果采摘，生态观光和垂钓等，是集生态、观光、休闲于一体的农业科技园综合项目。2014 年开始接待游客休闲采摘，每年接待游客 8000 余人，解决就业 200 余人，年创利税 80 万元以上，亩均增收 7000 元以上。

五言陆色生态农业观光园 位于尖山村，2016 年 3 月正式动工建设。以建设国家 AAAA 级旅游景区为目标，计划用 5 年时间，分 3 期建设并投入运营。主要从事花卉苗木、农特产品种植与销售，以及生态旅游观光、休闲、度假等服务。五言陆色之“五

五言陆色生态公园（2018 年） 段家强 摄

言'，寓意传统文化“仁、义、礼、智、信”五德之言；“陆色”，蕴含安陆独具的历史遗产、人文景观、民俗民情特色。按照“公园化、主题化、景观化”的生态公园建设要求，通过“盛唐风情场景化、李白文化娱乐化”，给游客以田园美、艺术美和人文美的多重享受。其景观建设主要有虞美人、天外天、蝶恋花、对酌台、渔家傲五大观光景观和花言樵语、侠客行、音节小池、云卧山行、玉泉茗、画屏林六大体验景观。

红叶山庄大观园 位于余寨社区北段的红石山坡上，2014 年，由红叶山庄度假休闲有限公司创建。流转岗地 400 亩、水面 168 亩，总投资 2 亿元，是集红叶观光、银杏养生、疗养健身、休闲垂钓、会议接待、枫林湿地、农家乐服务于一体的综合性园区。主要建设花海（薰衣草、金盏菊等各类季节性花）、桃花岛、赏荷园、牡丹园、月季园、杜鹃花园等观赏景点，以红叶植物为特点，与银杏走廊的绿色相辉映，与立强葡萄产业园中葡萄的紫色互补，与白兆山风景区的春色相媲美，与水上乐园的碧色相衬托，形成色彩斑斓的旅游观光效应、互补效应、联动效应。2017 年 12 月，湖北省林业厅授予烟店镇红叶山庄度假休闲有限公司“湖北省林业产业化省级重点龙头企业”称号。

红叶山庄大观园（2000 年） 黄鹰 摄

舒家院子生态农庄（2017 年） 赵信伟 摄

舒家院子生态农庄 位于余寨社区，2015 年创建，总投资 5000 万元，占地面积 210 亩，是集旅游度假、休闲养生、农业观光于一体的生态旅游度假项目。在旅游度假方面，农庄综合山、水、林元素，以徽派建筑为主体，以木屋度假为特色，重点建设集餐饮住宿、会务接待、农家乐消费、候鸟式养生于一体的度假别墅群、林间木屋群；在休闲养生方面，以沙滩足球、沙滩排球为重点，打造集垂钓休闲、沙滩运动、水上健身于一体的水上乐园；在农业观光方面，主要开展集花卉观赏、果蔬采摘、农事体验于一体的农庄活动。

十八里大庙苗木花卉观光园 2012 年 2 月，以招租形式引进创建的苗木花卉集群。总投资 1 亿元，分 3 期建设。通过 3 ~ 5 年努力，发展成 5000 余亩的观光园区，其中苗圃园区 100 亩，景观园区 1100 亩，盆景园区 200 亩，垂钓休闲园区 200 亩，生态农庄区 20 亩，生态观光区 2000 亩，特色立体种养殖园区 1500 亩，形成集科研、生产、贸易、观光、旅游、休闲于一体的综合园区。

十八里大庙盆景园（2013 年） 烟店镇 提供

湖北亿龙水上乐园 2015年落户烟店镇石河村，是集大型水上游乐、陆地娱乐为一体的大型旅游项目。占地面积500亩，建设面积180亩，总投资4亿元，分两期建设，建设期限4年。建设项目主要包括水上游乐主题公园（即亿龙广场，有购物广场、婚姻殿堂）、大喇叭、合家弄潮——合家欢组合滑道、离心滑道、超级造浪池、漂流河、疯狂书屋池、急驰竞赛、金属工厂（疯狂齿轮、太空梭、疯狂眼镜蛇）、神秘沙漠（沙漠风暴、穿越撒哈拉沙漠）、盐浴水疗等主题旅游配套服务设施。

雕塑小品：碧山老酒（2018年）

段家强 摄

美居美食美品

2008年，随着烟店生态旅游和美丽乡村游的兴起，到烟店镇参观、考察、就业、采摘、旅游的人越来越多。烟店镇党委、政府将美居、美食、美品纳入发展美丽经济的重要内容。

美丽客居 2009—2017年，烟店镇除白兆山风景区的白兆山宾馆外，新发展具有当地特色，集餐饮、会议、休假休闲、垂钓、住宿于一体的大中型客居山庄5家。

2017年烟店镇主要客栈情况一览表

表5

客栈名称	客栈所在地	客栈特点	日接待量（人）
姚家山庄	程白公路距白店西300米上坡处	垂钓、休闲、观光	50
范家农庄	烟店南街，白兆山出口东300米处	观光、休闲	40
大爱宾馆	烟店菜市场口，对接白兆山宾馆	观光、休闲、采摘水果	200
白兆山宾馆	白兆山风景区，二十四孝坊西40米	旅游观光、休闲垂钓	400
红叶山庄	安三公路、烟应公路交会处50米	旅游观光、休闲垂钓	400
舒家院子	烟应公路余寨新村进口处50米	小型乐园、垂钓等	150

美丽饮食 2017年年末，烟店镇有农家乐餐饮服务50余家，日接待量5000人左右。各餐饮店菜肴大都用自家种植的时令蔬菜，自家养殖的畜禽、鱼、虾制作。

2017年烟店镇主要餐饮店情况一览表

表6

餐饮店店名	餐饮店所在地	特色菜	日接待量（人）
一品农庄	周桥村境内，离安三公路1000米处	自村产大棚蔬菜	200
乡村园农庄	彭桥村境内，离水长公路2000米处	府河水产	200
过去时代农庄	白店集镇西100米陡坡处	府河黄鱼	200
白店集镇农家乐	共8处，在白店集镇上	府河生态鱼	250
姚家山庄	程白公路距白店300米上坡处	小焖土鸡	200
快乐老家	八里村内，在府河二桥桥头西	地产鱼头	150
百姓人家	府河二桥西200米，印刷厂北50米	藕炖猪蹄	200
华惠农庄	安三公路张岗上坡西150米处	自产柴鱼	250
小意思农庄	安三公路张岗上坡处	自产小菜	80
蔡么农庄	彭桥村内，离府河二桥西1000米处	韭菜煎鸡蛋	80
高速出口农家乐	汉十高速公路烟店收费站出口处	袁畈藕炖排骨	100
烟店农家乐	烟店派出所隔壁	红烧肉	150
诚信人家	烟店畜牧站北20米处	牛肉丝	60
肖贵农家乐	烟店北街，原粮食加工厂外	红烧鱼块	60
吴忠农家乐	烟店集贸菜场对门	红烧鸡丁	80
留名农家乐	镇政府大门西15米处	袁畈藕烧猪蹄	60
蒋陆农家乐	镇政府大门出口斜对门	农家小炒	50
王伟农家乐	镇政府大门出口处	小焖滑肉	50
美香楼农家乐	镇政府大门西30米处	本地蒸肉	150
东来顺农家乐	碧山广场北角	爆炒家鸽	100
大爱宾馆	烟店菜市场口，对接白兆山宾馆	德安白花菜炒素肉	200
白兆山宾馆	白兆山风景区，二十四孝坊西40米	浙江清蒸湖北烤鸭	800
小山坡农家乐	安三公路龚岗与程巷交界处	锅巴粥、黄鱼汤	400
乡友土菜农家乐	福利院正对门	袁畈莲藕炖排骨、麻婆豆腐	60
舒家院子	烟应公路余寨新村进口处50米	韭菜煎鸡蛋、红烧土鸡	300

美品美果　烟店镇的名特产品主要有传统的烟店“三宝”（袁畈辣椒、袁畈莲藕、烟店石灰）和时鲜七彩“三果”。

袁畈辣椒　袁畈村的水源来自黎严冲水域，河水中含有一种与其他地方水中不同的

雕塑小品：袁畈辣椒（2018年） 段家强 摄

雕塑小品：袁畈莲藕（2018年） 段家强 摄

钙质。所产辣椒色艳、皮薄、肉厚、甜而微辣，属灯笼椒，有300多年的栽培历史。袁畈辣椒可炒食，也可腌制。当地所产的干辣椒粉，不仅是地道的火锅调料，还是效果奇特的治病良药。如将干辣椒粉与凡士林混合制成膏，对治疗关节痛、风湿痛和未破皮的冻疮，颇有奇效。2012年9月，湖北省政府办公厅和省信访局驻烟店工作队深入到袁畈村的辣椒田，了解袁畈辣椒的生产情况，与村干部、村民共谋新农村建设和乡村振兴计划，制定《袁畈辣椒商业开发策划书》。投资200多万元，建成袁畈原产地辣椒深加工企业，年加工辣椒10余吨。

袁畈莲藕　袁畈土质肥沃，水质清澈，没有污染，具有良好的天然莲藕的生长环境，以白色莲藕为主。袁畈莲藕皮薄节粗，白嫩细腻，藕眼小，淀粉多，清脆香甜。生食，甜嫩可口；清炒，细脆香甜；煨汤，汤白味鲜。该村7、8组70多户农户全部种植莲藕。除行销当地及邻近的随州、孝感、武汉外，还远销河南、四川等地。与外地莲藕不同的是，袁畈莲藕有9个孔，而外地莲藕是7个孔。2016年，烟店镇将袁畈莲藕的栽培与深加工列入“十三五”规划。

烟店石灰　烟店石灰白度纯，黏性强，易挥发，无污染，杀虫灭菌和改良土壤效果好。石灰生产始于明代，迄今已有500多年的历史。烟店镇解放前至70年代初，农民栽种水稻都有下石灰的习惯。1989年，烟店石灰厂被中国石灰协会吸收为石灰会员厂家。1991年2月，烟店龙泉观石灰厂在达标升级中，被市政府评为市级先进企业。1992年2月，龙泉观石灰厂被市委、市政府授予全市“十面红旗”企业称号。随着生态农业和白兆山旅游业深度开发，龙泉观石灰厂于1992年停办。石灰生产移往烟店北部的柏树、双岭等村。在不破坏生态环境的前提下，对石灰进行深加工，以袋装石灰为主。

双岭村白石灰（2013 年） 宋厚斌 摄

七彩“三果” 即七彩冬枣、七彩葡萄、七彩火龙果，2015 年，由湖北柒彩园农业生态园有限公司引进种植。2017 年 6 月，中国绿色食品发展中心认定安陆市柒彩园特色生态果品苗木种植合作社生产的冬枣、葡萄、火龙果为绿色食品 A 级产品。2017 年，七彩“三果”种植面积 2000 亩，实现销售收入 2000 余万元。

美丽乡村游

2013 年始，烟店镇美丽乡村游活动正式推出。或观多姿园区，或览美丽乡村；或坐专车畅游，或迈轻步细品；或驾小舟戏水，或走鹅卵石健身。2015 年 8 月，中央电视台 7 套、央视网、湖北电视台垄上频道、《湖北日报》、《孝感日报》等媒体记者走进烟店，对烟店镇美丽乡村游进行了全面、系统报道。2017 年，全镇接待游客 20.5 万余人次，营业收入 2500 万元，综合效益 1.5 亿元。

旅游项目 2013—2017 年，烟店镇先后推出绿色生态游、美丽新村游、园区观光游、休闲娱乐游、“五位一体”游 5 个美丽乡村游项目，同时辅以美居、美食、美品服务。其中，绿色生态游项目有水寨草莓采摘园、周桥大棚蔬菜基地、董桥朴泥风光、张岗葡萄采摘园、彭桥生态工业园区、花中花优质稻米基地、程巷裕和药材基地、李湾公园式养殖场等。美丽新村游项目有凌丰体验，尝鲜张岗游；漫天红叶，美丽余寨游；银杏凤情，王岗五龙游；诗仙古韵，魅力碧山游；梦回盛唐，集镇仿古游；绿色生态，文明袁畈游；五言陆色，田园尖山游；安源生态，董桥龚岗游；水上乐园，欢腾石河游；放眼花海，邓岗横路游。园区观光游项目有碧山脚下立强葡萄产业园、大天公路边安源生态产业园、木屋雅居舒氏院中园、红石坡下绿色大观园、花言樵语山中仿唐园。休闲娱乐游项目有亿龙水上乐园、舒家院子及其他设有休闲项目的景区。“五位一体”游项目有春光明媚观景游、诗人故里循情游、生态农业观光游、各类庆典欢快游、携妻带子家庭游、休闲娱乐田园游、环保食品采摘游、投资兴业实地游、情系故土家乡游和传统节日祭拜游。

旅游路线

（一）安陆城西区烟店入口—烟店集镇美丽乡村游接待站—旅游项目区—旅游景点—美居美食活动区—府河二桥。

（二）府河二桥—烟店集镇美丽乡村游接待站—旅游项目区—旅游景点—美居美食活动区—安陆城西区烟店出口。

旅游产品

当地特产类：袁畈辣椒精品系列、“诗仙牌”地产酒系列、水产品系列、土鸡蛋、鹌鹑蛋、芝麻油、挂面等。

绿色食品类：优质稻米、大棚蔬菜系列、时令水果系列（葡萄、草莓、猕猴桃、冬枣、火龙果）。

纪念品类：李白帽、诗仙笔、李白塑像、《魅力烟店》系列（诗集、画集、摄影集、书法集、作品集、光碟）。

美丽乡村

宋厚斌 摄

文物古迹

烟店历史悠久，4000 多年前就有人类在这里生息繁衍，有丰富的古文化遗存，它们既是当时物质文明的见证，也是烟店人民精神生活的反映。

文物

铜爵　1978 年 1 月，在烟店镇碧涢村羊子山出土，为酒器，属商代晚期。2005 年 7 月 6 日，经省文物专家组鉴定，为国家三级文物。

铜爵（2018 年）
市博物馆　提供

双耳葡萄铜壶（2018 年）
市博物馆　提供

双耳葡萄铜壶　1981 年 8 月，在烟店镇杨堰村杨仁山家征集，属唐代。1983 年第 6 期《文物》曾刊载《湖北安陆发现唐双耳葡萄铜壶》，对其进行介绍。1984 年，由省统一选调进京参加“全国重大考古新发现珍品展览”。2005 年 7 月 6 日，经省文物专家组鉴定，为国家一级文物。

铜焦斗　1985 年 11 月，在烟店镇白店村发现，属汉至晋代。2005 年 7 月 6 日，经省文物专家组鉴定，为国家三级文物。

铜焦斗（2018 年）　市博物馆　提供

孙中山先生安葬纪念币　1980 年 6 月，烟店区八里村村民徐为准捐赠。正面阳铸孙中山像；背面正中阳铸南京中山陵墓图案，右上方阳铸由吴敬恒书写的篆书“孙中山先生安葬纪念”，左上方阳铸‘中华民国十八年三月十二日”，均为篆书；侧边阴铸美商英文“MINT.MEDALIC.ART.CO.N.Y.USA.”。该币由紫铜（有说黄铜）制成，直径 76 毫米，厚 3 毫米，重 152 克左右。

孙中山先生安葬纪念币（2018 年） 市博物馆 提供

古遗址

王古溜遗址 位于双庙村王古溜，东西长 1000 米，南北宽 880 米。1981 年 5 月文物普查时发现。在此采集到的标本有石斧、石刀、单孔石铲及大量陶片。以灰陶为主，黑红陶次之，多数为素面。可辨器形的有鼎、杯、碗、罐等，具有屈家岭文化及龙山文化的典型特征。屈家岭文化典型器物鼎有两种：一种为夹砂灰陶，圆唇，平沿，深腹，素面；另一种为夹砂褐陶，黑衣，侈口。碗：细灰泥陶，长唇外侈，斜孤壁，腹外部饰两道凸弦纹。罐：细泥灰陶，颈高，素面。杯：红陶，深腹，筒形。龙山文化典型器物鼎有三种：第一种为夹砂红陶，宽扁，中有 6 个压窝纹；第二种为夹砂红陶，扁平三角形；第三种为细泥红陶，扁平三角形，中有制作时留下的痕迹。1982 年 1 月，王古溜遗址被列为县级重点文物保护单位。2008 年 3 月 27 日，被列为第五批湖北省文物保护单位。

陈家墩遗址 位于官堰村陈家墩湾，陈家墩湾建在遗址之上。遗址呈长方形，东西长 400 米，南北宽 300 米。1981 年 5 月文物普查时发现。在此采集到的标本均为陶片。以灰陶为主，少量褐陶，除素面外，有篮纹、粗绳纹、弦纹等。可辨器形的有鼎、碗、豆、澄滤器等。鼎：褐陶，侈口，素面。碗：细泥灰陶，敞口，斜壁，假圈足。豆：细泥灰陶，圈足。澄滤器：灰陶，方格形槽，饰篮纹。鬲足：夹砂灰陶，短小，饰绳纹。

属龙山文化。

花台遗址 位于冯庙村花台，呈不规则的长方形，高出平地1.2～3米，建在二层台上。东西长150米，南北宽200米，中高周低。文化层2米左右，遗址上为梨树园。1981年5月文物普查时发现。在此采集到磨光小石斧1件及陶片。灰陶居多，红陶次之，黑陶少见。纹饰有粗、细绳纹，弦纹，附加堆纹等。可辨器形的有尖锥状红陶鬲足、袋形鬲足、灰陶绳纹罐等。属商周时期文化遗址。2009年8月，花台遗址被列为安陆市重点文物保护单位。

王家庙遗址 位于周祠村王家庙，为不规则圆形土台，高出周围平地1.2米左右，上种庄稼，长、宽各80米。1981年5月文物普查时发现。在此采集到的陶片以夹砂褐陶、红陶为主，灰陶次之。纹饰有绳纹、附加堆纹等。器形多为罐、钵。属西周时期文化遗址。

肖家湾遗址 位于白店村肖家湾，呈长方形，南北长500米，东西宽200米。1981年5月文物普查时发现。采集到的标本均为陶片，以夹砂灰陶为主，红陶次之。纹饰有绳纹、弦纹等。可辨器形的有鬲、豆等。鬲有三种：第一种为夹砂褐陶，方唇外侈，圆腹，绳纹；第二种为泥质灰陶，方唇外侈，唇外饰弦纹，腹饰粗绳纹；第三种为夹砂褐陶，黑衣，尖唇上折，束领，饰绳纹。鬲足为夹砂褐陶，饰绳纹。豆有两种：一种为细泥褐陶，细柄；一种为细泥灰陶。属东周时期文化遗址。

刘家湾遗址 位于白店村刘家湾，南北长250米，东西宽200米。1981年5月文物普查时发现。在此采集到的陶片主要是灰陶。可辨器形的有粗绳纹罐、灰陶细把豆柄等。属汉代文化遗址。

古墓葬

芦家山墓 位于邓岗村芦家山，1974年5月发现。墓为南北向，墓砖为错缝平砌，无顶，约1米深，出土铜镜、铜盘（残片）、陶盏等文物3件。时属唐代，墓主不明。

双庙墓 位于双庙村，1980 年农民整地种南瓜时发现。墓为东西向，墓室顶部被毁，墓门、墓道积满淤土，墓道长约 2 米，出土唐镜 1 件（现藏安陆市博物馆）。时属唐代，墓主不明。

坡台山墓 位于徐庙村（今八里村 7 组），1982 年 3 月 27 日农民开荒时发现。该墓位于坡台山东麓，东西向，坐西向东，墓顶、墓壁均用红石条砌筑而成，墓底用青方砖平铺，棺椁腐烂，墓室中部出土铜镜（残片）1 件。时属宋代。

古建筑

烟店老街 烟店解放前夕，烟墩店保留着一条长 300 米左右的古街。街道南北纵向，两边的房子分别坐东向西和坐西向东。街道比较狭窄，两侧房子滴水檐宽 3 ～ 4 米，地面皆由大石块平铺而成。石块表面光滑发亮，棱角被磨圆，足见其古老。房子门面皆是木柱、木板，山墙多由石块或土砖砌成。少数山墙用木制列架支撑，有列架的房子一般都建木板阁楼。烟墩店街有一个奇怪的现象，即整条街道上，各家各户门面的木柱、门框一律倾向南边，靠北边的大门则全是自关门（开门后人不用力，门便自动关闭）。

烟店老街共有 90 余户人家，住在集镇上的大多数是农民，从商的居民有 29 户。其中，1 户斗行（粮食买卖行），1 户柴草行，1 户鱼行，1 户染坊，1 户糖坊，2 户粉坊，2 户槽坊（酿酒坊），1 户中药铺，2 户铁匠铺，2 户裁缝铺，2 户红案（杀猪卖肉的店铺），2 户豆腐店，2 户剃头店，3 户杂货店，6 户油面店。

烟墩店集镇与周边的集镇相隔较远，辐射范围广，各行业的生意都比较红火。烟墩店集市是隔日集，农历单日的清晨，街道两边便排满了各种农副产品和手工产品。因街道狭窄，赶集人多，街道上拥挤不堪。街道上穿来穿去的还有摇货郎鼓的、拉胡琴算命的、敲打三棒鼓乞讨的、耍猴的、补锅的、吹糖人的、补纸伞的、铲刀磨剪的、补碗的，各种各样的行当都有。

烟店老街一角（2007 年） 烟店镇 提供

烟店老街的南端有一片平整的空旷场地，是老街人集会休闲的地方，逢年过节搭台演戏也在此。场地东南角是一座大的土地庙，西边 30 米左右是一座空庙（解放后，碧东小学办在这里）。

包氏祠堂 位于周桥村 1 组和 2 组之间，始建于清光绪三十四年（1908）。包氏祠堂共有 10 间房屋，占地面积 250 平方米左右。其建筑布局为前三、后三、左右各二。前三即前面 3 间大殿，后三为后面 3 间正殿，两边各有耳房两间。建筑材料为砖、瓦，房檐上镶有各种飞禽走兽，龙、狮居多。“包氏祠堂”4 个大字仍清晰可见，祠堂外墙基本完好，墙体的每块石砖上都有“包氏祠堂”4 个字。粉墙上的彩绘、房梁上的字迹以及窗花、檐雕、镂空砖仍清晰夺目。包氏祠堂是研究安陆地域文化的重要实物史料。

烟店镇古祠堂一览表

表 7

祠堂名称	所在村	建造时期	简　介
潘氏祠堂	水寨村	清代末期	只存遗址
包氏祠堂	周桥村	清光绪三十四年（1908）	存遗址，墙壁花纹、祠堂名等清晰可见
李氏祠堂	周桥村	清代末期	只存遗址
王氏祠堂	白店村	清代末期	在遗址上建原白店中学
敖家祠堂	袁畈村	清代末期	只存遗址
周氏祠堂	周冲村	清代末期	只存遗址
胡家祠堂	碧山村	清代末期	改建成碧山小学，后改建为镇中心幼儿园
三李祠堂	横路村	清代末期	70 年代拆除，材料用做生产队建仓库

千佛庵　又称千佛寺，坐落于周桥村周公桥头百米处。该地曾是古随州到安陆的水路交通要道，地势低洼，常年闹水灾、发人瘟，百姓生活艰难，于是产生祈求神灵保佑的愿望。明崇祯十年（1637），地方上一些行善积德的人决定集资兴建一座寺庙。这一举动得到当地百姓和官府的支持，不久，寺庙便建成。由于兴建之初计划供奉一千尊佛像，又因各地的女僧纷纷而至，上香朝拜，因此取名“千佛庵”。

千佛庵坐北朝南，四合院形式，造型讲究。有供香客许愿、还愿的 5 间正殿，正殿两边各有两间供女僧住宿、香客休息的厢房，正殿前有装饰精美的 3 间过道厅。正殿脊顶的中央立有一个大香炉，香炉的两端分别塑有一条栩栩如生的青龙，青龙尾后塑一头白虎；长廊上立有 4 根粗大的廊柱，每根柱子上都雕刻着彩色的龙；正门上半部为穿花结构的福禄寿喜图案，下半部为板式浮雕。

千佛庵建成以后，香火不断，各地前来寻求神灵保佑的人络绎不绝。每年农历二月十九观音生日当天，最为繁闹。由于千佛庵声名远播，又招来了一些男僧，因此又被称为“千佛寺”。

民国以后，千佛庵的香客日渐稀少。直至烟店解放初期，千佛庵为地方教育事业做出了一定的贡献。1925—1948 年，私塾先生杨育卿一直在千佛庵正殿设置课堂讲学。

“文化大革命”时期，千佛庵遭到破坏。1969 年，周桥大队在千佛庵办起米面加工厂。由于机器长期震动，不到 4 年，整栋建筑更显破烂不堪，米面加工厂也随之倒闭。1972 年，周桥大队将千佛庵拆掉，改建为周桥小学。

十八里大庙 位于横路村，建于明崇祯年间（1628—1644）。该庙处于许家岗南最高处，距德安府城十八里，因而得名十八里大庙。十八里大庙除了敬神上香、祈福还愿、求雨免灾等外，每年的元宵节，还举行盛大的庙会。大庙内外香雾缭绕，锣鼓喧天，玩麒狮舞的、划采莲船的、演蚌精戏的、踩高跷的、舞刀弄棍的、玩“过刀山跨火海”绝技的，招式千姿百态，各显其能。庙会人烟密集之时，小商贩吆喝声不断，更添热闹景象。抗日战争时期，十八里大庙被日军焚烧毁坏。

赵家大庙 位于张岗村1组杨家湾南，始修于明万历年间（1573—1620）。因是赵氏寡妇始建，故得名赵家大庙。赵家大庙经过修建和扩建两期工程。赵氏20多岁时，其丈夫患不治之症病逝。为了表示对亡夫的一片忠贞，赵氏削发为尼，立志修建一座庙宇祭奠亡夫，以求来世平安好运。她四处化缘，并变卖了自己的金银首饰，最终凑齐了修庙的费用，建造了5间正殿。后因规模小，建筑质量差，难抵风雨侵袭而倒塌，庙里的尼姑也另寻庵门。

清道光年间（1821—1850），朱家湾一望族男子被朝廷重用，派往云南任布政使。任期结束返京途中，路过家乡，得知赵家大庙倒塌后，便倡议修复。随即，他联系与朱姓姻亲关系密切的周姓、彭姓和包姓，4族族长欣然应允，迅速筹齐所需款项，用不到一个月的时间，修复了正殿，并在正殿前增修了5间中殿、5间前厅及门牌，两殿一厅间加修了耳房。重修后的正殿屋脊上塑有两条青龙，昂首拱卫着中间一尊大香炉；中殿屋脊上塑有两头栩栩如生的白虎；前厅屋脊上塑有喜鹊、燕子等飞禽；大门顶上的“赵家大庙”4个浮雕大字苍劲有力。

赵家大庙重修后，香火旺盛。每逢农历二月十九观音生日、三月初三祖师菩萨生日、清明节等节日，朝拜上香的人络绎不绝。与此同时，4族族长商议：将8.4石（1石等于5亩）的庙会庄田租给贫困农户种植，作为赵家大庙每年费用开支。

抗日战争时期，赵家大庙主体建筑被日军焚毁。1959年春，前厅和中殿拆除建李祠小学（城西小学），正殿拆除建周棚小学。至此，赵家大庙只留下了一些残砖碎瓦。

刘家大庙 坐落于安三公路旁，距府城6千米，建于明崇祯年间（1628—1644）。刘家大庙由当地刘、龚、徐、董四大家族共同修建。大庙坐东北朝西南，因刘姓人多势大，故名刘家大庙。

刘家大庙共有16间房屋，四合院形式，由正殿、前殿和两边耳房组成。正殿5间，其中3间通间用于供奉神明。前殿5间，略小于正殿，中间3间为通间，两端各1个单间。两殿间左右两侧各建 3 间耳房。正殿、前殿、左耳房和右耳房合围形成一个四方的大天井。正殿屋脊上的青龙白虎，前殿屋脊上的狗、鸡和马等雕像栩栩如生，门窗皆是穿心窗花，正门上方“刘家大庙”4 个鎏金大字苍劲有力。

刘家大庙建成之后的几百年间，曾大修过两次，分别是清嘉庆年间（1796—1820）和光绪年间（1875—1908）。

最初，刘家大庙是供以刘姓为首的四大家族举行庙会和祭祀的地方。烟店解放以后，为政府集会和办公的地方。土改复查时，刘家大庙为共和乡乡公所驻地；农业合作化时期，为第五区程巷乡政府驻地；1958 年，为红旗人民公社程巷乡政府驻地；1975 年，为程巷（烟店）人民公社程巷管理区驻地。80 年代，刘家大庙被拆除。

冯家庙 位于冯庙村，建于明崇祯年间（1628—1644）。

冯家庙坐北朝南，占地约 1000 平方米，建筑面积 325 平方米，由正殿、前厅、厢房组成，四合院形式。前厅与正殿相距 7 米左右，其间两侧各有两间厢房，宽敞井然。庙堂规模大，建筑考究，皆使用青砖。正殿脊顶上塑有青龙白虎，给人以威严之感；柱子上二龙戏珠，惟妙惟肖；门窗皆是各种穿心图案；大门上方为“冯家大庙”4 个浮雕金字。

冯家庙建成后，香火旺盛。每逢清明节，家族中男性例行到庙里集会，向历代祖先上香敬酒，集体四叩拜，然后摆酒席，晚辈要双手捧杯向所有长辈一一敬酒。每年除夕夜，各家都要点香到庙里祭祀，以求新的一年风调雨顺。新年舞龙船也例行在庙前举行仪式。另外，冯家庙也是族人议事和处罚犯科等大逆不孝者的地方。

中华人民共和国成立后，庙门不再常开。60 年代，冯家庙借给国家做粮食仓库。“文化大革命”中，庙里的神像、器具、雕塑被砸毁。1969 年，冯庙村第 8 生产队拆除前厅以建仓库。1972 年，修建学校和粮食加工厂时拆除了正殿。

王家庙 位于周祠村周家河南 50 米处，建于清末，由王姓大户人家领头修建。王姓有兄弟 3 人，其中两人在朝廷做官。为了显示其家势，邀集应山、安陆、云梦等 4 县官员，共同出资修建庙堂。

庙堂选址在蜘蛛王[①]大畈，该地地势低，为防止河水上涨时淹没庙堂，便在庙址西

① 该地曾经生长着数十棵粗壮的檀树，树与树之间有很多大的蜘蛛网，蜘蛛比其他地方的要大得多，故习惯性地称该地为“蜘蛛王”。

侧挖土，以抬高庙的地基。后庙址抬高了一人多高，挖土的地方则形成一人多深的两口大小和形状相似的水塘，取名缠丝塘，庙堂取名王家庙。

王家庙占地近 3000 平方米，坐北朝南，房屋 20 间。其中，正殿和前殿各 5 间，两边厢房各 5 间。全部列架支柱，青砖围墙，盖琉璃瓦，屋脊嵌有龙凤及鸟兽像，门窗上皆为精细的木雕花纹。内供观音、送子娘娘等各种神像，供人们拜佛祷告。王家庙在兴盛时期，常年住有 4 个和尚。

烟店解放初期，该庙堂尚完好无损。1955 年 5 月 12 日晚，一场龙卷风袭击了王家庙。除一间住人的房屋外，其余房屋都被夷为平地，只留下残砖碎瓦。唯一完好的是一块 150 多千克重的记录建庙经过的石碑，人们把石碑搭建在水沟上，作为石桥，在其上行走了数十年。后来被一位潘姓农民收藏。

1982 年，王家庙遗址被列为县级重点文物保护单位。

烟店镇古庙一览表

表 8

庙宇名称	所在村	建造时期	存 留 情 况
庙山寺庙	袁畈村	唐代	自然倒塌，遗址犹存
溪西寺	冯庙村	唐代	40 年代拆除
龙泉观	碧山村	唐代	50 年代被炸炮时飞落的石头毁坏
赵家大庙	张岗村	明万历四年（1576）	1959 年拆除，改建周棚和李祠两所小学
千佛庵	周桥村	崇祯十年（1637）	1972 年拆除，改建周桥小学
刘家大庙	程巷村	崇祯年间（1628—1644）	70 年代拆除
十八里大庙	横路村	崇祯年间	40 年代被日军烧毁
冯家庙	冯庙村	崇祯年间	1972 年拆除，改建冯庙小学
太子庙	万桥村	明代末期	50 年代拆除
双　庙	双庙村	明代时期	烟店解放时拆除
徐　庙	八里村	明代时期	残存遗址
高　庙	黄棚村	明末清初	70 年代拆除
张家庙	张岗村	清道光四年（1824）	残存遗址
陈张姜王庙	岔路村	清末	残存遗址

古桥 烟店镇保留下来的古桥均建于清末和民国初期，共有 11 座。其中，现在尚能行走的 2 座，改建成钢筋水泥桥的 7 座，被毁 1 座，被淹 1 座。

烟店镇古桥一览表

表 9

桥梁名称	所在村	建造年代	桥长	建造风格	现时状况
蒙家桥	水寨村	清末	35 米	红石墩架，3 跨，红条石梁	尚存，可行走
周公桥	周桥村	清末	35 米	红石墩架，3 跨，红条石梁	改成水泥桥
万家桥	万桥村	清末	20 米	红石墩架，3 跨，红条石梁	改成钢筋水泥公路桥
黄家墩桥	黄棚村	清末	35 米	红石拱桥，1 个大拱，4 个小拱	尚存，残损，可行走
官堰桥	官堰村	清末	15 米	红石拱桥，1 个大拱，2 个小拱	改成水泥桥
袁家桥	袁畈村	清末	20 米	红石墩架，3 跨，红条石梁，宽 1.4 米	80 年代被毁
石河桥	石河村	民国初期	20 米	红石墩架，3 跨，红条石梁	改成钢筋水泥公路桥
董家桥	董桥村	民国初期	25 米	红石墩架，3 跨，红条石梁	改成水泥桥
龚岗桥	龚岗村	民国初期	30 米	木桩木板桥	改成钢筋水泥公路桥
板子桥	碧山村	民国初期	25 米	木桩木板桥	改成钢筋水泥公路桥
干 桥	横路村	民国初期	15 米	红石墩架，3 跨，红条石梁，宽 1 米	尚存，被淹，有残损

斗笠崖摩崖题刻

斗笠崖摩崖题刻位于白兆山太白峰西麓的斗笠崖上，现存题刻 3 处，与清道光《安陆县志》记载相符。1982 年 1 月，被列为县级重点文物保护单位；1992 年 12 月 16 日，被列为第三批湖北省重点文物保护单位。

宋代郑獬题刻　刻于不平整的石头上，题刻纵 0.45 米，横 0.49 米。楷书阴刻 4 行，每行 3 ~ 6 字。从上至下，从左至右，文曰："郑獬、张偓、僧文莹同游。熙宁戊申九月六日。"

明代马龠题刻　刻于人工磨平的崖石上，题刻纵 0.55 米，横 1.45 米。楷书阴刻 8 行，每行 5 ~ 6 字。从上至下，从左至右，文曰："德安知府马龠游。教授林琨，千户吴经、赵琮，生员韩曙、杨汝莹、胡东阳、赵玺，僧续灯、宗睿从。明正德十二年八月二十五日题。"

白云泉题刻（2018 年）　喻永春　摄

清代白云泉题刻　刻于人工磨平的崖石上，题刻纵 0.75 米，横 0.66 米。楷书阴刻 4 行，每行 3 ~ 8 字。从上至下，从右至左，文曰："白云泉。山人程健斋引逸灵太守至此品泉。时光绪戊申四月十五日。"

古碑

翰林李白旧游处碑　原立于太白林，因修邓河水库，地被淹没，碑做台阶用。1974 年 5 月，在汪家塆仓库门口发现，今藏安陆市博物馆。此碑为青石制，残高 0.58 米，宽 0.10 ~ 0.30 米，厚 0.16 米。碑面直书阴刻线条楷体字，今残存"林李白旧"4 个大字（字径 0.13 ~ 0.16 米，原为"翰林李白旧游处"）及"万历甲辰仲冬"6 个小字（字径 0.3 ~ 0.5 米）。1985 年 12 月，在邓河水库堤坝东侧的山上，安陆县人民政府重建一座石碑，直书阴刻"翰林李白旧游处"，以示纪念。

李翰林像碑 原嵌在白兆寺太白堂的墙壁上。1983 年 4 月，在白兆山西寺塆一户农民家的院墙上发现，今藏安陆市博物馆。碑为青石制，残高 0.36 米，宽 0.43 米，厚 0.17 米，清道光三年（1823）刻。碑上端直书阴刻隶体字，笔迹流畅清晰，残存 15 行，每行 7 字，每字径 2 厘米。碑下端阳刻李白头像，已残。碑文为：

李翰林像

白兆山为李青莲旧游处，两岑一嶂，风景依然。山麓有通慧寺，唐释志圆开山，旧祀青莲于寺庑而无像，此从南薰殿本摹勒。同观者仁和赵铭，娄县吴庆熊，安陆□钫、寇钥、吴樵□，□淮常澍，□兆□□，游者子勒培□□。道光三年岁□□□洽□月□□□□□唐蒋□□。

周公桥建桥石碑 80 年代改建周公桥时，挖断一块石碑，碑上刻有建桥时间、捐资、投工等情况。现有半块石碑被周桥村一村民收藏。

尖山桥建桥石碑 尖山村修尖山桥时，发现曾建石桥时留下的上半块石碑，虽然被妇女用来捶衣服多年，但石碑所刻捐资人的名字及钱数、“嘉庆”二字仍清晰可见。石碑现保存在尖山村村委会办公处。

乡土文化

烟店乡土文化源远流长，麒狮舞、皮影戏等民间文化活动尤为兴盛。逢佳节，迎庆典，乡村文艺表演活动更是添喜庆气氛。随着人民生活水平地提高，刺绣、编织等新兴文化活动更是开展得有声有色。

湖北省非物质文化遗产麒狮舞（2012 年） 宋厚斌 摄

文化活动

烟店地区人民的文化生活丰富多彩，民间文化种类繁多，花样翻新，颇有传承，文化活动有近 20 种。具有烟店浓郁地方特色的有麒狮舞、皮影戏、狮子灯、采莲船、龙灯舞、蚌壳精等，不仅显示出民间文化的魅力，还彰显了烟店人民传承古老文化的时代风采。

湖北省非物质文化遗产麒狮舞

历史渊源　麒狮舞流传于烟店镇石河村、八里村等地，是一种古老的民间祭祀舞蹈，为烟店独有，从明代流传至今，已有 500 余年历史。

据原徐庙村老艺人徐修金讲：从前，有个老窑匠有三个儿子，只有老三忠厚老实、孝敬父母。老窑匠死后，三兄弟分家，老大、老二拿走了所有值钱的东西，瓜分了正屋，老三只分到一个雕有麒麟图案的瘪瓦盆和几间茅棚。农历八月十五中秋节，老三用瓦盆装供品祭奠亡父时，一头金狮子忽然从天而降，瓦盆上的麒麟同时也跳了出来，和金狮子跳起舞来。快到天亮时，麒麟和金狮子一起飞上了天。老三出门后发现自家茅棚上的茅草都变成了金条，瓦盆也变成了金盆。自此，家业兴旺，子孙繁盛。此传说寓意了麒麟、狮子可行天公之道，也寄托了人们对美好生活的追求。受该传说影响，人们认定，麒麟和狮子能祛邪消灾、招财进宝、送子祈福，逢年过节便由人扮演麒麟和狮子共舞，营造吉祥喜庆的气氛，也借此实现人们的心愿。

麒狮舞一般由 6 人表演，2 人合扮麒麟，2 人合扮狮子，2 人各持绣球戏逗麒麟和狮子跳舞。并有锣鼓等伴奏，曲调点子有杀界头、杀界、圆场等不同敲奏形式，不断变换。舞蹈有理胡须、咬痒、打滚、吐字、蹬绣球、吞绣球、睡觉等 14 种基本动作。

麒狮共舞（2016 年）

朱永波 摄

传承 受石河村、八里村的影响，烟店镇先后有10个村跳麒狮舞。70年代初，跳麒狮舞的有260余人，曾30多次参加安陆、孝感等地的文艺演出。其中八里村、石河村、袁畈村、双庙村尤为兴盛。石河村民办教师、民间艺人张明清是麒狮舞的重要传承人，逢年过节都要带着舞蹈班子表演助兴，并负责喊“四句”[①]——狮子玩得喜洋洋，草屋门楼没有梁。等到八月秋收了，家家户户盖楼房。

80年代后，麒狮舞逐渐式微。1985年，烟店区政府配合县文化馆绘制麒狮舞舞蹈动作图谱，编入《安陆民间舞蹈集》。同年，上报省文化厅，载入《湖北省民间舞蹈集成》，获优秀稿本二等奖。

2002年，从教师岗位退休回家的张明清看到农村春节文化活动越来越单一，打麻将成为主流，便萌生出拯救麒狮舞的想法。张明清一方面向镇政府、文化部门求助；一方面，自己着手搜集和整理相关资料，为重组队伍做准备。张明清与老艺人一起整理和编排出锣鼓点子18个、舞蹈动作15种。麒狮舞所用道具、乐器和服装的费用皆由张明清及队员垫付。

2003年11月，一支由18人组成的麒狮舞队伍正式组建，张明清将队伍拉到石河村一个废弃粮店的院内进行了为期20天的封闭式训练。农历十二月，石河麒狮舞在烟店镇进行汇报表演。

2007年，麒狮舞参加安陆建市20周年踏街表演。2009年，烟店镇政府将道具、服饰、造型、动作一一做出场记，再以这些资料为依据，将每个表演动作绘制成图，编写完成《中国民族民间舞蹈集成·安陆资料卷》，全卷由概述、音乐曲谱、动作造型、服饰道具、场记说明、艺人简介6个部分组成，3万余字；动作说明有19幅图示，表演位置有28幅图示，资料翔实完整。麒狮舞由此被编入《中国民族民间舞

湖北省非物质文化遗产授牌 烟店镇 提供

① “四句”：又称“彩词”，表演结束语，通常即兴喊4句话，以示对美好生活的向往，语言押韵，朗朗上口。

张明清表演团队（2014 年）　　喻永春　摄

蹈集成·湖北卷》。2010 年，安陆麒狮舞被列入“孝感市非物质文化遗产名录”，并代表安陆参加孝感市首届传统民间舞蹈表演。2011 年，参加电影《撑起那片天》、纪录片《李白在安陆》的拍摄。2011 年 6 月 10 日，石河麒狮舞作为狮舞（安陆麒狮舞）的一部分被列入第三批湖北省非物质文化遗产名录，张明清为麒狮舞的代表性传承人。

艺术特色　麒狮舞表演不拘时间，不受舞台限制，既可在大型舞台上表演，又可在村头街角表演，是一种集先人图腾思想、古老审美价值、原始宗教信仰和不同时代舞蹈、杂技、武术、音乐与工艺美术、民俗文学为一体的民间艺术。麒麟与狮子相互追逐、逗趣的各种情态，具有憨厚、活跃、稳健的表演风格。麒麟、狮子的基本体态是四肢稍蹲、昂首摆尾。“抖”和“沉”是麒狮舞的两个特色动作。“抖”，即表演者双手抖动，使麒麟头、狮子头灵活摇动，生动可爱；“沉”，即表演者双腿微屈，身体重心下移，使麒麟、狮子步伐稳健，展现百兽之王的威风。

麒狮舞的锣鼓乐谱层次分明，锣与鼓配合默契，丝丝入扣。一是杀界头的大鼓、大钹、小锣、马锣有出场顺序，鼓点节奏到位，声响轻重有谱；二是杀界头的各种乐器排列顺序不变，击打频率到位；三是圆场音乐的曲谱和器乐配合变化到位。

表演时，配合以锣、钹、鼓为主的打击乐器，抑扬顿挫，制造出喜庆气氛。在此氛围下，麒麟、狮子互相逗趣、攀咬、躲避、追逐、嬉戏，妙趣横生。表演者以其生动传神的表演，将麒麟的诙谐、狮子的天真表现得淋漓尽致。同时还伴有相应的武术表演，如玩碗、刀、桌椅板凳，打拳，翻筋斗，倒立行走等。

皮影戏 50年代，受云梦、辛榨等地艺人的影响，烟店张岗、周冲、双庙、关堰、程巷等地皮影戏盛行，且形成当地独有的艺术风格和特色。

烟店皮影戏（2013年） 段家强 摄

演出皮影戏时，由一人掌影演唱，一人击大鼓、小鼓、小锣等乐器，有时掌影者边唱边做拍桌、跺脚等动作。皮影戏的内容以《杨家将》《薛仁贵征东》《岳飞传》《封神榜》等演义小说为主，借以针砭时弊，扬善抑恶。皮影戏表演的地点一般在集镇茶楼，逢年过节或红白喜事时，有的农户请到家中表演，如盖新房时表演皮影戏《谢土》等。

在烟店，以周冲艺人王定安的表演最为出色：一是演唱时吐字清晰，抑扬顿挫，处理到位；二是掌影娴熟，动作敏捷；三是演唱内容广泛，赢得不同观众喜爱。

狮子灯 50年代，碧山、袁畈、烟店、八里、水寨、彭桥等村，每年元宵节都要玩狮子灯。狮子灯有狮子（雄性）状，也有麒麟（雌性）状。

烟店玩狮子灯有自己的“法定”程序。扎狮子灯、麒麟灯一般在农历十二月二十四，选定日期后，要摆放香案，劈竹扎彩。主持玩灯的人、扎灯的师傅，都要净身烧香。将扎狮子、麒麟的材料摆在香案下，先叩拜，后劈竹扎灯，绣麟挂彩，完成后用红布覆盖（当地俗称搭红）。正月十二下午到寺庙烧香拜神，为狮子、麒麟开光。烧香、叩头、喊彩，即称出行。从这天起至正月十五，每天天黑后，按照从下水到上水（即从地势低的地方到地势高的地方）的顺序，到各家各户门前玩狮子灯。看灯的人也必须举一盏自己扎的彩纸灯。每到一户门前都要有2～10人集体打拳，玩大刀、钢叉，或玩流星碗、流星火圈，或玩大的桌子，或踩高跷。只要户主的鞭炮不停，狮子灯就要一直玩下去。同时还要喊彩附和。

采莲船 白兆山脚下又叫龙船。划采莲船是烟店地区人们喜闻乐见的一种传统民间舞蹈。每逢农历正月初一或十五，各村的采莲船从清早就开始划起来，到各家各户的门前划上一番，有时划“八方”，有时划“四门”；有时划“椅子”，有时划“板凳”。边划边唱，以渲染节日氛围，祝贺人们节日快乐。

白兆山脚下的采莲船是用竹子精心制作而成。下为船形，长 1.6 ~ 2 米，裱糊彩纸后画满鱼鳞。上是宝塔亭阁状轿顶，船高 2 米左右，皆用彩纸裱糊，五颜六色。采莲船至少需要 8 人站班。1 人穿彩衣，化戏妆，扮成采莲女坐船；1 人手拿竹篙，扮成艄公，在船前牵引彩船跑圆场或作荡船状；1 人化花脸扮丑角，手拿破蒲扇随船尾而行，表演滑稽动作，逗观众发笑；另外 4 人或 5 人敲锣鼓。表演时，锣鼓声、鞭炮声、观众的喝彩声浑然一体，十分热闹。

划船调是由一人领唱、多人喝彩的一种曲调——

（领）采莲船那么，（众）哟哟，

（领）送金言那么，（众）呀嗬嗨，

（领）祝愿家家么，（众）呀喂子哟，

（领）年胜年那么，（众）划着。哟哟呀嗬嗨。年胜年那么划着。

烟店划采莲船也很讲究。如：船划到没人在家的门前，要让采莲船转个圈后再从门前过去，称为“龙船不打过要划过”。户主欢迎的鞭炮不停，采莲船也要一直划下去，不能停。为图吉利，划船的人要手稳脚稳，不能“掉篙”或“滑倒”。

采莲船表演（2010 年）　　刘小平　摄

龙灯舞　“徐庙（今八里村）的狮子蹦得高，彭桥的龙灯玩得好。”这是50年代以后，包家墩一带流传至今的对舞狮子、耍龙灯技艺的赞赏。玩龙灯，一是为了庆贺当年丰收，二是祈求来年风调雨顺。彭桥的龙灯舞搭配徐庙的狮子舞，载誉一方，兴盛一时。彭桥的龙灯舞在安陆一度小有名气，代表烟店参加安陆建市10周年庆典活动，代表安陆参加农运会开幕式，并多次参加安陆、孝感以及省级业余文艺表演。

彭桥的龙灯舞一般由20人组成（换班用），其中1人举龙珠，1人掌龙头，12人（闰年13人）掌龙身，1人掌龙尾。龙长15米左右，其中龙头、龙尾各1米，龙身12节（闰年13节13米）。舞龙时，龙头是关键。龙头怎么动，龙身就怎么转，龙尾就怎么摆，给人以整体感、灵动感、威武感。舞动的花样以盘头、洗澡、翻身、抓痒、夺珠等动作为主，以夺到龙珠为结尾。对每位舞龙者而言，既要求体质好，又要求技能高。其中掌龙尾的人最为辛苦。龙头舞动是上是下，是左是右，是高是低，掌尾者难以捉摸，全靠见机行事、应急处理。

蚌壳精　烟店地区又称蚌王精、蚌塧舞。据传，很久以前，府河中有一大蚌，受日月之精华，得了几分仙气，在当地兴妖作怪，祸害百姓。有一天，一个渔翁在府河里捕鱼，一连几天毫无捕获。正当渔翁觉得奇怪时，突然看到一位仙女出现在府河畔。渔翁正要划船过去询问，忽见仙女变成了巨蚌，横卧在府河边。渔翁急忙招来众多乡亲，有人认出是蚌王精，众人合力降服了蚌王精。从此，当地百姓再也不受其害了。后来，烟店地区以该传说为背景，逐步演绎，形成烟店特有的蚌王精舞，表现出劳动人民战胜邪恶、追求自由的美好愿望。

蚌壳精表演（1987年）　易家镜　摄

烟店玩蚌王精的传承、寓意、人数与别处不同。烟店蚌王精表演由4人组成，其他地区为2人：由身背笆篓、手拿破渔网的人扮渔翁，化妆的女子手握蚌壳扮蚌王精，还有一人扮和尚，一人扮乞丐。表演蚌王精时以鼓乐作伴奏。踏着节拍，渔翁作武打动作，和尚念经超度，乞丐表演吃蚌肉的搞笑动作。这些滑稽表演，到后来演变成有程序、有节奏的蚌王精舞。

喜庆渔鼓 即“拍渔鼓的”，烟店地区称“打唱的”。从古至今，嫁娶、做寿、上梁、入宅等场合都有“打唱的”身影。客人按座位次序入席开桌后，一位或数位打简板、拍渔鼓的民间艺人来到席前，边拍打边说唱，以示祝贺。宴席进行中，还会派一名艺人协助主家，带着回赠礼品，到各个席前一边做斟酒动作，一边说着幽默的谢词。之后，和主家一起打躬致谢。表演结束后，艺人再次怀抱渔鼓、手拿简板，按照宴席的顺序向客人点要唱钱。看似不雅，但艺人们大多能即兴作词，达到哄堂大笑的助兴效果。后来，在“打唱的”艺人中，还有边拉胡琴或手风琴边唱的。这一民间文化在当地一直传承不衰，并且不断推陈出新。

吉祥彩词

彩词，是婚嫁、寿庆、建房、乔迁等喜庆时刻举行某种特定仪式时的诵词。一般由一人高声吟诵，称为“喊彩”，众人则在每句末同声赞一“有”或“噢”字，称为“贺彩”。既渲染了热闹气氛，也代表了众人同贺。其中，婚嫁彩词兼有调侃新娘的意味。

上梁彩词 70年代以前，烟店农村新建砖瓦房时，都要在中堂的脊檩下安装一根画有彩画的大梁。上梁之日，亲朋好友都要带彩礼前来祝贺。大梁“登位”时，必须用公鸡冠的血祭大梁，还要喊彩词。一人喊彩，亲朋好友齐声喊“有”。烟店地区的上梁彩词，一般由画梁的木工师傅喊。80年代以后，无人再建土砖瓦房，上梁彩词便不复存在。

附1：上梁、祭梁彩词

大梁“登位”时所喊彩词：

天地开张（噢），日吉时良（噢）。立柱喜逢黄道日（噢），上梁恰遇紫薇星（噢）。我问此梁生在何处（噢）？长在何方（噢）？生在昆仑山上（噢），长在卧龙山岗（噢）。大树长了数千年如对（噢），小树长了数千年如双（噢）。八洞神仙从此过（噢），眼观此木深丈长（噢）。特请东家做主梁（噢），有请鲁班下天堂（噢）。大树一放（噢），枝丫镏光（噢）。有请十八罗汉（噢），搬下山岗（噢），运到码头（噢），飘入长江（噢）。运到东家（噢），做一主梁（噢）。

祭梁时，边用公鸡冠的血祭梁，边喊彩词：

东家赐我一只鸡（噢），身穿五彩绿毛衣（噢）。
此鸡不是平凡鸡（噢），王母娘娘抱小鸡（噢）。
白天昆仑山上放（噢），半夜子时把钟啼（噢）。
皇帝听了金鸡叫（噢），急忙起床穿龙袍（噢）。
臣子听了金鸡叫（噢），急忙起床奏王朝（噢）。
学生听了金鸡叫（噢），背着书包学堂跑（噢）。
农夫听了金鸡叫（噢），犁钯锹锄田间跑（噢），
婆婆听了金鸡叫（噢），急忙起床纺棉条（噢）。
金鸡祭了梁的头（噢），子子孙孙是王侯（噢）。
金鸡祭了梁的腰（噢），子子孙孙戴纱帽（噢）。
金鸡祭了梁尾上（噢），子子孙孙在朝纲（噢）。
主梁主梁长又长（噢），飘飘荡荡坐中堂（噢）。
白天照四方（噢），夜晚放霞光（噢）。家有主梁（噢），福寿安康（噢）。
家有主梁（噢），粮食满仓（噢）。家有主梁（噢），钱存银行（噢）。
上梁大吉（噢），万事如意（噢）。

拦车马彩词 拦车马是烟店地区嫁娶时的重要环节。传统说法是女方祖先若进了男方家门，就会使男方家神不安，故新娘进门时必须拦住其随行的车马。具体的做法是：男方家大门外设香案，花轿到了后，由拦车马的人默默念一段拦车马的彩词。念完后，新郎、新娘一同进家门，新娘要同时给拦车马的人一个红包。

附 2：拦车马彩词

天地开张，日吉时良。男婚女配，古来寻常。周公所至，龙凤吉祥。

今有某某之女，嫁于某某之郎。彩女如归所至，锦彩高张。一拜阴，二拜阳，三拜家神，天地阴阳，共赐吉祥。娘家祖宗，各转回乡。男家祖宗，请入高堂。可喜可贺，万寿无疆。

铺床彩词　80年代以前，在婚礼当天上午，由几位儿女双全的妇女用稻草为新人铺床。为新人铺床时，要边铺床边喊彩词，同时撒红枣、花生（以示早生贵子），其他客人一齐跟着帮腔（喊“噢”）。

附3：铺床彩词

手捧红灯入洞房（噢），新人房里好嫁妆（噢）。
左边摆着描金柜（噢），右边摆着龙凤箱（噢）。
梳妆台上菱花镜（噢），一对红灯亮满房（噢）。
八仙圆桌太师椅（噢），正中摆座象牙床（噢）。
四铺四盖床上放（噢），一对枕头绣鸳鸯（噢）。
绫罗帐子挂床上（噢），一对帐钩闪金光（噢）。
帐帘绣的龙和凤（噢），门帘绣的牡丹香（噢）。
拿新草，铺新床（噢），铺好新床迎新娘（噢）。
伸手铺床先铺东（噢），生个儿子保朝中（噢）。
铺罢床东铺床西（噢），生个儿子穿朝衣（噢）。
铺罢床西铺床南（噢），生个儿子中状元（噢）。
铺罢床南铺床北（噢），生个儿子坐金阙（噢）。
大姑娘陪王伴驾（噢），二姑娘正宫娘娘（噢）。
五男二女八字好（噢），七子团圆福气高（噢）。
……

狮子灯开光彩词　旧时，烟店表演狮子舞的村湾，都要在农历正月十二下午到寺庙烧香拜神，为狮子、麒麟出行开光，同时要喊彩词。

附 4：狮子灯开光彩词

金狮金狮兽中王（噢），两眼圆睁放霞光（噢）。
狮身上下金光闪（噢），威风凛凛响铃铛（噢）。
麒麟麒麟兽中尊（噢），两眼霞光放光明（噢）。
全身上下金光现（噢），带来人间乐太平（噢）。
口含珍珠彩云现（噢），脚踩绣球吐彩云（噢）。
吐口仙气冲云路（噢），彩云铺路万里明（噢）。
云里走来云里去（噢），威威武武下天庭（噢）。
开眼光来开眼光（噢），两眼睁睁看四方（噢）。
开耳光来开耳光（噢），两耳闪闪听八方（噢）。
开鼻光来开鼻光（噢），两鼻嗅得烟火香（噢）。
开口光来开口光（噢），脚踩八卦保安康（噢）。
保佑老者多长寿（噢），保佑少者快成长（噢）。
保佑人间多吉利（噢），保佑天下少灾殃（噢）。
保佑六畜无损伤（噢），保佑家家多兴旺（噢）。
打从金狮开了光（噢），保佑农家乐无疆（噢）。

楚剧演唱　1952 年，烟店地区成立民间楚剧剧团，演职人员都是石河村及周边村的村民。剧团团长为程巷村赵世宽，演职人员有横路村熊廷新、熊廷英、熊国恩、侯月英、许大芳（丫鬟）、罗明山（丑角），石河村彭兰英（花旦），董桥村潘光舜（老生），邓岗村段家琪（表演乐器），程巷村刘宗著（包公）、

楚剧演唱（2011 年）　　喻永春　摄

程望英（老旦）、彭光朗（武生）、刘世恩（丑角）等。

剧团的所有行头都是政府赠送的，应有尽有。直至“文化大革命”前夕，剧团一直坚持“农民会演戏、演戏为农民”的理念。据不完全统计，剧团业余演出400余场，观众12万余人次。剧团演出的楚剧剧目有《王婆骂鸡》《槐荫别》《送友》《访友》《讨学钱》等短小剧目，《乌金记》《白扇记》《打鱼杀家》《蒙正赶斋》《双玉蝉》《叶五过门》《平贵回窑》《方卿拜寿》《游龟山》《五美夺夫》等单本剧目，《四下河南》《秦香莲》《郭丁香》等连台大戏。

烟店楚剧剧团不只在当地演出，还到外地演出。1957年秋，剧团成员到随县境内，为支援随县洛阳镇桃源河南干渠建设的家乡民工进行了两个夜晚的慰问演出。

在破“四旧”时，剧团的所有行头被红卫兵焚毁，剧团也随之解散。

传统手工艺

烟店手工艺种类繁多，主要有手工编织、绣花、木刻、民间绘画等，是烟店人在特定的地域环境、生产生活中逐渐积淀的文化结晶。

编织 竹篸村土地肥沃、疏松，利于竹子生长。农户房前屋后都种有竹子，其中卢家湾（今竹篸村2组)60户人家的住房周围皆是“∩”形的竹林，长出的竹子粗壮高大，最高的达25米，最粗的直径达12厘米。竹篸村的竹子以肉头厚（厚实）、竹节平、韧度强、价值高闻名。别处的竹子只能取3～4层篾，而竹篸村的竹子可取7层篾。清末，竹篸村一担（1担等于50千克）竹子可换三石（1石等于50千克）谷。

竹篸村生产的竹器主要有防雨遮阳的斗笠，农家日用的簸箕、筲箕、团筐、竹帽、竹篮、灯笼架等。后来发展到生产竹床、竹凳、竹桌、竹制装饰品等，产品销往随县、应山、云梦、武汉等地。中共十一届三中全会以前，竹篸村有10多户农户在集镇上开竹器行。之后，在何润贵、沈大学的带动下，竹篸村又有30多户农户生产竹制品。

编织（2018 年） 严红梅 摄

1985 年，竹篓人编织的单人两座茶几和竹椅被评为全省优质产品。

绣花 烟店传统绣花的主要方式为针刺法。绣前，将绘在纸上的画剪好贴在绣品上，再用各种颜色的丝线配绣而成。绣品种类较多，如儿童的围兜、肚兜，帽子，鞋垫，老式枕头两端的花纹，新式枕头的枕套、枕巾，被套，门帘等。未婚女子婚前的枕巾、枕套、鞋垫及被套上的花纹多为自绣，为嫁妆一部分。在烟店，女子未嫁之前，多数人有为未来丈夫送花鞋垫的习惯，称之为“定婚礼”。

针刺法绣花针眼密，花体凸起明显，主次分明，色彩艳丽。儿童用品绣狗、猫等动物图案，寄寓父母希望孩子顺利长大成人的愿望；老人用品绣福禄寿喜，以示老人健康长寿；新婚夫妇用品绣一对鸳鸯，以示夫妻二人白头偕老；还有的绣聚宝盆，以示家庭富有。

烟店地区大多数家庭都有绣花的传统，绣花的人多为年轻女子和中年妇女。白店村绣花人最多，绣出的图案花样多、质量好。60 年代初，该村有 600 多人绣花。儿童用的围兜、大人用的鞋垫还进入市场售卖。70 年代后，绣花的人逐渐减少。进入 21 世纪，现代十字绣流行，弥补了刺绣夭折的遗憾。

木刻 烟店从事木刻技艺的人多为木工，木刻内容多样。《西游记》中的唐僧、猪八戒、孙悟空，神话中的人物肖像、飞禽走兽，传说中的神仙等都是木刻的对象。代表人物有双岭村的孙德浦，擅长雕刻龙形图案，有“金龙木雕”的雅号。白兆山祖师殿内的观音菩萨、木雕建筑及墙饰等，皆出自孙德浦之手。另一代表人物是石河村的万俊香，他采用阳刻方法雕刻出的龙凤活灵活现，八仙栩栩如生。

风土风情

烟店以农为本，民风传承楚俗，历来以醇厚见称。在其形成过程中，既有战胜自然的无畏追求，也有在一定历史条件下受生产力水平限制，而积淀形成的非科学、落后的因子。随着时代的变迁，一些习俗，特别是农事习俗已经消失；一些不合时宜的习俗也逐渐淡化。

民风民俗

烟店民俗是孝感民俗的一部分，也是楚文化的一部分，同时又有其地域特色。

生产生活习俗

住宅 中华人民共和国成立前，烟店农村住宅贫富有别，主要有以下几种：一是茅草棚，以杂木杆作屋梁，芦柴、麻秆作墙，稻草盖顶；二是瓦屋，以木质柱头列架落脚，三排或四排列架将房子分成 2 ~ 3 间（称五柱或七柱），布瓦（小青瓦）盖顶，砖墙板壁，土坯砌墙；三是大瓦屋，木柱列架，屋顶盖瓦，四壁熟砖，中间板壁间隔，依列架柱子数量有七柱、八柱、九柱十一檩，正屋带厢房或耳房等。富裕农户住深宅大院，门后有天井，天井后为正屋。中华人民共和国成立初期，民居没有多大变化。60 年

土房（2010 年） 易家镜 摄

新农村面貌（2013 年） 烟店镇 提供

代，茅草棚基本消失，全部改建成瓦屋。70年代，部分村庄建新房时，两家共用一山墙。改革开放后，随着生活水平地提高，农民纷纷建起砖瓦平房。到了90年代，改建钢筋水泥楼房，有一间两层、一间三层、两间两层、两间三层、三间两层、三间三层等样式。2000年后，烟店地区城镇化发展较快，一座座高楼拔地而起，富裕农户购买商品房逐渐增多，居住面积越来越大。

乔迁 房屋上梁盖顶、落成竣工时，亲戚要到主家热闹一番。乔迁新居时，要请客、受礼，选择“双日”举行，寓意“好事成双”。烟店有“六腊不搬家，六腊不分家”之说，意思是除每年农历六月和十二月不分家、不搬家外，其他月份都可择日分家、搬家。

饮食 烟店地区人们的饮食习俗，与周边乡镇大同小异，但又有其独特之处。

一蒸 即蒸蒸肉。蒸蒸肉的习俗以每年的农历七月十五（七月半）前后最为兴盛。七月半这天，家家户户都要蒸蒸肉。饭前，烧香化纸，祭奠已故先人，以示对先人的敬重。蒸肉以五花肉为佳，拌上米粉（现在市场上专门有售蒸肉粉），将其放入蒸笼或瓷盘中，下垫番薯（红薯）、南瓜、面条、油条、盐饼子等物，在灶台上蒸30～40分钟即熟。

二炸 即炸豆腐、炸丸子。炸豆腐和炸丸子已成为各家各户的必备菜，尤其是春节时。有的农户炸豆腐和丸子时，会在豆腐和丸子中加入猪肉，以示主人对客人的尊敬和主人的富有。

三炖 一是用袁畈的莲藕炖排骨，风味独特；二是用白店的白玉春萝卜炖猪蹄，炖熟的猪蹄，特别是腊猪蹄，味道格外香甜；三是用周桥的莴苣炖土鸡，汤鲜味美，回味悠长。

四土 即用烟店的土特产做出来的菜，体现了思乡之情。一是野韭菜煎鸡蛋。二是豆油皮包春卷。春卷的配料多为荠菜（地菜）、千张（豆腐皮）、白花菜，另加少量瘦肉。三是麻婆豆腐。豆腐滚锅小煎，拌上麻辣香葱和酱油，入口嫩滑。四是香葱拌地耳（地渣皮）。一般雨季时，人们从山坡地捡拾地耳，除去渣子，洗净小炒，拌上香葱，倒入少量香油即成。

五副 “副”即副食。副食主要有豆皮、米酒、油面、煎油饼、饺子。油面、豆皮一般冬季时自制；米酒和煎油饼一般夏季时食用；饺子多在节日时食用，特别是春节，家家户户都吃饺子。此外，烟店一带还有春节吃泡米子（糯米蒸熟晒干后用盐炒制而成的食品）的习俗。春节期间，客人一落座，要先泡一碗米子请客人喝，名为米子茶。

六腌　烟店一带的腌菜有10多种，但就烟店人的习惯而言，主要有6种，即腌萝卜丝、腌豆腐、腌白花菜、腌箭杆白、腌豆角（豇豆、扁豆等）、腌袁畈辣椒和袁畈莲藕。

七吃　即在7个办事过程中，必须每次都吃东西。如丧事把信（报丧），必须为把信人做饭；告别死者时，遇到特殊情况要走，不吃饭也要喝杯茶，否则就是对逝者的不尊；先辈去世，后人必须到堂，名为"吃千张"；死者埋葬的第三天叫"复山"，这天天未亮，要到坟上包坟，并吃一点随身带的千张、豆腐、米饭等食物，意为后人有吃有喝。礼仪很多，但不管多么烦琐，都体现在"亲情"二字上。

八盘　逢年过节或红白喜事，须上八盘菜，且以冷菜为主。八盘菜的料多为畜禽的内脏和肉，如猪肚、猪肠、猪舌头、猪耳、猪头肉、鸡翅、鸡爪、牛肚、牛肉等，也有蛋类。八盘菜的菜品和分量，由主家视经济状况而定。肉配不齐，可用其他食物，如小鱼、小虾、千张、豆腐代替。但最少八盘，象征主家将来"发、发、发"。

九酒　烟店镇关于酒的习俗很多。如办红白喜事，酌酒前，一般由酌酒者将酒杯按席送运。首席客人说一声"不必多礼"后，由酒司令按席将酒杯送达到位。席间，客人相互敬酒。一敬一还，八杯团圆。米饭上桌后，还有"饭来三杯酒"的讲究，意为吃饭前，至少还要喝三杯酒，直到首席客人多次谢绝为止。如今，这一习俗逐渐淡化。

十碗　又称十大碗。"八大盘、十大碗"是红白喜事必备的菜谱。十大碗包括滑肉、扣肉、土鸡炖藕、排骨炖萝卜、鱼、炸豆腐、炸丸子、咸汤（又称三鲜汤，由猪肝、瘦肉、豆筋、鸡蛋等原料制成）、甜汤（又叫甜菜，由红枣、米酒、鸡蛋、汤圆等原料制成）等，但无论何种宴席，鱼这道菜不能少，俗语道："无鱼不成席。"不同的是，办什么事，先上什么菜，后上什么菜，规矩严格。办白喜事，第一道菜必须是千张，以示送逝者一程。办红喜事，第一道菜必须是滑肉，以示福禄大喜。第八道菜必须是炸丸子。炸丸子上桌后，主人按席位敬酒，以示其礼节。敬酒完毕，燃放鞭炮，客人方可散席。

农事　担塘泥　50—70年代，每年冬春两季农闲时，各生产队轮流将几口塘堰中的水放掉，至表面干后，把塘堰中的黑泥挖出来挑到麦田里，称为担塘泥。因每年担塘泥，塘堰越来越深，蓄水量不断增加，为农业生产提供了丰富的水资源。农业生产责任制实行后，担塘泥被废除。

泼春粪　农户每年年底前把牛栏、猪栏中的粪肥挖出来，堆放在家门外不远的地方，让其发酵沤干。次年开春初，村湾各农户的男劳力聚集起来，每天帮其中一户农户用篼箕把沤好的粪肥挑送到麦田、菜田中。烟店人将这种农事活动称为泼春粪。每家泼完春粪的当天，户主家要招待帮忙泼春粪的人。80 年代后，泼春粪逐渐被废除。

盘窑柴挑石灰　是一项把柴草运送到石灰窑烧制石灰，再把用柴草兑换的石灰挑回做稻田底肥的农事活动。烟店解放初，农户一开春就把家里的柴草送到白兆山下的石灰窑，跟窑主兑换石灰做稻田的底肥。农业生产合作社时期，生产队组织社员把集体的柴草送到白兆山下的石灰窑，再挑回石灰。盘窑柴挑石灰的人按石灰重量记工分。70 年代末，化肥取代石灰，盘窑柴挑石灰退出历史舞台。

秋秧田　生产队（农户）每年都要预留下秧田块，起板（犁稻田）炕土，次年春下秧前，在已经翻犁晾晒过的田里，每隔三四尺就用钉耙扒一个土坑，用稻草在坑里铺草窝，再在草窝里放入三四块大的干牛粪和一小块燃烧的牛粪，拢起草窝包住牛粪，然后将四周的土块轻轻堆上去，拢成圆形的土堆。完成后，该秧田的表土全部覆盖在土堆上。牛粪在土堆内缓慢燃烧，燃烧时间根据里面牛粪的多少，一般可以持续两三天。烟店人将这种农事活动称为秋秧田。秋秧田既能活化土壤，又能闷死藏在冻土中的虫卵和杂草种子。秋秧田在农业生产责任制推行及化肥、农药普遍使用之后，逐渐被农户弃用。

挑陈坯土　80 年代前，一般农户住的是土坯砖房，农户翻盖老房子时拆下的土坯，因为经过多年厨灶及火塘柴的烟熏，肥力极好，因此，把其打碎送到田地肥田。1957 年前，陈坯土由农户挑到私人田里。1957 年后，由生产队的社员挑到集体的田里，生产队给献出陈坯土的农户记工分，参与年终分配。

挖草皮　是人们从山坡、路边等处用锄头挖土皮和杂草的农事活动。等土干草死后，将其收拢，挑到家里堆放起来，用来垫牛栏或猪栏。有的农户把新挖的草皮专门堆积起来，灌足粪水，敷上泥巴后沤成肥料；有的农户因缺柴烧，把草皮、杂草用于烧火做饭。

打青蒿　麦、豆等没有成熟的田块灌水后，用犁翻耕的农事活动叫作沤青蒿。同时，农户四处采集青蒿等野生植物，挑至犁过的水田中，均匀地将其踩入泥中，沤成肥料。这种肥田做法，称为打青蒿。农业生产合作社时期，打青蒿十分盛行，农田栽秧之前，生产队的男女都会参加打青蒿。青肥挑到田埂，有人过秤称重，由会计记账，按青肥的种类和重量记工分，或者当场发给工分券。记账后，打青蒿的人必须均匀地将青肥

车水工具——脚车（1978 年） 易家镜 摄

踩入泥中。70 年代末，化肥开始大量使用，打青蒿逐渐被废除。

打泥仗　烟店解放初期到改革开放前，每年“了秧”，即栽最后一块秧田时，大家集中在一块田里，当人多田少、栽秧人排不下时，有的人下田栽秧，有的人则站在田埂上逗趣，甚至向田中栽秧的人洒水、摔泥巴，田里的人也会跟田埂上的人互动。如此不断嬉闹，直到秧田栽完，寓意“越打越发，越闹越收”。

车水　在没有抽水机械之前，人们靠水车车水灌田。车水工具有手车和脚车两种。手车是两人套上车拐，以手使力；脚车有三人梁、四人梁、五人梁和六人梁 4 种，车水的人坐在脚车的座板上，以脚使力。凡用五人梁（五人脚踏水车）或六人梁的水车车水，需唱车水歌互相鼓劲。唱车水歌为一领、众和的形式，配以锣鼓。水车上的人轮流唱，座板左侧的两人分别敲锣打鼓。70 年代末，柴油抽水机盛行，五人梁或六人梁的水车完全被淘汰。

砍茅草　烟店解放前到农业生产合作社时期，栽秧一结束，便禁止耕牛在田埂或茅草山上吃草，称为蓄茅草。到秋收结束后，生产队里的男劳动力起板，女劳动力砍茅草，扎成小把，排放在田埂上晒干，之后捆起来堆成大茅草堆。苇草小部分分给社员做柴烧，大部分用于烧制石灰。生产队一般按量为砍茅草的人计工分。改革开放后，农村还有不少人每年砍茅草做烧柴。2000 年后，煤气广泛使用后，砍茅草不复存在。

烟店镇主要生产生活习俗变化情况一览表

表 10

内容 时间 名称	30—40年代	50—60年代	70—80年代	90年代至2000年	2000—2010年	2010年后
农田除草	扯草、薅草	扯草、薅草	扯草、薅草	喷化学剂	限药限量	环保药物
土地耕种	锹、锄头	木犁	铁犁	手扶拖拉机	大拖拉机	旋耕机
粮食脱粒	石磙、连枷	石磙、连枷	拖拉机碾压	柴油脱粒机	电动脱粒机	联合收割机
提水抗旱	打桶车	水车车水	柴油机抽水	柴油机抽水	电动机抽水	电动潜水泵
货物运输	人挑肩背	人挑、牲口驮	板车、拖拉机	三轮车、拖拉机	农用车	各种货车
临时外出	徒步	徒步	自行车	摩托车	公交车	私家车
长途出行	徒步	船	公交车	火车	火车、轮船	高铁、飞机
家庭照明	菜油灯	煤油灯	柴油灯	白炽电灯	荧光灯	节能灯
私人住房	茅草房	土砖青瓦房	红砖青瓦房	砖混平台房	红瓦高楼房	商品房
日用器具	铜脸盆	热水瓶、手表	收音机、电视	冰箱	大平板电视	豪华器具
计算工具	算盘	算盘	电子计算器	电子计算器	智能电子秤	电脑收款机
家信传递	带口信	寄书信	发电报	电话、BB机	多功能手机	智能手机
信息传递	驿站接力	邮政传递	时事广播	电视新闻	宽带查询	微信
家乡道路	茅草小路	羊肠小道	泥泞小路	沙石大路	砂石机耕路	水泥公路
青年文化	多数文盲	多数小学	多数初中	多数高中	多数大学	多数大学
老龄寿命	多数60岁以下	多数70岁以下	70岁左右	70岁以上	80岁以上逐渐增多	80岁以上逐渐增多
先天痴呆	出现比例大	多有出现	出现少	很少出现	极少出现	万分之一以下
结婚彩礼	衣物、布料	手镯、耳环	电扇、缝纫机	冰箱、彩电	空调、珠宝	珠宝、私家车
复抄文本	毛笔誊写	钢笔抄写	刻蜡纸油印	机械打字印	排铅字印刷	电脑打印、复印

婚俗

烟店旧时嫁娶，从定亲到婚后，程序烦冗，主要包括请媒、吃嫁饭、送端阳、过盒等。举办婚礼的日子多选在农历十一月、十二月带有二、六、八数字的，以求好事成双。随着社会进步和发展，省去了一些陈规旧习，年轻人多选在节假日结婚。

请媒 即通过媒人到女方家游说，让女方家答应婚事。一般需请三年。第一年请媒后，如果没有意外（悔婚），第二年接着请媒，第一、二年请媒，女方家都以“姑娘还小”等借口推辞。第三年请媒成功后，便开始筹备婚事。

吃嫁饭 准备出嫁那年，姑娘要去舅妈、姑妈、姨妈、姐姐家小住数日，其他亲戚也要接姑娘到家玩一天，称为吃嫁饭。

送端阳 端阳节，男方除送鱼、肉等到女方家外，还要送包子（面包）、桃，象征红喜事的吉利、圆满。女方家要将收到的东西分发给左右邻居，表示姑娘今年要出嫁。

过盒 结婚前一天男方送彩礼到女方家叫“过盒”。媒人和挑夫将鱼、肉、糖、酒、挂面、糖果，新娘穿戴的大红棉袄、百褶裙、凤冠帽、银簪、银镯、银耳环，开脸用的胭脂、水粉、细丝线、红蜡烛等装入礼盒抬到女方家。肉有上门礼、爷娘肉、坐蹄肉、前肘七斤、后肘八斤、开脸肉、折饭肉若干块。这天是女方家吃宴席的日子。媒人坐一席，如果是准新郎挑挑子（用扁担挑礼盒），就由准新郎坐一席，媒人作陪；其余客人按舅母、姑母等顺序依次就座。

贴喜联 一是按宗谱辈分为新郎取一大号，写成“号联”贴在堂屋右边的山墙上。二是房门贴一副对联，大门贴一副对联。

待媒 结婚前一天晚上的正席叫“待媒”。媒人坐首席，依次是新郎的舅父、姑父、干兄弟（父亲的干儿子、干女儿）、姐夫、舅爹、姑爹、姨父等。宴席上共十二或十四大碗，一干一稀，交替上菜。同时，有乐队说唱，并向客人讨要喜钱（当地人称架香）。喜家（举办喜事的人家）要给媒人两个“封子”（红包）。待肉圆子（菜名）端上桌后，新郎跟在父亲（或叔父）后，到各个席上“讲礼”（即说一些感谢亲朋好友的话）。

铺床 由几位儿女双全的妇女用稻草为新人铺新床。边铺边喊彩词，边撒红枣、花生，其他客人一齐跟着帮腔（喊“噢”），取早生贵子之意。

开脸 又称扯脸。旧风俗习惯，妇女若非结婚，不可剃掉脸上的汗毛。开脸在迎娶前进行，由儿女双全的妇女帮忙扯脸。扯脸用具全部由行礼人从男方家带来，点燃红蜡烛，开脸人用细丝线绞去新娘脸上的汗毛，修齐额头和鬓角，扯去颈部汗毛，修好眉毛。

上头 扯脸后，便为新娘上头，即梳好“纂儿”（把头发盘在脑后的一种发型），插上发簪。之后，穿上新嫁衣，戴上凤冠帽，等候花轿到来。

上轿 三请三接后，新娘头顶红盖头由陪嫁女搀扶着慢慢走出闺房。行告祖礼，跪拜父母、哥嫂，跨过火盆，驱除晦气。之后辞别父母上花轿。上花轿后取下红盖头，关上轿门，同时乐起。出了女方家村湾，便开始演奏喜庆的乐曲。

拦车马 男方家大门外设香案，花轿到了后，由拦车马的人默默念一段拦车马的彩词。念完后，新娘当面给拦车马人一个红包，以示谢意。

闹茶 早上便饭和中午正席后，女方家送亲的人离开。男方亲戚围坐中堂，新娘和新郎端着糖茶，请客人喝茶。按职位及辈分的高低顺序请喝茶，要人人请到，不能遗漏。凡是喝了糖茶的，都要给茶钱。有的人会让新郎、新娘说一些文雅的四言八句或做一些动作后再喝茶给茶钱。一般在请表兄弟喝糖茶时，因没有忌讳，闹得开，比较热闹。

闹房 又称闹洞房。洞房花烛夜，表兄弟们会捉弄新郎、新娘，以渲染新婚大喜的气氛，有“新婚三天无大小”之说。

双回门 结婚第三日，新郎、新娘带着礼品回娘家，拜谢岳父、岳母及亲属。由于是新婚夫妇一起回门，故又称“双回门”，取成双成对之意。回门时，旧俗规定新娘走在前面，返回男方家时，则新郎走在前面。一般不得在岳父家留宿，必须当日返回。旧时有新婚一个月内不空房的风俗。

生育习俗

求子 相传，娘娘庙里的观音菩萨是送子神仙，只要拜观音菩萨，就能如愿得子。不育女子带着香烛、祭礼到娘娘庙许愿，跪在观音菩萨像前默祷，求神送子。如果后来机缘巧合，真的生子，特别是生了儿子，求子的妇女要到娘娘庙还愿。

报喜 婴儿出生后，要向婴儿的外婆家报喜，报告孩子出生、母子平安的喜讯。岳母则要带油条、母鸡、鸡蛋（男单女双）、红糖、膀蹄及婴儿衣服、尿片等，到男方家祝贺。

洗三 出生三日后要为婴儿洗礼，叫作洗三，也有满月后为婴儿洗浴的。洗三之日，父母发帖宴客。洗三由婴儿外婆主持，浴盆中放喜蛋及金银饰物，洗后由剃头师傅剃去胎毛。喜蛋，用以在婴儿剃去胎毛的额头上滚摩，认为可以免生疮疥；金银饰物，则是用来压惊，据说可防偷儿鬼。洗三后，婴儿穿戴上亲友送来的缀有“长命富贵”的衣服和饰品后，就可以与外人见面了。

送满月 婴儿满月，俗称出月子，产妇方可串门走亲。娘家和亲友又要送礼，一般送婴儿衣物、摇窝（农村老式婴儿床），称为送满月。

抓周 孩子满周岁时，一般要举行抓周仪式。这天，将锦毡铺于堂屋桌上，四周遍置生活用品、各行业物件、文房经卷、尺秤刀剪等。小儿梳洗干净，穿上新衣，将其抱至锦毡中央坐，任由其抓取物品。若小儿抓得一本书，则预示将来必读书做官。如今，烟店一带很少有人家举行抓周仪式。

过十岁 小孩十周岁时也要宴请亲朋，以祈求孩子平安，茁壮成长。烟店有“姥姥的三朝，舅舅的生”的规矩，宴席上娘家人是贵宾，要坐首席。

丧葬习俗

旧时，烟店地区称老年人的丧事为白喜事，认为老人的死是仙逝，驾鹤西游，是到极乐世界享福，是人生盛事。因此丧葬形式冗繁，程序庞杂，寄托着对生命的敬畏、对逝者的尊敬和生者对逝者的怀念之情。旧时认为人死“入土为安”，故老人去世后，盛装入殓，埋于土下，平土为墓，堆土为坟，称为土葬。土葬需用棺，棺木用耐腐蚀的木料制成，以柏、杉等树为上品，有三底、五底、十二圆花等区别，头大脚小，并刷黑色油漆，棺头有金色寿字。土葬是烟店旧时的主要葬丧形式。80年代后，实行火葬，丧葬程序简化，一些迷信色彩的东西逐渐被淘汰。

下铺 把病危的老人从病床移到地铺上，叫作下铺。病危老人下铺要移到堂屋（正堂）垫有稻草的地铺上，头部朝上。如果是男性，地铺设在大首（右边）靠墙边；如果是女性，则设在小首（左边）靠墙边。

送终 病危老人下铺后，就要通知所有至亲日夜守护在旁，一直到老人断气（去世）。在场亲眼看到老人断气的人叫作给老人送了终，不在场的人则称没有给老人送终。儿女如果没有给老人送终，多会号啕大哭一场，以示内疚。

烧“落气纸” 即死者直系亲属在确认死者亡故后，便在灵床前置一瓦盆，在盆中焚烧冥钞或纸钱，意为让亡魂“持币上路”。同时，用簸箕遮盖在神龛上，表示人已经死亡。

净身 又称洗丧。由死者直系亲属打一盆清水，用一方白布帕为死者擦净身体，通常以“三把”为限，即将白布帕浸水拧干三次，称“三把”。“一把”擦头和脸，“二把”擦胸和腹，“三把”擦脚和腿。

小殓 即给亡者换上干净衣裤、鞋袜。老年人的裤带用白棉线合股系扎，合股线的支数以其年龄而定。给亡者换衣称为穿寿衣，之后停放在门板上，头部朝下。然后，孝子戴孝，派人“把信”，即通知众亲友前来吊念。

请重上 重上（重山），又叫大班，即埋葬死者的人。重上有8人，第一件事就是负责大殓。

大殓 由重山将死者装入棺木，停棺木于堂屋正中，并请道士叩灵，选定葬日、墓地。

点脚灯 将一只碗敲一小缺口，放上灯芯，注入食油，点燃后，放在棺材底下的地面上，碗的缺口要对着门口，意味着用亮光照着，亡者一路好走。

叩灵 派人请道士，由道士选择下葬日期和墓地，并用红纸做成亡人的灵位，在上面写下死者的身份信息，放置在棺材的前，这一过程叫作叩灵。

把信 人死后，要派人分别将去世的消息通知死者的亲友，称之为把信。一般由族人担任。把信的人到亲友家后要告诉死者下葬的日期，然后吃了饭再离开；没有时间吃饭的，也要喝口茶水。据说，不吃不喝就离开亲友家，对把信的人不吉利。

发孝布孝袍 凡是前来吊唁的客人，无论是大人还是小孩，每人发一条长 1 ~ 2 米、宽 30 厘米左右的白布包头。不许重发，也不可漏发。除了孝子必须穿孝袍外，死者的堂侄、舅侄、外侄、姨侄、干儿子等重孝都要发孝袍。凡是戴孝人的鞋上，必须蒙上一层白布。

坐夜 下葬的前一天称为坐夜。白天，重山“打井”（开挖墓穴）。晚上，道士给亡人做开路、过桥等法事，并请人唱《孝歌》《开路歌》等。来吊唁的客人，要送孝礼，尤其是已嫁女，除香烛、纸扎、挽幛、铭旌外，甚至还有纸做的乐队仪仗。来吊唁的客人进门前要鸣炮，进门后为亡者烧香化纸，行叩首礼。次日出殡，此后有复山、五七、百日、周年、满孝除灵等习俗，至亲都要前来为亡人烧纸化钱。

唱孝歌 哭丧的一种，是请人以歌唱的形式，叙述亡人生前经历和遗属，安慰亡灵不要挂念家人。唱孝歌时有锣鼓伴奏，通宵达旦。孝歌内容一般是《秦雪梅吊孝》《秦雪梅游地府》等，也有自编的内容。

出丧 又叫上山。堂祭以后，重山开始合殓。孝子、亲属向遗体告别。重山们抬起棺盖，扣住棺材，钉上“财钉”，并将棺材抬出门外，同时揭去神龛上的簸箕。棺材搁置在木耙上，绑好龙杠和抬杠，然后在引魂幡和鞭炮声中起身。出葬队列，前面是丢“买路钱”的人，意为在前面驱散野鬼，为亡者开道；紧跟着的是手举挽幛和灵件以及敲锣的人，后面是重山抬着的灵柩，孝子抱着灵牌在灵柩前。到了墓地，棺材放置在预先摆好的条凳上，所有孝子孝孙及至亲一律跪于墓穴前，重山松开抬杠和龙杠，等道士做完化契的法事、边撒祭米边喊彩词之后，重山用绳将棺材放置于墓穴中，上覆灵件，撮土回填，直到拢起坟包时，送葬的人解开白布包头，脱下白袍，然后回家。如今皆用骨灰盒，出丧过程依旧。

复山与帮坟　复山，又称复三。下葬的第三天，在天亮之前，孝子孝孙及至亲要准备祭品到坟前祭祀，同时带锹锄、箢箕等挖土工具，将坟包堆好筑实后再离开。

叫饭　孝家每天还要给亡者早晚叫饭两次。方法是吃饭前，在有座位的席位上，把一双筷子平搁在碗上，口中念出“某某吃饭”即可。

烧七　从亡者落气日算起，每逢七天要为亡者烧纸，称为烧七。亡者死后七日为头七，一般烧十个七，其中头七、五七、满七为重。烧七的时间由道士在出葬前推算出来，并写出七单，贴于堂屋墙上。根据“每逢七来，头日化财”的习俗，头七应该在亡者落气日的第六天。

烧五七　传说，人在生死之间有五道轮回，每道轮回七天，五七三十五天即完成转换。人死后，孝子及至亲都要蓄发。五七这天，所有“蓄七”亲戚都要来祭祀亡灵，并剃去蓄了三十五天的头发。之后，还有烧满七、烧百日（死后一百天）、烧周年（死后一周年）等祭祀活动。

馨香　次年农历正月初一，众亲戚带着香烛等到孝家向亡者叩拜，称为馨香。这天，孝子不能外出，要在家还拜，并热情招待客人。旧时，孝子还拜要穿上孝袍以示重道。

守孝　孝期一般为三年。满孝前，孝家每年的春联依次贴白、黄、粉红纸，五服内的亲属春联贴黄、粉红纸，以示孝心。三年孝满时除灵。除灵后，春联就可以贴红纸了。

节令习俗

春节　过春节，又叫过年。过年从除夕开始，农历十二月三十（小月二十九）是除夕，又叫大年三十。旧时有“初一初二拜父母，初三初四拜丈母”的习俗，父母指父辈房族长辈，丈母指岳父、岳母一族，然后才轮到舅、姑、姨及其他亲戚。现代生活节奏加快，多为初一拜本族长辈，初二拜岳父、岳母一族，其余顺延。遇亲戚家供有亡人灵位，则应在初一、初二两天内优先拜年，亡人为大，过了初三再拜则视为不尊。

送年　旧时，农历正月初三清早，家里主人要在堂屋摆一桌酒菜，意为请到家里过年的历代祖先喝酒。事必，燃放鞭炮将其送走。初一、初二没倒的脏水可在这天倒掉。水即是“财”，寓意过年钱财不外流。

元宵节　农历正月十五，故称“月半”，旧时有“年小月半大”的习俗，新年第一个月圆节令，家人团圆吃汤圆，象征一年圆满。还有“三十的火十五的灯”的习俗，意指除夕要烤火守岁，十五要张灯结彩到天明。现在人们以这一天为送年节令，多放鞭炮。烟店地区有在门前烧松柏青枝、院内院外打扫卫生的习俗，寓意清洁、吉利。

三月三 “三月三，上白兆山”的习俗，至迟明中叶已在安陆一带流行。明隆庆四年（1570），德安知府蔡可教在僚属及亭长施逵等人的陪同下，登上白兆山，与民同乐，体察民间三月三的节庆氛围，并作《三月三日同施逵亭长游白兆山》诗：“雨霁红尘远，山回白兆雄。诸天罗象外，五马度云中。祓禊临涢水，游观颂禹功。非君能载酒，乐事与谁同。”表明三月三这天，烟店附近百姓有用清澈河水洗净身体，然后相邀到白兆山登高祈福、游览踏青的习俗。清康熙《德安安陆郡县志》载：“三月三日，各祀灶神为醮，曰为贺祖师道成，亦或为白兆游。”可见，明清时，三月三到白兆山踏青、求子、祈福已成为民间盛大节日。

旧时，烟店地区多流行捐款修建庙宇，或布施供养僧道。善男信女则多到庙里烧香许愿、卜卦占问命运，俗称赶庙会。白兆山为主要的赶庙会场所。烟店及附近地区，农历三月初三这天演变成求子节日，年轻夫妇在这天到白兆山道观祭拜真武神，以求早生贵子。白兆山娘娘庙里供奉着送子娘娘，凡有求子的年轻夫妇或婆媳，都在这天凌晨赶到娘娘庙，虔诚敬祭送子娘娘，然后登上祖师顶，在古银杏树下跪拜，抢摘系在树上的红布条，名曰抢红，据说抢到即可得贵子。若如愿，第二年三月初三，须带上贡品和钱物到白兆山还愿。

烟店解放前，烟店集镇周边村还有三月三端着猪头到龙泉观敬香求雨的习俗。

在烟店，三月三流行的习俗之一是吃荠菜（地菜）花煮鸡蛋。白兆山民谣：“三月三，吃大蒜；蛇出笼，藕出簝；郊外放纸莺，童子尿煮鸡蛋。三月三，吃鸡蛋，家家户户报平安。”据传，用三月三当天采的荠菜花煮鸡蛋，可祛风湿、清火、治腰腿痛、预防春瘟，并能预防头痛症。有童谣：“农历三月三，不忘地菜煮鸡蛋。中午吃了腰板好，下午吃了腿不软。”这天，田头地边的荠菜花盛开，雪白一片，家家户户都要采一把荠菜花，煮新鲜鸡蛋，一家老少共享，或赠送亲友。

清明节 烟店各家各户都要在门两边各插一枝杨柳。清明前后三日必祭扫先人或生前好友陵墓，以示纪念，并有放鞭炮、烧纸钱的传统。2000年以后，提倡生态祭祖，鲜花祭祀渐成时尚。

端阳 烟店分大、小两个端阳节。农历五月初五称为小端阳，五月十五为大端阳。当地多以小端阳为大。出嫁的姑娘携丈夫为父母置办酒肉之类礼品，名为送端阳。这天，亲戚多往来走动。随着通信设备发展，在外工作的人，通过打电话送去节日的问候。这天，家里有小孩的人家还要在小孩头上抹一点雄黄酒。烟店地区有在门墙上挂艾蒿的习俗，以求吉利。传说元代末年，陈友谅所领汉军据有安陆，朱元璋所领吴军痛恨汉军治下的安陆官兵反复无常，扬言要杀尽汉军。于是有乡绅与吴军暗通汉军军情，以求自保。吴军吩咐这些人在自家门前挂上艾蒿、木弓等标记，以免被杀。后来安陆被吴军杀得十室九空，而门前挂艾蒿、木弓的乡民得以幸免。吴军攻城是在农历五月初五，人们认为这天在门前挂艾蒿可以求吉避凶，便一直延续至今。

七月七 传说牛郎织女鹊桥相会的日子。这天，人间很少见到喜鹊，传说都上天为牛郎织女搭桥去了。旧时，女子会在这天相亲，期盼找到如意郎君。烟店集镇以北一带的村庄，妇女有七月七早起洗头梳头的习俗，以求婚姻幸福。

七月半 农历七月十五，俗称七月半。家家户户都要办一桌酒席，先祭祖，然后亲人围坐就餐。晚上还要在门口化纸，以祭奠不能葬在祖坟里的亲人，并用石灰或火灰等撒成一个圈，意即只有自己的亲人才能收到纸钱。

中秋节 中秋节当天，烟店有赏月、观“开天门”的传统。天门处有神仙界，凡人成仙多在这天升天。凡人若是遇见“开天门”，则有求必应。今人多在中秋节吃月饼，观赏夜景。

过小年 农历十二月二十四是小年节，旧时有“君三民四”的说法，即官员与百姓有明显区别，比百姓提前一天过节。过小年要煮肉吃，煮猪头祭灶神、送灶神。该日送灶神可祈求灶神庇护赐福。

过大年 即除夕，为农历十二月的最后一天。旧的一年过去，新的一年到来，家家户户忙过年。烟店地区流传有民谣:“二十五，打豆腐；二十六，办年肉；二十七，年办毕；二十八，插红蜡；二十九，样样有；三十夜，桃花谢；初一早，拜年了；腰一躬，手一妥，糖果米子倒给我。”除夕晚餐非常隆重，菜要有青菜，取“清”的谐音，意即祈求一家人新的一年无灾无祸;“菜”取“睬”的谐音，意即使人瞧得起。还要有鱼有鸡，意即有“余”和“积”。晚上，家家户户都要叫“老人家”，即请已故的祖先回家过年。祭祖有一整套烦琐的仪式。吃罢年饭，小孩急着穿新衣，吃点心果品，长辈给孩子压岁钱。现在很多后辈会给老人压岁钱。这天还有烧炭盆的习俗，意即新的一年红红火火。除夕至正月初一，不能说不吉利的话，不能做不顺心的事，否则被认为会影响到一年的吉凶大势。

称谓习俗

烟店地区的称谓与周边大同小异，但也有其自身特点。

祖辈 称呼祖父为爹爹，祖母为婆婆；母亲的父母分别称为家家爹爹（外公）和家家婆婆（外婆）。对祖辈的嫡亲兄弟姐妹及其配偶，则依其排行称呼。如，称呼伯祖父、伯祖母为大爹爹和大婆婆，祖父的三妹及其配偶称为三姑婆和三姑爹。对与祖父同辈的远房亲戚统称为爹爹和婆婆。

父辈 称呼父亲为伯伯或爸爸，也有称父、爷、叔的；母亲为妈、娘。称岳父、岳母为亲爷、亲妈，如果岳父、岳母比自己父母年龄大，则称伯爷、伯妈；比自己父母年龄小，则称叔叔、婶妈。对于父母的兄弟姐妹，比父母大的兄姐及其配偶称伯爷、伯妈；比父母小的弟妹，概称为叔爷。其中，父亲的弟弟称为叔爷，妹妹称为幺爷；母亲的兄弟称为舅爷或舅舅，姐妹称为姨妈，姨妈的配偶称为姨爷或姨伯。

同辈 对于同辈，无论嫡亲、旁亲，还是姑舅姨表，年长者称为哥哥、姐姐，年少者直呼其名。夫妻间直呼其名。

下辈 对比自己年纪小的下辈直呼其名；比自己年龄大的下辈一般要在名字的后面带上哥或姐字，以示尊重。

敬称 母亲以其子女的口吻称呼丈夫的父亲为爹爹、母亲为婆婆，降辈随孩子的辈分称他人也是一种敬称。中华人民共和国成立后，称谓上有两大变化：一是男女平等。过去对妇女不称呼其名字，连族谱上也只写姓氏，妇女以丈夫为标准称呼他人；现在称呼妇女皆用其名字。丈夫对妻子一方亲属随妻而称呼，如对岳父、岳母也称爸、妈。二是称谓普通话化。如父亲称爸爸，母亲称妈妈，女叔爷改称姑、姨，家家婆婆改称姥姥等。90 年代以后，夫对妻称老婆，妻对夫称老公。

方言土语

烟店方言语音在声母、韵母、声调、拼写规则等方面，总体符合现代汉语语言规律，共有 22 个声母（包括零声母），存在古全浊声母清化，鼻音 n 和边音 l 不分，零声母有声母化、翘舌音和平舌音混读等现象。韵母42个，其中单韵母9个，复元音韵母19个，鼻韵母14个，存在介音u消失、齐齿呼与全口呼混淆、后鼻韵母读为前鼻韵母等显著特征。声调有6个（不包括轻声），即阴平、阳平、上声、阴去、阳去、入声，有别于普通的阳平、阴平、上声、去声四声。其特点是平声、去声分阴阳，上声与阳平难区分甚至消失，保留中古入声字。方言存在“轻声、儿化”等音变现象。烟店民间谚语和歇后语言简意赅，通俗易懂，形象生动。

方言词汇 烟店方言属广义的北方话区中的江淮官话区，方言词汇大都与普通话相同，也有一部分土语。这些土语，多为当地方言的传承，也有楚方言的遗存，并吸收了少数外来词语。

烟店镇方言词汇“称谓”一览表

表11

当地方言	普通话	当地方言	普通话
恩罗	你的敬称	凿（zuo）子把	身体矮胖的人
他罗	他的敬称	哈巴（苕）	傻瓜
老爹（dio）	曾祖父一辈的人	霉气	傻瓜或精神病人
奶奶（nainai）	曾祖母一辈的人	日煤	智力较低的人
家家（ga）爹爹	外公	满攒	聪明人
家家（ga）婆婆	外婆	木脑壳	麻木，反应慢的人
里头老人家	母亲	日大瞎	呆子、傻子
外头老人家	父亲	黑耳朵	不怕得罪人的人
幺幺	小姑、小姨	锡耳朵	偏听偏信的人
干（ganr）	称呼与父亲同辈且年龄比父亲小的亲属	叫鸡公	爱出风头的人（多含贬义）
里头的	妻子	悍格	做事不讲情理的人
屋里人	妻子	杠子头	态度生硬、性格蛮横的人
堂客	妻子，也泛指成年女性	半吊子	不太明事理、不圆滑的人
男将	成年已婚男性	打笼鸽子	好争斗、不合群的人
女将	成年已婚女性	二五调子	不明事理、喜讽刺别人的人
起生婆	乡村接生婆	洋判	外行
打唱的	到办事人家唱歌讨钱的人	叫（gǎo）花子	乞丐

烟店镇方言词汇“动物名”一览表

表 12

当地方言	普通话	当地方言	普通话
财喜（才学）	猫	鸦鹊	喜鹊
刺女子	刺猬	牙狗	公狗
犍娃	没阉割的小公牛	毛狗	狐狸
牯娃	小公牛	豺狗	狼
沙娃	小母牛	檐鼠佬	蝙蝠
猡猡	小猪	秋蛉	蝉
郎猪	公种猪	虰虰	蜻蜓
牙猪	公猪（已阉割）	触鳝	蚯蚓
騬子	母猪（已阉割）	亮王虫	萤火虫
克蚂	青蛙	羞子	螳螂
癞克宝	蟾蜍	土蚕	地老虎（害虫）
土聋子	当地小蝮蛇（剧毒）	喜头	鲫鱼
三埂蛇	银环蛇	麻郎丁	小麻鱼
地团鱼	土鳖虫	参子、参条	小白鱼
土狗	蝼蛄	屎逛鳊	像武昌鱼的一种小鱼
灶马子	蟑螂	黄古丁	黄鱼
蜢子	一种咬人的小飞虫	洋鹊	灰喜鹊
老鸹（wa）	乌鸦		

烟店镇方言词汇“自然现象”一览表

表 13

当地方言	普通话	当地方言	普通话
日头	太阳	下凌	结冰
云头	云	打雷（li）	雷声
麻麻喷	毛毛雨	掣霍	闪电
天涩	下雨天	虹（gang）	彩虹

烟店镇方言词汇“时间方位”一览表

表 14

当地方言	普通话	当地方言	普通话
粉明	黎明	令在（令二声）	现在
中时	中午	高头	上面，北边
前儿	前天	下头	下面，南边
向前儿	前两天	掇（duo）哈	下面，南边
昨儿	昨天	中干	中间
今着（真着）	今天	两头两老	没有中间部分
门着（明着）	明天	边哈	边沿处
后日	一天后的那天	大首	对面，右边
挨后日	两天后的那天	小首	对面，左边
几咱	什么时候	列个（列一声）	那个
令在（令一声）	那时	列个（列二声）	这个

烟店镇方言词汇“人体组织”一览表

表 15

当地方言	普通话	当地方言	普通话
性引子	淋巴结	蓬朗骨	肋骨
性命囟	头顶囟门	肋按窝	腋下
壳头	头部前后突出	文身	腰身
后爪子	后脑突出	倒拐包	肘关节
才刁子	牙齿	转榫	腕关节
赚头	舌头	肚弦	肚脐眼
颈骨	脖子	髁膝包	膝盖
颈郎骨	颈椎骨	大胯	大腿
背郎骨	腰椎骨	小胯	小腿
后颈窝	颈椎骨处	言包兜	小腿肚
肩部头	肩部	下身	身体私处
掀蓬骨	肩胛骨	螺丝骨	踝骨

烟店镇方言词汇“家庭用具”一览表

表 16

当地方言	普通话	当地方言	普通话
灶屋	厨房	篼（ruan）子	挑粪土用的竹编器具
壁直	门框两边的立柱	围桶	粪桶
列架	代替墙壁的木柱支架	桌娃	小桌子
鼓皮	填补列架上空处的木板	筲箕	沥米汤的竹器
街（gai）沿哈	大门前歇脚的台阶	擦（ca）子	洗筲箕用的篾刷
浆塔	台阶	曲篦	蒸饭用的网眼陶器
窖（gao）娃	厕所	捞火耙	在灶膛里捞火灰的耙子
茅缸	埋入地下装粪的瓦缸	槲耙	种菜园扒土用的铁齿耙
磨凳	石磨架子	剔草耙	稻田除草用的竹耙
帝窝	舂米的石臼	哈（ha）耙	把散草拢在一起的竹耙
睡柜	柜式床	掀棚	扬谷用的木掀
仓柜	装粮食的大木柜	滚当	套石磙的木框
寿器	棺材	搭把	有木齿的耙子
戳箕	柳编家用器具	杨叉	叉草用的木柄叉子
簸箕	圆形的竹编器具	火烙	装入炭火烤火的手提陶器
晒戗	椭圆形的竹编晒具	格筛	眼较大的竹编筛子
团戗	边缘高些的圆形竹编晒具	米筛	眼中等的竹编筛子
茅缸	埋入地下装粪的瓦缸	麻筛	小眼筛子
沙戳	炒泡米花时筛沙用的竹器	箩筛	筛面粉的微孔筛子

烟店镇方言词汇“衣食名”一览表

表 17

当地方言	普通话	当地方言	普通话
紧身	短棉袄	软饼	面糊烙成薄饼状的食品
半头袄	短棉袄	火石粑	面饼放在灶膛烤熟的食品
领褂	无领无袖夹衣、薄棉衣	油油饭	用油、盐炒出来的米饭
布衫	多指妇女单层上衣	烫饭	用剩菜剩饭煮成的混合饭

续表 17

当地方言	普通话	当地方言	普通话
扪（一声）子	罩在棉袄外面的衣服	油粑	用油煎出来的面粉粑
絮裤	夹层铺有棉的裤子	疙瘩	面粉糊放水中煮熟的食品
小衣裳	妇女穿短背心	大肉	酥肉切成约二两重的肉块
抱裙	包小孩用的小棉被	糖果	炒米和麦芽糖黏接的点心
舔板	拖鞋	翻饺	面粉做成翻卷油炸的食品
卧单	床单	炸（二声）粑	米粉调和再用油炸的食品

烟店镇方言词汇“言行”一览表

表 18

当地方言	普通话	当地方言	普通话
叙、呤、嚼	说	蹬仰窝	仰泳
昂（一声）	喊	温里古求	潜水游
昂（二声）	不舒坦发出声音	骷（ku 二声）到	下蹲
嘞（二声）	说大话，炫耀	塌到	坐下
赏（四声）	不断说埋怨话	困到	睡倒
噘（zhue）人	骂人	揪起来	用力把头上抑
啰练	啰唆	揪（四声）	用力把水拧干
乱款（瞎款）	瞎说	铲人	打人
乱牙巴	乱说话	印长短	丈量长短
嚼牙巴	不停地说	料	手工缝合
嘴巴痒	说了不该说的话	打暂	停留
弹斤估两	议论	惯势	娇惯纵容
开赵	走，出发	赶情	亲戚朋友办喜事随礼
颠、溜、参	走，来	眼勤	羡慕、眼红
板	在一起玩玩打打	秋	用烟熏
摔抱和	摔跤游戏	掇	双手捧起
产白螺	抽陀螺	捞（四声）	用肩扛物体
躲猫	捉迷藏	靠（一声）	要

续表 18

当地方言	普通话	当地方言	普通话
砸堆	一种儿童游戏	不张	不理睬
挡牙	玩老鹰捉小鸡游戏	不隔引	不害怕
打古求	游泳	过脚	告诉相关人，提前打招呼
打撇撇	打水漂	见判	胡说
统到	放进口袋	嗙海口	吹牛、说大话
出鱼（出虾子）	出乎意料	扯左劝	扯架时偏袒一方
脱胡	摆脱	凿栗鼓	用手指关节敲头
辍赢（辍油）	占别人便宜	放散牛	管理松散
扛（gang）祸	吵架	箍（ku）龙头	严加管教
讲口	吵架	栽跟头	出差错、倒霉、失败
唱斗水腔	意见不一，对着干	做玩意儿	开玩笑
杀扦子	背后使坏	瞎媚	乱开玩笑
劳为（劳问）	谢谢	发恼	发火、翻脸
惹情	妨碍	改脚	改变方式，另想主意
打拐	背后说坏话	提脚	寡妇另嫁
打敌	夫妻间争吵	捡场	清场、死亡
打唱	赶酒席唱歌讨钱	叫吵啰	道别，年长者去世
打撂胯	抬一只腿从别人头上略过	捡篓子	停止不干
打皮寒	患疟疾	甩大袖子	只说不干
打短警	提醒、警示	不来栽	不来往
打惊张	突然发出惊叫声	不识哨	不识趣，不会察言观色
打平和	共同出钱吃饭	收操	收工、停止
打干嗙	无理争论	讨膙	自讨没趣
打饿肚	饿着肚子	撬变	不听话，自讨苦吃
打条胯	裸体	撬死	找死
打扬尘	清除屋子内壁及顶部灰尘	装歪	假装生病，假装受伤
装孬	装穷	抹汗	洗澡

续表 18

当地方言	普通话	当地方言	普通话
卫护（卫和）	袒护	走绺	说话跑题
承头	牵头、出头	扯究皮	无理取闹
出挺	出洋相	戳冷门	乘人不妨
填憨	为别人还债务	塞冷锤	闲聊时插句使人发笑的话
戳拐	出差错，背后挑拨	做热活	帮人做违心事，暗箱操作
挤摞	互相拥挤的游戏		

烟店镇方言词汇“人品”一览表

表 19

当地方言	普通话	当地方言	普通话
嘹亮	能干	喘皮	身体好
戳气	活跃，热情，无拘束	跳钻	灵活、快
阴秋	内向又聪明的人	撤趟	一说就动
温豆	不爱说话的人	玩子号	懒惰，不务正业
轻神	轻佻神气	还债	听话
颜气重	面相严肃	绿	凶狠
刁巧	刁滑灵巧	怐（kou）	聪明
人面俏	会做表面文章	猫	做事下力，快
灵净	干净	艰	特别节约，吝啬
邋遢	不干净	刮气	漂亮
赖怠	不卫生	确	好看
越（一声）垮	不爱干净和整洁	绕	敷衍、哄骗
油炸妈萨	衣服满是油污	有味	够意思，够感情

烟店镇方言词汇“其他类”一览表

表 20

当地方言	普通话	当地方言	普通话
撵（yan 四声）	追赶	就哇	好了，行了，完了，算了
核（he 四声）	用手接触对方使之发痒	丢作	失败

续表 20

当地方言	普通话	当地方言	普通话
抠	抓痒	架（ga）势	开始
冇得	没有	牙儿和	连读，指父母和子女
走火	运气好	左以	索性
背时	运气不好	左以个左以	索性、干脆
造业	可怜、不幸	还是个还	还是那样
冇得来形	没有志气或能力	闷气生	内向不爱说话的人
委头	志气、能力	缩头包	内向、胆小的人
板眼	本事	掀（shuan）仓蔸	揭老底
咏贴	舒服	做笼子	设圈套
活梗	完全、整个	打脆罗	煽风点火
估谱（儿化）	大约、估计	打漂古求	做事敷衍
希何	差点、险些	胡面逛	做事重表面，不深入扎实
险大呵	差一点	汪当	不保险的事情

民间谚语

亲戚不共财，共财两不来。

火越烤越寒，肉越吃越馋。

打人不打脸，说人不揭短。

蛇无头不走，鸟无翅不飞。

十个玩钱九个输，冇（没有）哪个玩钱得好处。

跟到好人学好人，跟到毛狗学妖精。

好打架的狗子，落不到一张好皮。

杀猪宰羊，厨子先尝。

人往高处走，雀往望处飞。

会做媒的骂两头，不会做媒的两头骂。

事怕旁人一句言，事要旁人一句言。

人抬人高，人踩人低。

水不流一般平，人不求人一般大。

良田万顷，不如朝天每日进分文。

早起三光，晚起三慌。

穷不倒志，富莫癫狂。

气死不告状，饿死不做贼。

天上无云不下雨，地下无媒不成亲。

树活百岁要皮，人活百岁要脸。

人要实心，火要空心。

不怕荒年饿死人，只要茶饭吃得匀。

在家不打人，出外无人打。

会接客的接满屋，不会接客的接得哭。

一年能操个种田汉，十年难操个买卖人。

大哥莫说二哥，瘌痢莫说光老壳。

春雪映大水，冬雪映年成。

春寒致雨夏寒晴，秋寒致雨落连阴。

清明断雪，谷雨断霜。

一暗一明，大雨临盆。

一雾三日雨，三雾九日晴。

东虹日头西虹雨。

立夏不下，无水洗耙。

立秋南风当日雨。

早上放霞，等水烧茶；晚上放霞，干死克蚂（青蛙）。

雷打惊蛰前，山旮旯里好种田。

歇后语

麻雀掉到粗糠里——空喜一场

擀面条吹火——一窍不通

三分钱的猪娃——全靠一张几（嘴）

乌龟吃大麦——糟蹋粮食

调子肚里煮汤圆——有货倒不出

癞蛤蟆打哈欠——口气不小

门缝的看人——把人看扁了

狗子撵鸭子——呱呱叫

乌龟爬街沿石——硬对硬

堂屋里卖神柜——越来越宽陈（宽敞）

半天云里吹喇叭——想（响）得高

巷子的赶猪——直去直来

鞋刷子掉了毛——有板有眼

懒婆娘烧茶——不（抹壶）马虎

巧地妈生巧——巧上加巧

米汤泡饭——就地还原

离子（驴子）倒到田沟的——乱弹（谈）

高射炮打蚊虫——大材小用

缺巴齿拜师傅——无耻（齿）之徒

乌龟吃亮望虫（萤火虫）——心里明白

田间播撒者 朱永波 摄

名人与名镇

诗仙李白栖居于白兆山后，历代仰慕李白的文人雅士，纷纷前来游览，并留下无数名篇，使烟店成为文脉深远、佳作如云的风雅之地。女劳模徐国英、土生土长的书法家敖永才，为烟店增添了新时代的风采。

远眺故乡（第三届“千年银杏 诗画安陆”全国摄影大展入展作品）（2015 年） 易春桃 摄

名人与烟店

诗仙李白栖居白兆山 （参见本志“诗仙古镇·诗仙遗踪·李白栖居白兆山十年行踪”）

“红杏尚书”宋祁结诗社 宋祁（998—1061），字子京，北宋史学家、文学家，祖籍安陆。少以文名。北宋天圣二年（1024），与兄宋庠同举进士，奏名第一，章献太后以为弟不可先于兄，乃改列宋庠第一，宋祁第十。时称“二宋”。宋祁及第后，初任复州（今湖北天门）军事推官。后历任大理寺丞、国子监直讲，累迁工部员外郎、天章阁待制、龙图阁直学士、翰林学士。庆历五年（1045），任史馆修撰，参与编修《新唐书》。皇祐三年（1051），出知亳州。此后十余年间，每出必带史稿，勤奋著述，书成，迁左丞相兼工部尚书。月余，拜翰林学士承旨。不久病卒，谥景文。其诗词多写个人生活琐事，描写生动，语言工丽，《玉楼春》词中有“红杏枝头春意闹”一句，王国维称道：“‘红杏枝头春意闹’，著一‘闹’字而境界全出。”（《人间词话》）被时人称为“红杏尚书”。著有《宋景文公集》等。宋祁居安陆期间，常与友人畅游白兆山，并与白兆寺高僧惠远等倡议结成诗社，品诗填词，写有《白兆山桥亭》《白兆山值雨呈同坐》《春日同赵侍禁游白兆山寺序》《又游白兆山寺》等歌咏白兆山的诗文。

宋祁赞美白兆山的代表诗作是《白兆山桥亭》：

千尺虹泉界道飞，阴虬横绝负云楣。
浮梁跨岸神移石，劫烬翻波地献池。
度日衔花翔翠鸟，经年支榻养灵龟。
披襟便可去烦襟，不独东京叔度陂。

北宋诗人郑獬题刻白云泉 郑獬（1022—1072），字毅夫，北宋诗人，安州（今安陆）人。北宋皇祐五年（1053）举进士第一。郑獬初任陈州（今河南淮阳）通判。宋神宗初年，拜翰林学士。代理开封府事务时，反对王安石变法，为王安石所不满，以侍读学士出知杭州，后徙青州，不久称病请任闲职。郑獬晚年归安陆，与白兆寺高僧文莹交往密切，写有《题僧文莹所居壁》：“西湖频送客，绿波舟楫轻。春入萝径静，浪花翻远晴。”郑獬常与友人到白兆山游览。现白兆山白云泉边有郑獬与友人张偓、文莹同游留下的题刻（参见本志“文物古迹·斗笠崖摩崖题刻·宋代郑獬题刻”）。

北宋学者王得臣考证白兆山得名 王得臣（1036—1116），字彦辅，安陆人。幼年从学于郑獬、胡瑗。北宋嘉祐四年（1059）进士。历任岳州巴陵令、秘书丞、开封府判官及知唐、邠、黄、鄂等州，后任福建路转运副使、司农少卿。晚年致仕后，蛰居安陆，悉心搜集地方历史资料，潜心著作《麈史》，其中记载了大量白兆山的资料。王得臣关于白兆山得名的考证，纠正了时人的错误之见，《麈史》载：“白兆山，最安陆之胜，处郡西三十里，颇多灵迹。中有楷师岩，世传楷师疏《维摩经》，有白气之异，山因得名。故赋咏之士未尝不为言。若令狐子先《请善先长老住白兆寺书》曰：‘高宗朝，神楷师作《维摩疏》于岩下，感白气之兆，上属于天，因而得名。’亦习传闻，失之讨论也。”

明德安知府马龠白兆山追慕先贤 马龠（生卒年不详），字汝载，四川西充人。明弘治十二年（1499）进士。正德年间（1506—1521）任德安知府。每于立春前一日，均率领府、县僚属到东岳观举行迎春劝农仪式。正德十二年（1517）八月，马龠偕同僚属、生员及僧人到白兆山追慕先贤，来到西麓斗笠崖，看到宋人郑獬等的题刻，兴从中来，令人将从游诸人及时间题刻于侧，以志纪念（参见本志“文物古迹·斗笠崖摩崖题刻·明代马龠题刻”）。

明代学者何迁小憩横山庄 何迁（1501—1574），安陆人。明嘉靖二十年（1541）进士。曾任江西巡抚、漕运总督、南京刑部侍郎。著有《何吉阳文集》《吉阳山房摘稿》。何迁与安陆官宦名门，如都察院右副都御史高翀等为姻亲，常有诗词唱和，有多首题咏白兆山的诗篇。何迁游览白兆山、涢水时，在白兆山东面的横山庄小憩，赋有《过横山庄》一诗：

西山西望月霏微，载酒驱车暮不归。
云物可怜垂老时，风尘应恨赏心违。
郝公钓石此悲愤，李白书台谁是非。
但使悠然能自适，眼前五岳未云稀。

白兆山逸人程健斋重修白兆寺 程健斋（1851—1928），名道恒，字健斋，自号绀泉饮者，诗人、语言学家，世居白兆山曹家冲，清光绪元年（1875）举孝廉方正，以老母在堂不赴廷试。程健斋见内忧外患频仍，于是绝意仕进，以课读为业，在绀珠泉畔设帐教学，自咏“功名富贵原无分，流水高山幸有情”。课读之余，常与友人徜徉于山麓，并留有题刻：“白云泉。山人程健斋引逸灵太守至此品泉。时光绪戊申四月十五日。”程健斋吟咏赋诗，清新隽永。后人集其遗稿成《绀泉饮者诗抄》，凡 124 首。其《秋兴》诗描写白兆山风光，可视为代表作：

桃花岩下晒书台，玉露凋伤枫叶堆。
东壑风烟愁黯淡，西天云树怅低徊。
寒泉咽石自朝暮，秋鸟穿林时往来。
双桂丹心犹未改，堂前花似去年开。

白兆寺清末毁于战火。程健斋经 20 多年准备，投入巨资，历时 3 年重建白兆寺，并壑修了太白堂。56 岁时，又开设长庚学校，聘请名师，训育乡里子弟。

当地名人

徐国英（1930—1989） 女，黄棚村人。出身贫苦农民家庭，从小勤劳能干。中华人民共和国成立后，热爱集体，积极参加生产劳动。1959 年，被授予“湖北省劳动模范”称号。

1960 年，徐国英因在棉花种植中成绩突出，被授予“全国三八红旗手”称号，到北京出席全国三八红旗手表彰大会，受到毛泽东主席、周恩来总理接见。她一直谨记领导的教导，在繁忙的劳动与家务之余，坚持学习文化知识，从一字不识到后来能看懂农药、种子的说明书。她还注重孩子的教育，一直鼓励后代认真学习。1989 年，徐国英因病去世。

敖永才（1934—2015） 男，字楚垓，袁畈村人。4 岁时开始认字、写字，8 岁时就能为邻居写春联。1951 年，敖永才成为一名教师。他的字写得好，每逢开会都做记录。1958 年，正值全国各地大规模兴修水利，相关的宣传标语，都是他写的。其中最大的是在白兆山上写的“愚公移山改造中国”8 个字，每个字 400 平方米。

1987 年，敖永才首次获湖北省中小学、师范学校教职工规范汉字书法竞赛一等奖。1989 年，他开始系统学习书法理论，对书法作品有了更深刻地理解。敖永才在书法创作中善于吸收前人的艺术精华，形成自己的艺术风格。对魏碑、隶书、行书、草书、篆书皆下过很多功夫，尤以小楷闻名。他注重观察思考，提炼升华。其作品章法考究规范，意蕴深远，雄秀相兼，神采飞扬。用笔凝重苍劲，简洁流畅，可谓“盈而不塞，艳而不媚”。2001 年 10 月，文化部文化市场发展中心艺术品评估委员会评审其作品价值为：小楷每平方米 3600 元、行书 900 元，等级为三级。

1987—2015 年，敖永才 40 多幅书法作品先后在国内外书画大赛中获奖。部分书法作品入编大型书画集《东方书画长城巨卷》、《中国近现代书画选集》、《香港书画笔艺会会员作品选集》、《中国巨变·当代中国书画摄影作品集》、《纪念毛泽东同志诞辰 110 周年艺术精品集》、“中国精神文明系列丛书”、《中华热土》丛书，在韩国、日本、新加坡、马来西

敖永才获“中日文化交流使者”荣誉称号牌匾（2009 年）　烟店镇　提供

亚、泰国、加拿大、巴西等国家和地区展出并被收藏。个人先后入选《二十世纪中国人物大典》《人民艺术家》《二十世纪中日书画名匠集》，获中日、中泰“文化交流使者”荣誉称号。

敖永才还先后担任安陆市老年书画研究会副会长、香港书画笔艺会会员、中国书画艺术促进会会员、世界华人文学界联合会会员、中国文化艺术研究中心书画师、中国老年书画研究会湖北分会会员、日本东京中国书画院高级院士。

2002 年，敖永才申请加入中国共产党，成为安陆当时年龄最大的入党党员。

从中学教师岗位退休后，他为镇上中小学生义务担任书法辅导员，用自己的退休工资为困难学生购置笔墨纸砚。10 余年间，先后为 2000 余名中学生无偿提供书法辅导。

2015 年 2 月，敖永才确诊膀胱癌晚期。3 月，敖永才填写《湖北省志愿捐献遗体申请登记表》，成为安陆遗体捐献第一人，也是孝感年龄最大的遗体捐献者。6 月 21 日，敖永才离世，遵照本人遗愿，遗体被华中科技大学同济医学院接收，用于医学教学研究。7 月 29 日，敖永才上榜 7 月“湖北好人”榜（助人为乐类）。

晋太原中武陵人捕魚為業緣溪行忘路之遠近忽逢桃花林夾岸數百步中無雜樹芳草鮮美落英繽紛漁人甚異之復前行欲窮其林林盡水源便得一山山有小口髣髴若有光便捨船從口入初極狹纔通人復行數十步豁然開朗土地平曠屋舍儼然有良田美池桑竹之屬阡陌交通雞犬相聞其中往來種作男女衣著悉如外人黃髮垂髫並怡然自樂見漁人乃大驚問所從來具答之便要還家設酒殺雞作食村中聞有此人咸來問訊自云先世避秦時亂率妻子邑人來此絕境不復出焉遂與外人間隔問今是何世乃不知有漢無論魏晉此人一一為具言所聞皆歎惋餘人各復延至其家皆出酒食停數日辭去此中人語云不足為外人道也既出得其船便扶向路處處誌之及郡下詣太守說如此太守即遣人隨其往尋向所誌遂迷不復得路南陽劉子驥高尚士也聞之欣然規往未果尋病終後遂無問津者

敖永才书法作品——《桃花源记》

碧山春秋　　　　李建峰　摄

艺文

白兆山独特的地理环境，丰富的李白文化资源，引历代诗文大家在此流连，并赋诗赞美，也引领烟店民众在诗文的道路上攀登，尤以诗词创作为盛。2015年，烟店镇被评为“湖北省诗乡创建先进单位”。

诗词

历代题咏白兆山诗词作品选

读书台

〔唐〕杜光庭

山中犹有读书台，风扫晴岚画障开。
华月冰壶依旧在，青莲居士几时来。

白兆山

〔宋〕范雍

车盖聊引步，浮云镇消忧。
郧川梦泽地，古迹堪询求。
白兆桃花岩，翰林栖此丘。

郧上谣四首（其一）

〔宋〕秦观

昔闻白兆山，李白读书处。
我欲往从之，山中多雾露。

白兆山

〔元〕郝经

旗尾拖涧云，鼓行断横谷。
敌人隔林望，坐甲不敢出。

白兆有居民，烟萝蔽乔木。
负担来迎降，马首争蒲伏。
为闻不杀令，又复治安陆。
万死乞余生，焦土觅旧屋。
老人翻白发，南望吞声哭。
松楸却成林，到此死亦足。
载说桃花岩，醉墨苔藓绿。
每于秋月下，似有飞仙读。
遽令巾其巅，重为赐米肉。
偏裨好护送，纵归不令宿。
喜气动江山，迢遥肆遐瞩。
安得与李白，云窗对修竹。

桃花岩诗

〔元〕贯云石

白兆山桃花岩，太白有诗，近人建“长庚书院”。来京师时，中书平章白云相其成，求诗于祠林臣李秋谷、程雪楼、陈北山、元复初、赵子昂、张希孟，与仆同赋。

美人一别三千年，思美人兮在我前。
桃花染雨入白兆，信知尘世逃神仙。
空山亭亭伴朝暮，老树悲啼发红雾。
为谁化作神仙区，十丈风烟挂淮浦。
暖翠流香春自话，手燃烟霞皆细末。
几回云外落清啸，美人天上骑丹鹤。
神游八极栖此山，流水杳然心自闲。
解剑狂歌一壶外，知有洞府无人间。
酒酣仰天呼太白，眼空四海无纤物。
明月满山招断魂，春风何处求颜色。

涢城西沧浪榭

——调寄渔家傲

陈宦

一抹斜阳衔白兆，沧浪古榭凌波倒。涢水烟波天际杳。淹晚照，孤帆远影飞归鸟。独立黄昏将到了，东升蟾魄如盘小，万古清光常不老。歌水调，数声长笛渔家傲。

中华诗词学会，省、市诗词学会在烟店采风诗词选[①]

安陆白兆山步唐朝李白《山中问答》韵

李文朝

谪仙隐迹在名山，千载风骚非等闲。
岩下桃花依旧笑，诗情已上碧云间。

烟店采风

李明波

文思不羁如涌泉，碧山涢水舞蹁跹。
休言十载蹉跎客，酒隐云中号谪仙。

安陆怀李白

罗辉

乘流别巴蜀，长啸入空山。
古国一垂顾，盛名千古传。
青云深处杳，白水静时寒。
待到三春日，漫天啼杜鹃。

① 2015 年，中华诗词学会，省、市诗词学会到烟店检查诗乡创建工作时所作诗词。

观烟店镇农民书画李白诗词长廊有感

李进才

张张书画汇长篇，何事农村墨浪掀。
太白狂吟诗若雨，遗风飘洒到乡间。

咏安陆李白洗笔池

向进青

酒隐安陆府，蹉跎十载歌。
笔池千万洗，诗赋啸长河。

题烟店镇碧山诗社

巴晓方

酒隐逢烟店，吟肩倚碧山。
民心怀太白，诗画满村湾。

楹联

白兆山森林公园摘抄

朗月亭

朗月长天桂树广寒遐想引得稼轩填词太白吟诗东坡献赋
碧山银杏人文胜境此地可比子云台榭杜甫草堂书圣兰亭

醉月轩

把酒吟诗醉书山韵海无人无我
游亭赏月看翠竹苍松有色有声

李白诗画长廊

数番苦雨几劫沧桑喜天霁风清邀诗仙跨鹤归来翰苑擎旗扬国粹
一涧桃花半池墨液真地灵景艳扫雾霾随云散去长廊镌锦颂明时

李白传说漫画墙

贵妃捧砚力士脱靴急就三章惊北阙
肉食无谋谪仙多智草书一道却南蛮

碧山诗社会员楹联

上联：抗战八年艰苦卓绝垂青史
下联：建国七旬奋发图强展宏图
横批：华夏奋起

——为抗战胜利七十周年撰联

上联：登高望远华夏名景共欣赏
下联：饮酒赋诗人间圣地同相逢
横批：雄风横空

——写在李白纪念馆开馆之日

上联：新农合新农保国家政策愈改愈好
下联：门诊费住院费报销比例越来越高
横批：政通人和（活）

——写在提高新农合报销比例之年

散文

爱登白兆山

易千元[①]

也许是近水楼台的缘故，我在安陆居住的28年期间，几乎年年登白兆山。最早的一次是在上个世纪80年代，我在城关镇当团委书记时组织的一次登山比赛，登的就是白兆山。当时我们中的绝大多数人都是未婚青年，包括我，我们手足并用从北麓爬上白兆山顶把团旗插在传说为李白亲手所栽的千年银杏树旁合影留念，对未来充满无限期待。每一张红扑扑的脸写满了青春的骄傲和自豪。

后来我先后在安陆报社、宣传部、文化局、文联工作20多年，因为工作的需要，经常陪同电视台记者、李白研究专家、学者、画家、诗人和各类慕名而来的客人登临白兆山。我说不清是什么缘由，从来没有重复厌烦的感觉，总是满怀激情，百登不厌，常登常新。

白兆山，海拔高度只有380多米，与巍巍昆仑或五岳之首泰山相比只能算是一座土丘。然而山不在高，有仙则名，只因李白在山脚下住过十年，使这座仙山驰名中外，令人神往。

我见过一些很牛的人，他们本身被别人仰视。然而当他们来到白兆山的时候，却以朝圣般的心情景仰着这里的一切，康震如此，二月河如此，刘醒龙如此，罗漫、陶文鹏如此，碎叶城的文化参赞和政府官员也莫不如此。

他们景仰的是关于李白的一切，他们敬畏的是一个天才诗人。而我之爱登白兆山，

① 易千元：湖北省作家协会会员，安陆市文联原主席。本文原载《孝感日报》2013年4月17日第4版。

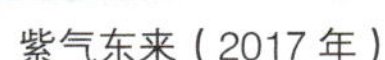

紫气东来（2017 年）　　喻磊　摄

是因为山的海拔高度不至于让人望而生畏，而山的自然景观却让人悦目赏心。这里峰回路转，山峦叠翠，鸟语花香，甘泉流长，白兆寺、桃花岩、李白读书台、太白堂、太白林、绀珠泉、洗脚塘、洗笔池等与李白相关的遗址遗迹散落其间。每一处停歇，莫不进入诗的意境；每一处游走，都会让你浮想联翩；“我本楚狂人”，在这块石下留影，每个人都能找到内心深处属于自己的自豪；“李白读书台”，在这座山下仰望，每个人都会进入一种内心的宁静；而最为奇特的是，南天门外的一块山形与山石竟跟传说中的天庭极为相似……

白兆山，的确有一些仙气在；白兆山，自有她的神秘。无论你抱着何种心态来，都会得到身体的锻炼，心灵的感悟和境界的提升。如今，白兆山又增添了许多人文景观，步道也进行了整修，李白纪念馆的开放让我们能够了解和感知更多的关于李白的精粹。

问余何意栖碧山，笑而不答心自闲。如果说钱冲美景是安陆旅游的精华，那么李白和白兆山，就是安陆旅游的灵魂。

“三月三，上白兆山”，农历三月初三是上巳节，是水边饮宴、郊外游春的节日，也是皇帝的生日、道教真武大帝的生日和王母娘娘开蟠桃会的日子。在白兆山顶的三清殿里供奉着真武大帝的神位，在另一座山峰上竖立着李白的高大石雕，如今的白兆山不仅是道教圣地，同时是诗仙隐居的地方。这里涵盖了诗道文化的深刻内涵。在这草长莺飞、万物争绿的季节，我们还犹豫什么呢？带上你的地米菜和煮鸡蛋，来登白兆山。

千山看尽，最忆君

——安陆白兆山纪行

刘鸿凌[①]

我遇见过壶瓶山的媚，邂逅了的庐山的奇，艳慕于黄山的秀，惊叹了华山的险……但我知道：我与它们，纵有忍不住爱到心里去的万千情愫，但只能是镜花水月的虚妄，彼此互为过客。

今生，会有哪一座山，能娴雅地等我登临并与我明亮缠绵？可是我一再地蹉跎，错过了许多花枝摇曳的季节后，才与几个清雅如竹、志趣相投的朋友走进了白兆山。

阳光在春日的树叶上孵化出晴朗的季节，我们驱车而过烟店街，进入白兆山生态文化旅游风景区入口——古朴挺拔的牌楼山门，沿盘山公路蜿蜒而上，来到平坦宽阔的太白广场。

广场东北隅有座小巧玲珑、凌空欲飞的古典建筑——翰林轩。静卧山谷之中的翰林湖，山影云光浮波微漾，旁有形似酒壶的数亩小潭，与之成姊妹湖。翰林湖畔，背倚山麓建有朗月亭，清漆亭柱，青瓦似黛，飞檐如翼，四周如屏，静谧幽雅。

漫步湖边步道，见山水之间有一木构长廊，依湖堤逶迤伸展，入口处有楹联可瞻，廊内收录李白书法真迹及历代名家手书李白诗文碑刻近百幅。整个长廊将诗歌、书法、雕刻、建筑等艺术融为一炉，游人至此，可尽享艺术盛宴。

过醉仙石，迈上雕有龙凤仙鹤图案的台阶，气势恢宏、金碧辉煌的李白纪念馆主楼巍然耸立在眼前，给人以强烈的视觉与心灵的震撼。

名人与名山总有不解之缘。

“问余何意栖碧山，笑而不答心自闲。桃花流水杳然去，别有天地非人间。”当年李

① 刘鸿凌：中学高级教师，湖北省特级教师，湖北省作家协会会员。本文原载胡雪城主编、管淳执行主编《走进文化孝感》，164 ~ 168 页，武汉出版社，2015 年。

白意气风发、仗剑出川的时候，这个浪漫俊雅的川西男子，一定不会想到安州会让自己心动神驰，会让自己遇见命中的女子，栖居桃花岩畔，和着艳阳云影，过着好一番清正飞扬、神仙眷侣般的日子。

婚后的生活令他阳光帅气，此时的他，雄心满满，渴望凭自己的才华与名声，在这风云际会处，找到一条参与政治并有所建树的仕途捷径。

“人生弹指芳菲暮”，十年酒隐，十年蹉跎，十年相依，尽管他们的生活中也有过惊涛骇浪般的波折，但更多是温情关爱。此后，无论他身在何处，无论他是否锦衣素服，安州，白兆山，总是他心头抹不去的一座青峰，一池春水，一树春花，一陌杨柳，一窗月光，是他终生怀念的港湾。

一代诗仙，青葱白兆；千载之间，后人凭吊。

桃源谷遗址遗迹景区位于白兆山南麓。

桃花岩峭壁摩天，因古代山岩上下长满桃树，花开时节，灿若云霞，故名桃花岩，因李白多年寓居，后世又称谪仙岩。

桃花岩下，伫立着一道粉白石壁，壁嵌大理石碑，上有楷书“白兆寺”数字，这就是白兆寺遗址所在地。寺前有一平坦土台，据说是古代寺僧讲经说法之处。

白兆寺东南相对处的青龙山，松林清幽，传说李白常在林中读书赋诗，倚树小憩，人称太白林，李白读书堂也坐落在此。

桃源绀珠泉，泉水澄澈，天旱不涸，冬不结冰，四季水流如一，当地人称龙王井。泉水清冽甘甜，为烹茶上品，历代文人争相题咏。

泉下桃花潭，形似葫芦，相传是桃花仙子沐浴之处，此地藤萝蓊郁，杂花生树，馨香四溢，颇有仙味仙意……

风景与历史，沿着这些遗址遗迹，流进了我心里，我似乎看见了李白纯净的眸子，仿佛听见了他那颗纠结于入世和出世的心跳。

中国名山文化，似乎都与宗教结缘。宗教与名山相遇，彼此互有灵犀，相互成就。

白兆山自古为道教灵山，镇山之神即玄武神，宋时为避讳，改“玄”为“真”。攀上陡峻的南天门，来到太白峰祖师顶，迎面可见一组古意盎然的道教宫观——玄武宫，在斜阳里静穆肃立。正殿供奉真武神像，前立老君丹炉，四周砌有石墙。

太白峰顶较为平坦，茂林深秀，四面绝壁千仞。俯瞰山松凝露，惊滴滴悬空；静听泉韵轻吟，弃俗尘分忧，是清修的好地方。

仙山胜境（第一届“千年银杏　诗画安陆”全国摄影大展入展作品）（2012 年）

李儒智　摄

二十世纪末的一个春天，武当山第十四代道长真弘子为武当建道教别院选址，前来白兆山考察，并为白兆山祖师殿题字，留下一段当代道教交往佳话。

祖师顶东面悬崖下有一蔓草遮掩的溶洞，传说是祖师爷刚到白兆山时的栖身之地。

祖师顶东面一峰隆起如牯牛项脊，名黄牯山，传说山岗下有一巨大的褐色碣石，乃白兆山的石门，山中有金牛。龙泉观就在山脚空谷里，旧时法会场景，甚是热闹。

走过林木幽深、百鸟鸣啭的红毛洼，便到陡崖白虎岭。岭上有座古意盎然的娘娘庙，至今香火鼎盛。庙前山崖石柱上，镌刘洪彪草书“我本楚狂人”。旁边白云泉，不知是谁的乡愁，泛滥成这泓泉水的深幽。

神奇的斗笠岩，现存宋神宗熙宁戊申题刻、宋代安州四状元之一郑獬携好友秋游白兆山题刻和明武宗正德年间题刻三处，多为楷体，笔力遒劲，刻工精细，字迹清晰可辨。1992 年，斗笠岩摩崖题刻被列为湖北省重点文物保护单位。

流连于翰林湖李白文化景区、桃源谷遗址遗迹景区、太白峰道教源景区，文化名山的厚重底蕴与泱泱气势，在我心湖激荡。

这世间，“情”字最是缠人。为了解开我深沉的情结，我搜肠刮肚，钩沉史料，终于弄清了白兆山的前世今生。

关于白兆山的资料，最早可追溯到上古典籍《尚书．禹贡》：“熊耳、外方、桐柏，至于陪尾。”司马迁《史记》称“负尾”。班固《汉书．地理志》明确记载：“横尾山，在江夏安陆县东北，古文以为陪尾山。”西汉司马相如的《子虚赋》更加形象地描写了安陆白兆山的高淼景观。最早明确称之为“白兆山”的史籍是唐代令狐德棻编纂的《北周书》。此后，宋、元、明、清各个历史时期，“白兆山”成为安州、德安府一个常见的地理名词。

山重水阔不可量，历代自有深情人。

青峰之下，绿水岸边，总有气度高雅，举止从容的男子在探幽揽胜，在深沉思考：“地势下临郧子国，山光遥射楚王城。唯有桃花岩上月，曾闻李白醉吟声。”（〔宋〕李通儒）

宋代名臣范雍被贬户部侍郎、知安州期间，闲暇时常到白兆山游览，曾作《桃花岩》诗。像他这样清雅如竹的男子，心思是广大而深重的，一入白兆山，天地间有无知己，于他而言已不重要。

宋代词坛大家、“红杏尚书”宋祁居住安陆期间，常与友人畅游白兆山，并与白兆山高僧惠远等倡议结成诗社，纵谈佛学，品诗填词，写下多首吟咏白兆山的诗篇，读他的诗篇，让我想起那些平易从容、深藏如水的男人。

宋代布衣宰相范纯仁谪通判安州期间，于政事之余，常游览白兆山，同白兆寺僧重素常有交游，并应邀撰写了《安州白兆寺经藏记》，刻碑立于寺内。范纯仁不是一个锐利的男子，但他学识出众，气度沉稳，体察民情，深得民心，他的登临，使白兆山锦上添花。

宋代状元郑獬、参知政事蔡确、诗文大家黄庭坚、学者王得臣、著名词人秦观等，都与白兆山结下了不解情缘与诗缘。或许，人与山的默契，如世间相爱到极致的男女，彼此相知心花摇曳。

清奇古朴的白兆山，与其说是李白的潜隐处，不如说是历代文人渴望超拔世俗的寄托点，这里没有世俗的炎凉与怠慢，有的是高层次文化知音们跨越时空的沟通与交流。他们爬山涉溪，攀藤跃沟，不畏艰辛，皆源于心中对精神沟通的企盼，对文化传承的自觉担当。

往昔的白兆山，因文人雅士们的流连厚爱而盛名远播；今天的白兆山，因时代的眷顾更加风流蕴藉。它不仅是文人墨客的象征、宗教文化的圣地，更是地域、民族文化与时代发展的缩影，人们对着它：想人生，思荣辱，知使命，明担当。

“一抹斜阳衔白兆，沧浪古榭凌波倒。涢水烟波天际杳，淹晚照，孤帆远影飞归鸟。”民国初年陆军上将陈宧描写白兆山美景的诗句，似玉珠落入我的心湖。

“晓入白兆露气清，天风飞下步虚声。尘缘未尽身在此，心思深处桃花情。”眼神里一种淡淡的惊喜，掩不住萋萋芳心的沉沦。于风动林涛、淡烟软月中归来的我们，沉浸在那梦幻一样绰约动人的山姿山韵文化雅情里，让我们的一颗幽心，在岁月的风尘里，感受着大自然无与伦比的鬼斧神工与历代人文精神的可歌可泣。

千山看尽，白兆山镌刻在我记忆深处。

剧本

大姑爷坐席[①]

（眉户小戏）

编剧：黄华科，板路设计：张毓贤

（摘录）

（本摘录内容为剧本的后半部分。前情提要：身为农民的大姑爷到嫂嫂家帮忙种麦子，吃饭前得知当乡长的二姑爷也要来，已安排大姑爷坐上席的嫂嫂为了讨好二姑爷，想尽办法让已坐在上席的大姑爷让出上席席位，给二姑爷坐。）

人物

大姑爷　四十岁。

嫂嫂　四十多岁。

秀英　十六岁。

[农历立冬前夕。

[嫂嫂家堂屋。

大姑爷：（感慨地）唉，我这个做大姑爷的，有什么神气啊，人家当乡长，我大，他比我还要大，我是白做了一个大姑爷。

（唱紧西京）气气气，越想越有气，二姑爷当官好神气，大姑爷种田受瘀气，嫂嫂她势利眼给我窝囊气。

（唱岗调）怨气瘀气窝囊气，气得我大姑爷胀肚皮。

（唱五更）我靠双手夺丰收，他凭乡长把条批，哪一国的规矩哪一家的礼？为什么

① 《大姑爷坐席》由烟店镇水寨村人黄华科于 1984 年创作完成。1985 年 6 月 29 日，在首届全国农村业余戏剧创作评奖活动中获一等奖。

社员要让给乡长坐上席？

（赌气地大声道）我与你二姨夫一样金贵，我与你刘乡长一样值钱，凭什么我要让给你坐上席？我不让，我偏不让！（坐在上席上，欲喝茶，茶碗空；欲抽烟，烟盒里无）唉！坐在这里也没得多大的意思。

（接唱岗调）我越思越想越想越思实难咽下这口气，何必在此卖脸皮。走！［大姑爷走身拿衣帽、牛鞭欲下。秀英上。

秀英：大姑爷，你？

大姑爷：（带气地）跟你妈说一声，我回家去了。

秀英：（拦）为啥呀？

大姑爷：不与你相干。（欲走）

秀英：（扯住大姑爷，大喊）妈，大姑爷要回去。

嫂嫂：（急上）啊，你要走？

大姑爷：我不走，未必还留在这里过年？

嫂嫂：（拉大姑爷坐二席）要走也得吃了饭走。（抢过衣物）

大姑爷：肚子胀饱了，哪个还吃得进去！

嫂嫂：（苦笑）麦子还没有替我播下去。（按大姑爷坐）

大姑爷：叫他二姑爷来帮忙。

秀英：叫二姑爷来种麦子？（笑）要说这种田的本事嘛——

嫂嫂：他怎么能跟你大姑爷比？

大姑爷：这么说，还得靠我来？

嫂嫂：请的你嘛！

大姑爷：我还蛮金贵的！

嫂嫂：求的你！

大姑爷：求我？求我的什么？给你办救济？办贷款？批条子？

嫂嫂：求你帮我种麦子。

大姑爷：种麦子？嘿嘿，（发泄地）我怕你是要我来耍猴——子。（起身欲拿衣物走）

嫂嫂：大姑爷，你消消气！（拉）

大姑爷：莫拉哟！

嫂嫂：秀英，（暗示劝大姑爷）麦子还没种下去。

秀英：算了，你就让大姑爷回去。

嫂嫂：不种麦子明年吃什么?

秀英：化肥又没买到。

（大姑爷欲走，听此话站住）

嫂嫂：啊？又卖完了?

秀英：还有，就是不卖。

嫂嫂：是不是你把二姑爷的批条搞掉了?

秀英：莫冤枉人。（掏出批条）你拿去。

嫂嫂：（捧条）这可是乡长的批条啊！为什么不卖给我?

秀英：他们说，眼前化肥需要量大，暂时供不应求。有化肥时，敞开供应；没得化肥，批条也无效。

嫂嫂：（呆立）这咋得了啊！（哭腔）没得肥料，麦子就种不成，明年就没得活路。

大姑爷：（心软了）莫把人愁死了啊，慢慢想办法。

嫂嫂：还有什么办法想吗？连他二姑爷批的条子都不管用。

大姑爷：（脱口而出）这化肥买得着。

嫂嫂/秀英：（高兴地）啊？买得着?

大姑爷：（发觉漏嘴了，即改变口气）不过，也不容易哟！

嫂嫂：我说嘛，除非你比乡长还要硬。

秀英：大姑爷，求你想个办法嘛！

大姑爷：（没好气地）找你的妈。

秀英：妈，怎样办呢?

嫂嫂：（烦躁地）你莫逼我，莫——逼——我

（唱山茶花）愁死人，急死人，心烦躁，不安宁。乡长的批条没作用。

大姑爷：（旁白）看她急成这个样。

（接唱）我有心帮忙——

咳，我又何必呢?（对嫂嫂）嫂嫂，只要有肥就好办，你何不再去找二姨夫——

（接唱）去求情！

嫂嫂：（喜）对对，只要有肥就好办。秀英——

（接唱岗调）快去找你的二姑爷。

秀英：我已经去找过。

嫂嫂：他怎么说?

秀英：那是上面拨下来的专肥专用，任何人不能随意动一包。

（接唱）二姑爷对此也无门。

嫂嫂:（绝望）唉，还有啥说头呢!

（唱劳子）悔不该没把肥料提前买回家，悔不该把这批条当本经。（掏出批条）早知这批条没作用，何必为他得罪人。（欲撕条，大姑爷拦）

大姑爷:（大笑）哈哈哈……

[母女二人不解其意。

秀英：大姑爷，你，你还笑?

嫂嫂：我这是自作自受啊!

大姑爷:（坐在二席上，跷起二郎腿，扬眉吐气地）这回再来看我的。

嫂嫂：看你的?

秀英:（拍手大喜）好了，二姑爷办不到的，如今大姑爷也能办到。

嫂嫂:（怀疑）你，莫穷开我的心罗?

大姑爷：穷开心?好，那就试一试。拿来!

嫂嫂:（误解）你要喝茶?秀英，给你大姑爷换好茶来。

大姑爷：不是的。

嫂嫂：啊，抽烟?给大姑爷拿好烟来。

大姑爷：也不是的。

秀英：大姑爷，你要什么，尽管说。

大姑爷：笔、墨、纸。

嫂嫂/秀英:（惊）笔、墨、纸?

嫂嫂：你要这些名堂搞什么?

大姑爷：嘿嘿，给你们家画个批条呀!

嫂嫂：批条?

大姑爷：批条。

嫂嫂：你?

大姑爷：我。

嫂嫂：（轻蔑地）秀英，去拿文房四宝来，你大姑爷要与我家批条了。（秀英应声下）（唱紧西京）稀奇稀奇真稀奇，麻雀变成了花公鸡。

大姑爷：（接唱）得意得意好得意，玩泥巴的提笔把条批。

秀英：（接唱）高兴高兴真高兴，大姑爷替我家解难题。大姑爷，笔墨都拿来了。

大姑爷：好！

（接唱）乡长不中有社员，纸呢？

秀英：找了半天没找到。

嫂嫂：（接唱）到供销社买张又白又好的。（秀英欲走）

大姑爷：算了算了，就在二姨夫这张批条上写。

嫂嫂：（拦）这不成了批条上面盖批条？

大姑爷：不碍事，不碍事。（欲动手）

嫂嫂：（又拦）他总是乡长嘛，你总是个……

大姑爷：我倒要看看是哪个批的有效。

秀英：对，这叫“竞争”。

大姑爷：对，这叫批条竞争。

（背唱岗调）不为上席为争气。

嫂嫂：（背唱）看他怎样吹牛皮。

秀英：大姑爷，你就写吧。

大姑爷：（欲写停笔）

嫂嫂：怎么呢？

大姑爷：这站不站坐不坐的，没得个样式，叫我怎样写法？

嫂嫂：秀英，把那张木椅子搬来给你大姑爷坐。（秀英搬椅。大姑爷欲坐，写又停笔）

嫂嫂：又怎么呢？

大姑爷：这个位子光线不好，是不是——（指上席）

嫂嫂：（不乐地）那就搬过去呀。（将藤椅换成木椅）你再写吧。（大姑爷欲写，又停）

大姑爷：这张鬼椅子，硬得我的屁股哟……

[嫂鄙视地不理。

秀英：妈，大姑爷要坐藤椅呢。

嫂嫂:(强忍住气)你搬。(秀英换椅)

秀英：大姑爷，你坐。

大姑爷：嘿嘿，现在，就开始写啦。(欲写又停)

嫂嫂:(忍不住，烦躁地)哎哟，我的大姑爷，你架子还不小呀！又要怎么啦?

大姑爷：嘿嘿，没有什么事，难为你帮忙把纸牵一下。

嫂嫂:(啼笑皆非)你？你好大的派头！

大姑爷：你去问问二姑爷，批条子的人，没得这个派头，是批不出来的哟！(嫂嫂气极不动。大姑爷放笔，站起)没得人帮忙，这条子是批不成的！

嫂嫂：你装腔作势，我晓得你成不了个气候。

大姑爷：你不相信我，好，我就走了啊！(佯拿衣物欲走)

秀英:(拦)妈，没得批条就买不成化肥。

大姑爷：没得化肥就种不成麦子。

秀英：不种麦子明年就没得活路。

嫂嫂:(勉强地)好，就依你。(与秀英牵纸)

大姑爷：这还差不多！(写)

(接唱岗调)大姑爷今日把条批，

高了，放低一点！

(接唱)坐上席靠藤椅好不得意。

矮了，大矮了！

(唱山茶花)一张纸条二人写，

你也批来我也批，批条是为了争口气，不是为了坐上席。提起笔不由我百感交集……(停笔凝神，摇头感慨)

嫂嫂:(见状)咋？不敢写了吧？哈哈哈……

秀英:(担心地)大姑爷，你?

嫂嫂：我晓得你是在吹牛皮。不能写就算了。(欲放纸)

大姑爷：你要买多少?

嫂嫂:(背白)哟，你看他那张嘴壳子，还这么硬。(对大姑爷)那你能批多少呢?

大姑爷：你需要多少?

嫂嫂：两千七百斤。

大姑爷：好！（写）

（接唱）批给你化肥两千七。（一挥而就）

嫂嫂：秀英，你快念。

秀英：（念）“供销社：请把县政府拨给我的农奖化肥，卖给来人两千七百斤。社员：张永田。”哎呀，妈吔，原来供销社里那几吨化肥，就是县里奖给大姑爷的呀！

嫂嫂：（惊呆，陌生地望着大姑爷）那些化肥都是奖给你们专业户的？

秀英：大姑爷，你真有本事。

嫂嫂：（内疚地）哎呀，大姑爷，我的好兄弟！

（唱戏秋千）错错错，错赶鸭子爬山坡，错把鸡子赶下河。错把客人分等级，错把你大姑爷当茗货。秤杆不平秤砣错，水没端平嫂嫂的过。委屈了你，惭愧了我，

秀英：你快去端菜拿酒桌上搁，我要——

（接唱）斟一杯赔礼酒，与你大姑爷喝。

大姑爷：嫂嫂，你莫客气。（拉秀英坐）

嫂嫂：你坐。（拉过秀英）你去端酒。

秀英：哎，（欲进厨房，从窗口而过，发觉窗外）哎呀。妈，二姑爷来了。

大姑爷：（惊站）啊！？

嫂嫂：（平静地）坐，你坐下。

大姑爷：嫂嫂，说实话，真要他当乡长的来陪我，我……

嫂嫂：人不求人一般高，再说他当乡长的进门还要喊你作哥哥哩。

大姑爷：嘿嘿，刚才是闹着玩的，出口气就算了，还是让我走吧！（欲走）

嫂嫂：（阻挡）好兄弟，这回，我这个当嫂嫂的要发号施令，听我的，坐上席。（按大姑爷于上席上）

大姑爷：这，嘿嘿，嫂嫂，这样吧，坐了上席就不坐藤椅，上席，藤椅，互相搭配，公平合理嘛！

［嫂嫂、秀英开心地大笑。

秀英：大姑爷，你的心真好，莫急，屋里还有一把藤椅，你就安心坐下来吧！

大姑爷：这……

嫂嫂：你坐——下——来。

大姑爷：那我就多谢了！（坐）

［秀英发现二姑爷进了前屋，急迎下去，边跑边喊："二姑爷，我们候你半天了！"

［嫂嫂、大姑爷原地站起，向二姑爷方向招呼。

——剧终

民间传说

李白在安陆的传说

李白出世　李白为么事（烟店方言，"为什么"的意思）那么聪明？因为他不是凡人，是天上的太白金星下凡。

那年，唐明皇下令在京城修了座广寒宫，修得跟月宫的广寒宫差不多，引得月宫里的嫦娥和仙女们经常到京城的广寒宫来玩。

八月十五的晚上，唐明皇喝了酒，到广寒宫去玩，正遇到月宫里的仙女们在那里跳舞，一个个有沉鱼落雁的容貌。唐明皇一时忘了形，说："你们要是留在凡间，我就让你们在朝中侍奉君王。"

仙女们一听，个个气得脸发紫，领着仙女跳舞的嫦娥带着仙女们回月宫去了。

嫦娥一上天，就到玉皇大帝那里去奏本，说唐明皇败坏朝纲。玉皇大帝一听，立刻把青龙星降到凡世去坏唐朝的江山。

这个时候，太白金星出来奏了一本，说："唐朝的江山气脉还未断，应该把白虎星放下凡保唐朝。"白虎星就对太白金星说："要下凡我们俩一起下去。"玉皇大帝就叫他俩一路下了凡。

青龙星腾云走得快，一下凡就投胎成了安禄山。白虎星会跑走得快，下凡投胎成了郭子仪。太白金星走慢了一步，在天上转了半天，只看到洛阳桥下一条船上站着一个千娇百媚的船家姑娘，就到这个姑娘身上投了胎。

这个船家姑娘正站在船头撑船，忽然白日做了一个梦，梦见天上闪了一道白光，立刻觉得一个东西钻进了肚子。没几天，她就有了身孕。姑娘未出嫁就怀了孕，是败坏门风的事，爹娘就把姑娘赶出了家门。姑娘顺着大路往前走，突然感到腹中剧痛，走到一棵正开着花的李子树下，生了个白胖的儿子。

姑娘眼看着自己的儿子，不晓得（知道）小伢（小孩）的父亲是哪个，也不知小伢应该姓什么。她想了一会儿，看到了身边的李子树，就让小伢姓李，又看到李子树上的花开得一片白，就把小伢的名字叫白。李白就是这样出世的。

李白出世没几多时，就能吟诗作对，读书过目不忘。长大成人后越发聪明，诗文天下第一，后来还到朝中点了翰林，这都因为李白是太白金星下凡的缘故。

（何宽广　讲述，肖成强　搜集整理）

大安寺前的两棵大柏树　李白是天上的仙人下凡，他要归天的时候，怕自己的坟墓被人家盗了，因为随么事人（烟店方言，“任何人”的意思），只要得了李白的骨头就能长生不老。

李白想了好长的时间，才想出了一个好办法，把自己归天后的事跟家里的人吩咐了。到了李白归天的时候，李白的后人从屋里抬出了四副一模一样的棺材，分别到李白住屋的前后左右四座山上埋了，修了四座墓。

过了好多年，有人想去偷李白的骨头，就把四座山上的四座墓全部挖开了，哪晓得四个棺材里头全部是空的。不光李白的墓找不到，就连李白的夫人许氏葬在哪里，也没得人晓得。又过了不晓得几多年，大安寺前头山上的两棵大柏树成了神树，哪个的屋里有了灾祸，只要到树下去烧香化纸，屋里就能消灾去祸。要是哪个贪心折了树上一根枝丫，碰了树上一块皮，哪个的屋里就会有灾祸。

为么事这两棵柏树有这么神呢？原来李白和许氏夫人生前就约好了，死后都葬在这里，坟上各栽一棵柏树。这两棵柏树得了李白夫妇的仙气，所以成了神树。

直到今天，那两棵柏树还是长得好好的，周围的人不光自己不碰那两棵树，还不准别个去碰那两棵树。

（王道人　讲述，肖成强　搜集整理）

李仙人与晒经坡　李太白来安陆后，就住在白兆山的一个寺庙里，这个寺庙就是有名的白兆寺。朝夕与和尚们在一起，吟诗作赋的余暇，也和他们一起谈经说佛。和尚们发现李白不光是诗才出众，对佛学也有极深的造诣，就主动地推荐经书给他读。白兆寺的经书特别多，堆起来能装满满的一间屋子。可是，没有多久，李白便把这些经书全部读完了。

这是一个八月十五的晚上，老方丈邀李白到寺东边小山上去赏月。皎洁的圆月，正从天边徐徐升起，后来又像玉盘一样悬挂在他们的头顶，仿佛伸手便能抓到。整个山头都镀上了一层白银。耳边松风微微，偶尔一阵野花的清香沁入肺腑，真是神仙般的境界。

李白在安陆（2007 年） 张文斌 作

方丈吩咐随身的小和尚摆下酒菜，便和李白对酌对饮起来。酒至半酣，李白对方丈说："承蒙方丈厚爱，给我那许多经书读，使白获益匪浅。只是如今全部读完，不知庙中还有其他经书没有？"老和尚一听大为惊讶，答道："学士过目成诵，如此捷才，实在少见。再索取经书，却是没有，很是抱歉。"这时，一直站在旁边伺候的小和尚突然插话说："正殿神龛中不是还藏有一部经书么？何不借给学士一阅？"谁知方丈却连连摇头说："不成，不成。"李白见此情景忙问何故，老和尚推诿不开，只好如实讲道："非是贫僧小气，只因此书是我十世师祖从印度带回的一部般若经，国内也仅此一部，实为国宝。况且年代久远，纸页腐蚀，字迹模糊，就是我平时也不敢用手指碰它一下。此中情由，还望学士体谅。"李白说："如此罕见的经书，让他空置岂不可惜。何不翻抄一部，让世人见识见识？""谈何容易啊！"方丈叹口气说道："一则世上很少有人识得那上面的字体，二则那书是再也见不得日光，倘使日光一照，非化成纸灰不可。因而即使有人能够翻抄，也只能在一个晚上将它抄完，世上哪能寻到如此快手？想不到此书竟毁在我的手里，实在是罪孽。"李白一听，哈哈大笑起来，说道："这有什么难处，白虽不才，然自认为可当此任。今晚月光明亮正好翻抄，不妨请方丈一试。"老和尚见李白自告奋勇，心中好不欢喜，口里不住连声地念起"阿弥陀佛"，并吩咐小和尚速去准备。不一会儿，小和尚便将一应物品：笔、墨、纸、砚以及几摞经书，用一付挑子挑上山来。

事不宜迟，李白将杯中酒一饮而尽，猛地提起笔，在小和尚牵着的纸卷上"刷刷刷"地抄写起来，那老和尚见李白笔力遒劲，墨不加点，略略瞟一眼经书，便能密密麻麻地抄写数十行，真给看傻了眼，嘴里喃喃地道："学士莫不是上界的书仙下凡？"

第二天清早，来白兆寺行香的善男信女们路过这里，只见整个山坡都铺满了写有经文的长卷，便问看守经书的小和尚是怎么回事。小和尚回答说："这是昨天晚上，仙人李白帮庙里抄写的经文。我在这里负责把它们晒干哩。"从这以后，白兆山一带的老百姓就开始称李白为仙人，称那个山坡为晒经坡了。

（李孟之　搜集整理）

日照碧山（2015 年）

喻磊 摄

万言不值一杯水 桃花岩下的东南山口，有一片松青柏翠的树林，人们叫它“太白林”。这林中的平地上，夏天没有蚂蚁，也没有蚊子，民间流传着这样的一个故事。

有一年，皇帝开科选贤。李白知道这件事后便去赶考。刚走到山口，碰见了常在这里和他聊天的一位白发老人。

老人见李白肩背书物，忙问：“学士你这是到哪里去？”“进京赶考啊。”李白答道。

“为何要去做官呢，在这儿住着难道不好吗？”李白答道：“老伯，在这儿住着怎么不好呢？可是，我读了那么多书，如果不用，岂不是白白糟蹋了？趁着年轻，挣个一官半职，这样可以上为君王分忧，下为黎民百姓办事呀。”

老人摇摇头，叹口气，说：“这次主考官是个贪财纳贿，妒贤嫉能的小人。你没有什么进献给他，他不会取你的。”李白自信地说：“我有真才实学。”老人听后，笑了笑，指着地上的蚂蚁说：“你能用文章把它们驱走吗？”李白笑了笑说：“老伯，你真会开玩笑，我的文章只能安邦定国，哪能驱走蚂蚁呢？”老人思忖了一会说：“我劝你最好不要去了。”可是，李白执意要去试一试。老人也不好阻拦，只是说：“我祝你如愿以偿。万一不得意，你还是回白兆山来吧。”

这次主考的果然是势利小人。李白连考三场，篇篇文章都是花团锦簇，心里十分得意。可是一放榜却不见他的名字。

李白知道是主考官捣的鬼，非常恼火，挥笔写了一篇万言书，向皇帝告状。哪知上下的门路，都被这个家伙把持着，状子怎能到得了皇帝手呢？后来李白终于被轰出了长安。

这时李白是满腹的委屈，一头的火。万般无奈，只好把书卖了凑了回家的盘费。说也巧，回到安陆时，在树林里又碰上了那位白发老人。老人见了李白就问：“学士考得怎么样？”李白只是摇头叹气。“我说你的文章没有用吧！你看，我能用水把这些蚂蚁赶走。”说着用手画了一大圆圈，含了一口水，朝圈内一喷，只见那些蚂蚁都乖乖地退了出去。接着老人又含了一口水，朝天空一喷，喝道：“蚊子不准拢来！”李白看后连声称妙。老人笑着说：“万言不值一杯水。”

“万言不值一杯水”，后来李白把这句话写进了自己的诗，留传后世。传说太白林那块地方从古至今都没有蚂蚁和蚊子，这里成了人们歇脚和乘凉的好地方。

（邓宝财　口述，陈建平　搜集整理）

龙泉观的传说 白兆山上的龙泉观，先前叫朝阳观，就是“炒盐观”的谐音。叫龙泉观是后来的事。

白兆山原先在南海，这里原来是一条乌江，江里有一条乌龙。秦始皇赶山填海时，把白兆山从南海赶到了这里，把乌江填了，把乌龙也压在下面，龙头在应城，龙屁股在白兆山下面。

李白到安陆后，经常到白兆山上读书赏月。那时，白兆山林木茂盛，荆棘丛生，一般人是不上去的。李白读书渴了，就四处找水喝，发现白兆山顶上有一口很大的泉眼，哗哗的泉水表面看去就跟寻常山泉一样，可喝起来像加了盐一样，是咸的。原来这泉水是从龙的身体里流出来的。

那时，安陆人吃盐要到应城去挑，价钱很贵，不方便。得知白兆山上的泉水是咸的后，四乡八里的人都涌到白兆山上，架起炒锅，日夜不停，砍倒树木当柴烧，用泉水熬起盐来。

没过几年，白兆山上的树就被炒盐的人砍光了，就剩山顶一棵白果树。但炒盐的炉子没有熄，最后一棵树人们也没有放过。原来这白果树栽在龙脉上，不能轻易动它。可是大家不知道，于是，安陆这里每砍白果树上一根丫子，应城就死一个有钱的人，因为安陆与应城的龙脉是通的。应城有钱人家水缸内还可以看到白兆山白果树的影子，灵得很。安陆一砍树，应城就死人，出“白事”，成了“白事”的征兆。“白兆、白兆”就是这样叫出来的。后来，李白在应城的一位舅舅也死了，李白去奔丧，知道了这事，晓得与白兆山砍树炒盐有关系，就动员他的亲戚拿钱到白兆山修了一座庙，把泉眼供奉起来，名为龙泉观，每年都去烧香磕头。以后安陆人到应城挑盐，价钱很便宜，就再没人砍树炒盐了，白兆山顶上的那棵白果树也就保存了下来。

（杨亚　搜集整理）

天花台　李白在安陆期间，想凭着自己的才能，到长安去谋个一官半职，以实现自己治国安邦的政治抱负。没料到事与愿违，受了宦官宠臣一肚子的肮脏气，只得败兴而归，仍回到安陆的白兆山的白兆寺隐居。

可是李白是一个闲得住的人么？眼瞅着别人跟他一样年轻，一个个都紫绶加身，官至几品，而自己却每日里巢居庙宇，无所事事。一想到自己将会老死林泉，心里便益发沉不住气了。

一天，他对最相好的一个老和尚说了又要出去求功名的打算。没想到这消息不到半天工夫便惊动了四乡八里。道士和尚，文人乡绅，男女百姓都纷纷跑来劝说李白，要求他留在白兆山。一个老道士还劝道：“白兆山藏珍秘宝，毓秀钟灵。你该跳出三界外，莫居五行中，在此世外桃源隐居一世，也不枉为人一场。何必自寻烦恼去求什么功名。再说当今世道，可是你施展才能的时候？”哪知李白听后却哂然一笑，说道：“大丈夫当以四海为家，怎能以区区小折，而挫我雕鹗之翅？况白兆山终是小山无名，怎抵得上仙山琼阁，有那不尽的瑶台奇花，蓬莱异草？你等好意，李白已于心中领情，望不必过分勉强。”众人见李白主意已定，一个个无计可施，唯摇头而已。

谁知李白这一番话，却惊动了居住在白兆山桃花洞里的桃花仙子。这桃花仙子有一百个姐妹，分管人间天上的百花。见李白如此小视白兆山，有心留住李白，便唤来了她的一百个姐妹，在一夜间搬来了不论是天上还是地下的四季名花仙草，全部安放在白兆寺门前的土坪上。

第二天一早，李白打点好起程行装，由老和尚陪同着打开了庙门。突然，一股异样的芬香，随着白兆山清早的气息，一股脑沁入李白的五腑六脏。弄得李白只觉自已置身于王母瑶台，玉帝天宫般的仙境中。李白正纳闷着不知是怎么回事，猛又听得老和尚一声惊呼：“天哪！哪来这许多花草？”李白朝前一看，只见庙前土坪上密密麻麻，整整齐齐，天造地设一般，一夜间长出了见也没见过，数也数不清的奇花异草：有刚打骨朵的，有含苞欲放的，有并蒂连枝的，有翘首弄姿的。一株紧挨着一株，一朵依偎着一朵，在晨雾中显得是那么的晶莹欲滴，色彩缤纷。望着眼前的奇迹中的锦簇花团，李白，还有老和尚都惊呆了，惊傻眼了，李白肩上的包裹也不自主地滑落在地上。

这时，又陆续来了不少赶来为李白送行的乡亲。他们见此情景，先是惊，后是呆，接着便议论开了。有人说这是白兆山的灵气。有人说准是李白瞧不起白兆山，天意要留李白，便在一夜间遣下百花，供李白观赏。过了一会，有一个乡绅模样的人踱到李白跟前问道：“李学士，这里的鲜花你可见过？”李白摇摇头。“这里的仙草你可见过？”李白又摇摇头。“一夜间长这么多的花草你可见过？”李白再摇摇头。乡绅接着又说：“你昨天说白兆山是小山无名，比不上仙山琼阁，我们没有什么话说。可是今天，则仙山琼阁又比不上白兆山了。此乃天意留人。夫畏天命，畏君命，畏大人言，识时务者为俊杰，我劝你还是留在这里为妙。”

此时的李白正陶醉在眼前奇景中，早已将什么功名事业抛在了脑后。他本是天上的太白金星下凡，一经天象点化，便能顿悟迷津。经乡绅这么一席话，则更使他放弃了求官树功名的打算。当即一拱手，对众位乡亲说：“谢谢各位抬爱，李白从此隐居白兆山，终身不仕。”

从这以后，李白真的再也没有离开过白兆山。每日侍弄一下花草，在花前月下吟诗作赋直至天年。白兆寺门前的那片土坪，后来便叫“天花台”。至今还隐约可见那“天花台”的痕迹哩。

（李孟之　搜集整理）

太白下棋　人们认为李白名扬四海，是因为诗才超群。其实他的棋术也很高明，一般的人可不是他的对手。只有他的好友元丹丘能跟他争个高低。

这一天，二人结伴而行，顺涢水西游。行至三十里，见西岸有块大石头，上有古松翠柏，下有流水飞舟，东西两边，寿山白兆山两山相对，真是神仙游玩的好地方。两个人棋兴大发，便上岸在大石头上对弈起来。真是棋逢对手，将遇良才。日落西山了，这局棋仍未见分晓。元丹丘说：“算了，算了，我们喝酒去吧，这局棋留待明日再决胜负。”李白点头笑了笑，顺手拣起一块石头，把棋盘压住。两人飘然而去。

人们听说李白在这里下棋，第二天一早，都跑来看热闹。可是，大家从早等到晚，“痴汉等丫头”，连李白的影子也没见到，有人等得不耐烦了，说：“莫不是酒喝多了，不会来了喽！”就去揭压在棋盘上的石头，想看看双方的阵势。真奇怪，小石头竟像生了根一样，怎么揭也揭不动。后来，压在棋盘上的小石头连着底下的那块大石头一起长，慢慢地长成了个“工”字形了。

石下究竟是个什么局势？至今还是个谜。后来人们便把这块“工”字形的石头取名为“太白棋”。

（何家明　口述，陈建平　搜集整理）

李白救塾师　白兆山下的双桂寺，历来都是乡绅们开馆教学的私塾。就读的学童大都是些有钱有势富豪人家的子弟，他们仗着父母祖辈的势力，蛮横粗野经常闹学，且专爱刁难先生。特别是每当收取学钱的日子快要临近时，就有人出面出难题戏弄先生。先生往往因一时语塞解答不出而被学东赶走，一年的辛苦白搭了，还要落个“无用”的臭名。

这一年十月，又到了学生交学钱的日子。

一天，有个学生问先生：“请教先生，‘井’字里加一点是个么字？”先生想了半天说：“我不认识。”学生讥讽说：“我认得这个字，你回家往井里丢块石头，听听什么声音，就读什么字。”

五十多岁的先生受到学生的羞辱，自觉无颜，又想到一年的学钱因此也要不到了。

不说自已要挨饿，家里的妻儿老小还等着这笔钱办年货呢！越想越气愤，越想越灰心。待闭馆之后，便独自一人来到山下水塘边，望着结满薄冰的池塘暗自落泪，欲寻短见。正巧李白到城里拜客回家路过碰上了。李白看到他那副悲苦凄惨的脸色，忙停步问道："眼下已是塾童交纳'束修'的日子，何事逼你至此？"先生见是李白，很不好意思地把学生出难题，赖学钱的事从头到尾诉说了一遍。李白听后说："先生别急，我倒有个办法教你挽回面子。"

第二天，先生照常开馆授课。待那个学生摇摇晃晃地步进学堂门时，先生二话没说，开门见山就问："我很喜欢你的聪明。今天我也有一个字不识，想必你是认得的。"那个学生大咧咧地回答："先生讲来我听听。"

塾师说："竹字头下面是个'肉'，这字怎么读？"

中国的汉字虽然很多，但自古以来哪有这个字，大概只有李白认得。那学生当然语塞。塾师说："把裤子褪下，把屁股翘起来。"学生极不情愿地照做了。塾师抄起竹板子就向他屁股上打去。直打得他哭爹喊娘，哀求讨饶，也没认出这个字来。塾师收住板子说："这字何难，就是刚才用竹板子打你屁股的声音。"至此，学生恍然大悟。以后，再也不敢在先生面前放肆了。塾师也按时收齐了学钱。

（邓超　讲述，周涛　搜集整理）

黎杨冲来历　传说，元代末年，朱元璋、陈友谅两个南方起义军经常出入德安，都想占领主动权。当时的德安府官员为了不得罪朱、陈两人，书写很大的欢迎牌，正面写的是欢迎朱元璋，反面写的是欢迎陈友谅。有一次，陈友谅到德安时，一阵风把欢迎牌吹翻，变成欢迎朱元璋的牌子。陈友谅气得发抖，当即下令要将德安府官员及百姓斩尽杀绝。朱元璋得此消息，也率军进入德安。德安府民不聊生，血流成河。

战乱之中，有个姓黎的男孩和一个姓杨的女孩先后逃到今双岭村黎家洼，并躲在一山洞生活。两个孩子成人后，天下太平，姓黎的男孩提出与姓杨的女孩结婚。因无亲友帮忙说合，女孩始终不从。在男孩的多次提议下，女孩终于答应，但要求十分苛刻。女孩说，将一副石磨分开，从山上往下滚，如滚到山下后石磨合拢，便可提亲。巧合的是，分开的石磨从山上滚下来竟合上了。两人巧结姻缘，结婚生子，生下男孩姓黎，生下的女孩姓杨，并把磨盘合拢的地方取名黎杨冲。如今的双岭村，有黎家冲、黎家洼、杨家冲、杨家洼，黎姓有 300 多人。

（黎太春　讲，周大安　整理）

打锣山（2018 年）　　段家强　摄

打锣山　位于烟店镇八里村境内，距府河 800 米左右，向北绵延至 10 千米外的邓冲村王家咀。东面红石裸露，人不易攀爬，只有南面坡度平缓，人可轻松上下。

相传，打锣山得名于秦代初年，与当地的地理环境有关。旧时这一带是一条又宽又深的江，名叫乌江，水势凶猛。居住在西岸的人及过客若要渡江，只能依靠小木船。开船的人要根据风力、风向和江的水情集中开船。什么时候开船，要过江的人要等船老板的“通知”，即用敲锣的方法通知过江的行人。从此，每当铜锣一响，人们就纷纷集中到码头上船。久而久之，便将摆渡的地方叫作“乌江渡”，山定名为“打锣山”。

（孙大茂　讲，周大安　整理）

周公桥得名　周公桥位于烟店镇周桥村，距离府城 1 千米，属于南北交通要道。该桥屡坏屡修，虽是古桥，但无文字记载。据传，明代有一善人名叫李成龙，家庭不富，但喜爱做善事。越做善事家里越穷，但他一点也不顾忌，还新建了一座木桥。百年后，木桥腐朽不堪。直到清康熙四十八年（1709），一名叫周德的人从雁门关调到德安府任安陆守备，其随军驻在河西。周德治军有方，深得将士和地方百姓爱戴。当时有人提议重修李成龙所建但已腐朽的危桥。周德觉得时任守备，责无旁贷，但苦无资金。后来，他找当地官员捐资，并号召地方绅士和百姓就地取材，有钱的出钱，无钱的出力，很快就重建了一座新的木桥。大家为了感恩周德，于是取名周公桥。在民间，还有一个传说，即一位周姓秀才进京赴考中了状元，后任地方官员时，修建了石板桥。

（包世礼　讲，周大安　整理）

白果树湾与白果店　说到白兆山，人们很自然地会想到唐代诗人李白。说到李白，

人们同样会联想到冯庙村冯家大湾西端的白果树湾。以前，很多人只知道这里叫白果店，但很少有人知道白果树湾与李白有渊源。

相传，唐开元十五至二十五年（727—737），李白隐居白兆山。虽然他仕途不顺，但浪漫情怀依旧不减。为了寻求诗词创作的题材和灵感，他经常下山到府河两岸游玩。有一年农历二月花朝节，李白从安陆城返回时，天色已晚，站在河岸边犹豫不决。

当时，湾子里一位年近花甲的冯姓老者，见李白衣冠楚楚，仙风道骨，又见他没有离开之意，便上前询问。当老者得知他是隐住在白兆山的李白时，便说："李秀才要是不嫌弃，就在寒舍吃晚饭，再住上一夜，待明天回山也不迟。"李白见老人家如此有心，便回答说："那在下就打扰您老人家了。"老者听李白这么一说，便连忙将他请进屋内，吩咐老伴为李白做了几道农家菜，然后为他斟满德安小曲酒。两人边饮边聊，李白不知不觉饮了好几碗。酒足饭饱后，李白便回屋睡觉。第二天，李白在启程前将身上为数不多的银两给盛情的老者，哪知老者执意不要。

李白告别了老者，回到了白兆山。为了答谢老者，李白与许夫人左思右想，也没有想出一个酬谢的好方法。最后，在许夫人的建议下，李白在白兆山上选取了一棵银杏树，小心翼翼地送到冯家大湾那位老者家门前，并亲自将树栽在老者门前百步远的地方。李白边栽边说："我实在想不出更好的酬谢办法，仅栽此树为谢，愿此树为您家和全湾所有人家都带来好运！"

冯家大湾地处平原，土质好，适合银杏树生长。到清朝中叶，该树长至可5人合围，高20多米，树冠覆盖面积近百平方米，与白兆山顶的那棵白果树一样粗壮，年产白果（银杏果）500余千克。

自从李白栽了这棵树后，冯家大湾家家户户都发达了，一个十几户的小湾发展成了一个60多户的大村湾，白果树湾因此而得名。

后来，白果树湾人口的发展莫名地缓慢下来。有的青壮年英年早逝，有人患病后多年不见好转。于是，人们便求助于风水先生，寻问求解方法。风水先生解答说："解法有两个，一是除掉白果树，二是迁住别处，二者必选其一。"听后大家议论纷纷。不愿离开家乡的人，主张砍掉树；舍不得除掉这棵古树的人，主张迁址。经过商讨，最终决定保树迁址。之后，很多人家迁到了他们经常出集市的小镇上定居。

随着集市上居住的人越来越多，招徕的顾客也多了起来，集市也变大了。集镇变大以后，带动了肉案（卖肉的案子，肉摊）的出现，鱼摊、布铺、榨坊、铁匠、木匠等店铺也先后出现在集镇上。集镇形成规模后，有人建议给集镇起个响亮的名称。大家思来想去，认为集镇因白果树而兴旺，集镇又离古白果树不远，便取名为白果店。后来，又慢慢地省去白果店中间的“果”字，习惯地称白果店为白店，而且一直沿用至今。

如今，因白果树和白果而得名的白店，成了省级“百镇千村”示范村和乡村闹市；因白果树而得名的白果树湾却只剩几户人家。人们最为遗憾的是：诗仙李白亲手栽下的那颗白果树，解放初期被其主人以 20 块大洋卖给了安陆城里一作坊老板。

（冯世云　讲，彭明宽　整理）

银子窝　银子窝是一个地名，位于万桥村 1 组，汉十高速公路烟店进出口东 50 米处。

相传，唐宋时期，银子窝的百姓缺吃少穿，生活艰苦。为了救济百姓，天神从半空中撒银子以救济百姓，谁知撒落的银子竟落地成窝。为此，人们便把撒落银子的地方取名为银子窝。

银子砸地成窝的消息传开以后，住在附近的李姓三兄弟中的老大和老二便放弃耕种，在银子窝处等待天神再降银子，期盼捡到银子后，过上幸福美满的生活。每天晚上，老大和老二都能听到银子在天上飞的叮叮响的声音，却未捡到半点银子。他们一连等了三载，仍是两手空空。因为耽误了耕种，老大和老二的生活更加苦不堪言。而老三不贪图意外之财，靠勤劳耕作，娶了媳妇，盖了房子，过上了幸福生活。

不仅如此，李家老三的行为感动了天神，天神便将银子撒在老三的田地里，老三把捡到的银子全部分发给了贫穷的乡邻。由于老三在当地勤劳致富、救济贫困的美名广泛流传，银子窝这一地名在当地也一直沿用不衰。

（喻永春　讲，周大安　整理）

银子窝文化墙（2018 年）　　段家强　摄

飞鹅山奇事 在尖山村1组西北，有一座山叫飞鹅山。说起飞鹅山，当地一直流传着一首民谣："飞鹅山上一对鹅，飞来飞去不过河。有人得到飞鹅地，世世代代穿绫罗。"同时还流传着一段离奇的故事。

相传，唐代盛行找阴阳，测八字，看风水，测地基，为死人选择墓地更是慎之又慎。一些有钱的人家为死者选择墓地时，一般要求墓地处有山有水，意为生前有靠山，死后如流水。飞鹅山处有河，也有山，当地人大多数都在此山为亡者选择墓穴。当地一位有钱人的父亲死后，便在飞峨山下选择墓穴。

出殡那天，天气突变。主人未等送葬的亲友到齐，便提前出殡了。当棺材抬到墓穴前面时，墓内突然出现一块青色石板，接着一声炸雷，乌云密布。但只听见雷声响，不见雨点下。

眼见就要下雨，道师却不让下葬。理由是："人骑马""戴铁帽"和"鱼上树"没有到。孝子和几十个送葬的人不知如何是好。但道师的话不能不听，只好等着。就在等人到来之时，下起了大雨。也就是在这时，肩扛木工作马的、赶集买锅以锅当帽的和赶集买鱼来不及回家的3个亲戚同时赶到墓穴前。当买鱼人将鱼挂在树杈上时，道师下令重上撬开石板下葬。然而石板一开，一对金黄色的鹅飞了出来，在墓穴上空飞来飞去，久久不愿离去。直到送葬的人们离开时，鹅才飞进了山。后来，墓穴后便出现了一座形如飞鹅的山。自此，人们便称该山为飞鹅山。

（谈明才 讲，周大安 整理）

花鼓塘趣事 石河村陈家大塘西边有口塘，当地人称之为花鼓塘。说起花鼓塘的来历，还有一个故事。据石河村几个年过古稀的老人讲：现在的花鼓塘，原来是个荒岗地。烟店解放以前，当地的水利条件差，老百姓种田只能靠天下雨。遇上旱年，几乎颗粒无收。

有一天，从外地来了一个唱花鼓戏的戏班。老百姓见戏班上门，也想看戏。村里几个老人与甲长央求，说是让戏班唱一场戏。经甲长与唱戏领班协商，以供戏班7个人吃一天的饭达成唱一场戏的协议。

当天，戏班唱完戏后已是晚上11点多，戏班人员卸妆后连洗脸用的水也没有，只得到500米远的地方挑水用。第二天，戏班领班到甲长家进餐时细说了前天晚上遇到的麻烦事，并建议甲长为百姓挖塘堰，改善百姓的生产和生活条件。

当年10月，当地群众在唱花鼓戏的山冈上挖了口蓄水3万多立方米的大塘。该大塘是在花鼓戏戏班领头的建议下修建的，又因为建在唱花鼓戏的山冈上，当地群众便为那口塘取名花鼓塘。

（彭修明 讲，周大安 整理）

大事纪略

烟店的发展，饱含了一代又一代烟店人不懈奋斗的情怀。其间，发生的大事不胜枚举。这里记述的只是烟店镇在政治、经济、文化、社会、生态建设中的一个侧面，也是对前文的一个补充。

西魏大统十六年西魏大将杨忠大败柳忠礼

南朝梁太清三年（549，西魏大统十五年），梁司州刺史柳忠礼至安陆降太守柳勰后，袭击襄阳。大统十六年（550）春，西魏攻安陆，柳忠礼回兵驰援。西魏十二大将军之一的杨忠在石漴村（今烟店境内）迎击并大败柳忠礼军。

明崇祯十五年李自成农民起义军进攻西乡

明崇祯十五年（1642）四月，李自成农民起义军进攻西乡（今烟店），连破朱家寨、红石寨、高家寨、白兆山尖山寨。

20 世纪 70 年代吴家坳泵站及其配套工程建设

70 年代以前，在烟店府河沿线的村庄流传着“河内常流水，岸上干死谷，水在河中笑，人在家中哭”的歌谣。全境除白店、城西两个平畈区不缺水外，其他地区种田皆靠天。1975 年 2 月，安陆撤区建公社，程巷人民公社（后烟店人民公社）党委新班子成立后，就如何解决程巷人民公社的农业用水提出几套方案，最终决定在吴家坳建一座泵站，将府河的水送到 60% 以上的村。

是年 9 月 18 日，吴家坳泵站开工建设，万余名民工三班倒，实行 24 小时作业。经过 1 年多的艰苦奋战，吴家坳一级站第一机组和东二级站一台机组于 1976 年 8 月 23 日出水。当时，就有人编出一首歌：“我用汗水接龙王，不再抬猪头去烧香。龙子龙孙上山岗，我如降龙天兵将。牵着你的鼻子走，只为河水上山岗！”

主渠的水引到了山岗，但还是解决不了根本问题。公社党委又动员和组织群众先后扩建邓河、黎严冲、朱家坳、塔塘、赵榨、乌龟嘴、梅子塘、白马堰等小（1）

吴家坳泵站引府河水上碧山（1978 年）　　易家镜　摄

型和小（2）型水库，增加蓄水 800 多万立方米。还兴建了西二级、南二级、东二级泵站，基本解决程巷人民公社的用水问题。1978 年，程巷人民公社虽遭遇 50 年一遇的大旱，但与上年比粮食增加 1890 吨。

吴家坳泵站及其配套工程建设完成土石方 105 万立方米，投入资金 120 万元，原属清水河灌区难以灌溉的近 3 万亩农田的用水问题彻底解决。

1980 年推行家庭联产承包责任制

1980 年年初，程巷人民公社党委召开推行家庭联产承包责任制专题会议，决定党委成员分头到基层走访干部和群众，听群众的呼声，了解群众的要求。

调查走访共花了 8 天时间，走访对象 62 人。其中，干部 36 人，群众 26 人。调查结果：赞成改革的 60 人，不赞成的 2 人。不赞成的人认为：集中了的土地又分到户，是走回头路，机械化、现代化怎么实现。赞成的认为当时的生产队管理得过死：出工听队长吹哨，走路像鸭子（走得慢），收工像兔子（跑得快），到头来无票子（年底兑现难且少），迟改不如早改。

为了把思想统一到中央精神上来，公社党委于当年 10 月召开四级（公社、管理区、大队、小队）干部会议，进一步宣传中央文件精神，宣讲家庭联产承包责任制的好处。在接连 4 次会议后，形成全公社全面实行家庭联产承包责任制的决定。

10 月中旬，公社设指挥部 1 个、分指挥部 5 个，深入到田头地角，开始分田到户。由于改革顺应民心，仅 5 天时间，就完成了公社的分田工作。在分田到户的过程中，有的农民在田头放鞭炮，有的农民聚在一起喝酒，庆祝家庭联产承包责任制的推动。

1982 年卫生部在烟店设立钩端螺旋体病监测点

1982 年 6 月 8 日，烟店（时为程巷人民公社）卫生院住进第一位钩端螺旋体病病人。至 12 日，全镇 40 个大队中，39 个大队暴发该病。至 7 月 9 日，发病人数 2623 人。7 月中旬，疫情被扑灭。该事件发生后，卫生部将烟店定为钩端螺旋体病监测点之一。烟店卫生院预防保健站站长张安华发表的《程巷公社钩端螺旋体病暴发流行病学调查报告》获安陆县科技奖，并参加全国钩端螺旋体病防治交流会。1984 年，张安华出席全省疟防表彰大会，被授予“疟防先进工作者”称号，烟店卫生院被授予湖北省“疟防工作先进单位”称号。此后，烟店落实菌苗接种措施，开展群众性灭鼠活动，有效控制了钩端螺旋体病的发生。1990 年 11 月 12—13 日，联合国卫生组织官员梅斯林博士、温克拉博士到安陆进行钩端螺旋体病和狂犬病技术访问并提供咨询。其间，他们到烟店实地考察，对烟店的卫生监测工作给予肯定。

2005 年烟店完成乡镇综合配套改革

2005 年 1 月，烟店镇乡镇综合配套改革完成。镇设 3 个内设机构，即党政综合办公室（加挂社会治安综合治理办公室牌子）、经济发展办公室、社会事务办公室（加挂计划生育办公室牌子）；镇长由党委书记兼任，原镇长改任常务副镇长；镇人大主席（联络组组长）由副书记兼任。镇设助理 10 人，分别承担由农业、畜牧、林业、水利水产农机、乡镇企业、财贸、统计站、计划生育、民政办、劳动和社会保障、教科文卫等站所划入的行政职能。只保留财政所（经管站）一个直属事业单位，其他事业单位除中小学、卫生院外，全部转制为自主经营、自负盈亏的企业或中介服务机构。

2005 年汉十高速公路烟店段建成通车

2003 年 4 月，汉十高速公路烟店段开工建设。公路底宽 50 米，面宽 25 米，占地面积 2100 亩，涉及搬迁户 170 多户。

开工前后，烟店镇先后 10 多次召开党支部书记会，各村各组分别召开村、组、湾党员、干部和群众大会，宣传政策，动员群众，组织群众。专班人员每到一户送一封公开信，给一份政策咨询卡，发一张意见征求表，填一张农户信息表，摸实摸透情况，拆迁户房前屋后的林木、沟渠、水井、厕所等附设物都登记得一清二楚。在进村入户进行核实中，解决袁畈、尖山、碧山、李岗等村的 11 个涉赔矛盾。

2005 年 8 月，汉十高速公路全线竣工。工程竣工会上，烟店镇被授予全线“组织和协调工作先进单位”称号。

2013 年省慈善总会“关怀老人”项目在烟店试点

2013 年 6 月 14 日，省慈善总会及市民政局到烟店镇社会福利院商议设立“关怀老人”护养站。福利院拿出一套紧临卫生室的四居室套房进行改造装修，7 月 14 日正式建成试运营，为临终老人送去关怀。9 月 9 日，省慈善总会“关怀老人”项目试点启动仪式及座谈会在烟店镇社会福利院举行，安陆市“关怀老人”项目正式进入全面实施、运行阶段，在全省率先以农村孤寡老人为对象，开展医疗照护和临终关怀服务，湖北省“关怀老人”项目由此从城市走向乡村。是年，“关怀老人”护养站入住 7 位老人。

附录

附录收录了《烟店镇“美丽乡村”建设五年规划（2016—2020年）》（摘要）、《烟店镇创建湖北省旅游名镇工作实施方案（2017—2030年）》（摘要），以期从另一个侧面反映烟店镇未来的发展蓝图。

烟店镇“美丽乡村”建设五年规划（2016—2020年）（摘要）

为建设好烟店镇美丽乡村，促进烟店镇经济社会文化可持续健康发展，不断提升人民群众的生活品质，加快城乡一体化进程，实现大美烟店的宏伟蓝图，根据湖北省、孝感市、安陆市有关文件要求，结合我镇实际，特制订本规划。

总体目标

通过开展美丽乡村建设，进一步探索建设旅游名镇和大美烟店互相促进、共同发展的思路，坚持把美丽乡村建设与项目建设、富裕家园行动、清洁家园行动、生态家园行动、幸福家园行动、和谐家园行动以及农民增收和民生改善紧密结合起来，狠抓“生态人居、生态环境、生态经济、生态文化”四大生态工程建设，致力建设凌丰葡萄—舒家院子—红叶山庄—立强葡萄—五言陆色公园—白兆山国家森林公园等“多位一体、多点一线”的旅游线路，抓好八里鱼池、龚岗鱼池、朴泥农场、慢谷休闲等示范项目建设，做到以点带面、稳步推进，建成生态农业、生态旅游、生态文化特色乡村。到2020年年底，全镇完成10个行政村的美丽乡村建设，推动全镇打造成为“宜居、宜业、宜游”安居乐业的新美丽乡村。

基本原则

1. 坚持科学规划。坚持规划先行，因地制宜，把美丽乡村建设规划与经济社会发展规划、农业和旅游业发展规划、李白文化特色产业相衔接，有序推进，要做到开发与保护结合，凸现可持续健康发展。

2. 坚持以人为本。始终把农民群众的利益放在首位，广泛发动群众参与，整合社会力量，尊重农民群众的意愿，引导农民大力发展生态经济、自觉保护生态环境、加快建设生态家园。

3. 坚持保护为主，开发为辅。结合各村实际，突出重点，注重挖掘传统农耕、人居等文化丰富的生态理念，在开发中保护，保护中建设，按照“修旧如旧、修旧非旧”的原则，形成一村一景、一村一业，一村一特色，彰显美丽乡村，高标准打造乡村旅游目的地。

4. 坚持生态优先。遵循自然发展规律，切实保护农村生态环境，展示农村农业生态特色，围绕农村生态经济、生态人居、生态环境和生态文化，发展生态特色农业，打造烟店大公园。

5. 坚持整合力量。建设美丽乡村与发展乡村旅游、农民住房改造、生态村庄建设等有机结合，通过项目带动，整合资源，合力推进。

6. 坚持整体推进。认真分析，结合各村特点，抓好 3 个以上示范点建设，合理确定建设目标，分步实施，以点带面，增添和优化景观。

建设内容

（一）推进“富裕家园行动”工程。按照“创业增收生活美”要求，编制农村产业发展规划，实施农业特色产业化、高效生态化工程。发展乡村旅游业、生态乡村工业，促进农民创业就业，增加农民收入，构建高效的农村生态产业体系。

1. 发展乡村生态农业。深入推进现代农业，推广种养结合等新型农作制度，大力发展精致高效农业，扩大无公害农产品、绿色食品、有机食品和森林食品生产。突出培养具有地方特色的“名、特、优、新”产品，推进“一村一品”的生态农业，致力打造一批辣椒、莲藕、油茶等生态农业专业村，增强特色产业、主导产业的示范带动作用。

2. 发展乡村低耗、低排放工业。按照生态功能区规划的要求，严格产业准入门槛，严格保护水源保护区、河源头地区及水库库区。集中治理污染，大力宣传秸秆禁烧和合理化应用等环保工作，推行“循环、减降、再利用”等绿色技术，调整乡村工业产业结构，不断壮大村域经济实力。

（二）推进“清洁家园行动”工程。按照“村容整洁环境美”的要求，突出重点、连线成片、健全长效机制，切实抓好改路、改水、改厕、垃圾清运处理、污水处理、广告清理等项目整治。

1. 整治乡村生活垃圾。全面推进“户集、村收、镇运”垃圾集中处理的模式，合理设置垃圾中转房、收集点，做到户有垃圾桶，自然村有垃圾收集池，行政村负责垃圾收集，镇有垃圾填埋场，确保乡村清洁。

2. 整治乡村生活污水。清除农村露天粪坑、简易茅厕、废杂间，整治和规范生活污水排放，全面推行无害化卫生厕所，每村至少要建造一座以上卫生公厕，大力推广农村户用沼气建设，利用沼气池、生物氧化池、人工湿地等方式，通过开展农村污水处理，提高水体自我净化能力。

3. 整治农村畜禽污染。根据村庄特点，合理规划，整治农村死畜禽乱丢到河堰现象，动员群众填埋。拆除污染猪舍、牛栏等，村庄内畜禽养殖户实行人居与畜禽饲养分开、生产区与生活区分离，畜禽养殖场全面配套建立沼气工程，达到畜禽粪便无害化处理。

4. 整治广告、路牌。按照“规范、安全、美观”的要求，对公路、河道及村庄公共视野范围内的广告牌、路牌进行清理，坚决拆除有碍景观、未经审批或手续不完备的广告牌。制定广告布点控制性规划，规范各种交通警示标志、旅游标识标志、宣传牌等。

（三）推进“生态家园行动”工程。重点抓好生态农业项目发展、连线成片建设，布好每一个点，形成全面开花的局面。

1. 发展乡村生态旅游业。利用农村森林景观、田园风光、山水资源和乡村文化，发展各具特色的乡村休闲旅游业，努力做到“移步一景，移步美景”。加快形成以白兆山森林公园重点景区为龙头，以红叶山庄、舒家院子、立强农业、五言陆色等支柱景点为支撑、“农家乐”休闲旅游业为基础的乡村休闲旅游业发展格局，打造湖北省著名旅游休闲目的地和历史人物文化名镇名村，增添红色教育主题，突出爱国主义教育特色；拥有独特的自然生态条件和山水景观的乡村，要增强自然休闲特色发展生态旅游，将传统的农耕逐步引向农业观光、农事体验、特色农庄、农情民舍等附加值高的乡村旅游发展，按照建设烟店镇大公园理念，利用现有果园、花园、养殖园等建设水果公园、垂钓公园、旅游公园等特色生态公园，建设慢谷养老、散步赏景运动等健康休闲项目。

2. 整治违章搭建。按照“谁建造、谁所有、谁清理”的原则，坚决拆除违章、乱搭乱建的建筑物，对废弃场所进行整治、复绿，建设村野公园，整治农村供电、网络、电视电话线路乱拉乱接问题，规范网络、线路的布局，促进村庄规范、整洁、美观。

（四）推进“幸福家园行动”工程。按照“科学规划布局美”的要求，一是改造旧村。对村庄的危旧房要及时拆除，对居住分散的人群要动员搬迁，安排集中居住，做到统一规划，建成布局合理、设施配套、环境优美、生态良好的新农村。二是改造危旧房。结合精准扶贫工作，加强农户建房规划引导，提高农户建房的标准，做到安全、实用、美观，推进农村危旧房改造和墙体立面整治，改善视觉效果。三是植树造林，建设园林乡村。根据各村特色，采取新造、补植、封育等措施，优化美化森林景观，特别是公路沿线沿河两侧的绿化景观带改造，提高生态效益和景观效果。中心村居住区绿化覆盖率要达到 30% 以上。四是改造设施。完善通组道路、供排水、供电、通信网络、数字电视等基础设施，达到给水、排水系统完善，管网布局合理，饮用自来水符合国家饮用水卫生标准，入户率达 100%。主干道和公共场所路灯安装率达到 95% 以上。对美丽乡村建设的交通干道以及村镇主要出入口，开展既鲜明又朴素自然、与周边环境融为一体的整体风貌设计塑造，突出新农村风貌和地域特色。

（五）推进“和谐家园行动”工程。按照“乡风文明身心美”的要求，以提高农民群众生态文明素养、形成农村生态文明新风尚为目标，增强村民的可持续发展观念，构建和谐的农村生态文化体系。

1. 培育特色文化村。优化美化村庄人居环境，把历史文化底蕴深厚的传统村落培育成传统文明和现代文明有机结合的特色文化村。特别要挖掘传统农耕文化、山水文化、人居文化中丰富的生态思想，把特色文化村打造成为弘扬农村生态文化的重要基地。

2. 开展宣传教育。深入开展文明村创建活动，把提高农民群众生态文明素养作为重要创建内容。充分利用各类宣传工具和形式，利用一切文化阵地，大张旗鼓地开展形式多样生态文明、生育文化知识宣传，形成农村生态文明新风尚。

3. 转变生活方式。结合农村乡风文明评议，开展群众性生态文明创建活动，引导农民追求科学、健康、文明、低碳的生产生活和行为方式，对公路沿线 100 米视野范围内采取绿化覆盖等措施进行整治改造，恢复公路和村庄周围自然生态景观。

4. 促进乡村社会和谐。全面推行村务公开制度，积极推行以村党组织为核心和民主选举法制化、民主决策程序化、民主管理规范化、民主监督制度化为内容的农村“四化一核心”工作机制，合理调节农村利益关系，有序引导农民合理诉求，有效化解农村矛盾纠纷，维护农村社会和谐稳定。

年度规划

1.2016 年“美丽乡村”建设重点村为尖山村。建设内容为：在板桥河两岸植垂柳 500 株，在通组道路路边撒种花卉种子 100 斤，为 20 个农户安装篱笆，布设垃圾池 10 个，建垃圾、污水处理设施 2 处，聘请保洁员 2 名，延伸通组道路 500 米，沟渠清淤修砌 1000 米，房屋立面装修 20 户，为村民购置运动休闲器材 1 台（套），安装太阳能路灯 20 盏，安装延伸数字电视信号 1000 米，安全饮水管道铺设到白兆山下农户，创“十星级文明户”50 户，选举充实村民理事会人员 5 人。引进“五言陆色”主题公园落户并开工建设，重点扶持“白兆山下”农家乐。

2.2017 年“美丽乡村”建设重点村为龚岗村。建设内容为：在村公路沿线两旁植银杏树 300 株，在龚岗河两岸植垂柳 1200 株，在通组道路路边洒花卉种子 100 斤，为 30 个农户安装篱笆，在每排房屋的两头布设垃圾池，建垃圾、污水处理设施 4 处，聘请保洁员 2 名，新修通组道路 500 米，沟渠清淤修砌 U 型槽 1000 米，房屋立面装修 30 户，为村民购置运动休闲器材 1 台（套），安装太阳能路灯 20 盏，安装延伸数字电视信号 500 米，安全饮水管道铺设到每家每户，创“十星级文明户”50 户，选举充实村民理事会人员 5 人。重点扶持“小山坡”农家乐。

3.2018 年“美丽乡村”建设重点村为王岗村。建设内容为：在村公路沿线植银杏树 300 株，在村委会植红叶石楠 50 株，在通组道路路边洒花卉种子 150 斤，为 50 个农户安装篱笆，每 5 户布设 1 个垃圾池，建垃圾、污水处理设施 3 处，聘请保洁员 2 名，新修通组道路 200 米，沟渠清淤修砌 U 型槽 1000 米，房屋立面装修 50 户，建村级休闲健身广场 1 处，为村民购置运动休闲器材 1 台（套），安装太阳能路灯 10 盏，安装延伸数字电视信号 800 米，安全饮水管道铺设到户，创“十星级文明户”40 户，选举充实村民理事会人员 5 人。

4.2019 年“美丽乡村”建设重点村为万桥村。建设内容为：在村公路沿线两旁植银杏树 400 株，在万桥河两岸植垂柳 1500 株，在通组道路路边洒花卉种子 200 斤，为 30 个农户安装篱笆，布设垃圾池 20 个，建垃圾、污水处理设施 3 处，聘请保洁员 2 名，新修通组道路 500 米，沟渠清淤修砌 U 型槽 1500 米，房屋立面装修 10 户，为村民购置运动休闲器材 1 台（套），安装太阳能路灯 10 盏，安装延伸数字电视信号 500 米，安全饮水管道铺设到户，创“十星级文明户”30 户，选举充实村民理事会人员5人。招引绿色环保农业项目一家，重点扶持“乡友土菜馆”农家乐。

5.2020年“美丽乡村”建设重点村为费岗村。建设内容为：在村公路沿线两旁植银杏树400株，植红叶石楠200株，在通组道路路边洒花卉种子100斤，为70个农户安装篱笆，每5户布设垃圾池1个，共20个，建垃圾、污水处理设施4处，聘请保洁员2名，新修通组道路200米，沟渠清淤修砌U型槽1000米，房屋立面装修70户，为村民购置运动休闲器材1台（套），安装太阳能路灯20盏，安装延伸数字电视信号1500米，安全饮水管道铺设到每家每户，创“十星级文明户”50户，选举充实村民理事会人员5人。

2016年4月

烟店镇创建湖北省旅游名镇工作实施方案（2017—2030年）（摘要）

为实现“诗意栖居，闲适生活”的目标，充分发挥烟店镇旅游资源优势，全面提高我镇旅游业发展水平，着力塑造烟店镇旅游品牌，根据《湖北省“十一五”旅游业发展规划纲要》和《省政府办公厅关于调整“百镇千村”示范工程重点镇的通知》精神，经安陆市及烟店镇党委、政府和白兆山森林公园管委会共同研究，决定在我镇开展创建湖北省旅游名镇活动。

工作目标

按照《湖北全省旅游名镇总体建设方案》《湖北省旅游名镇创建评定管理办法》《湖北省旅旅游名镇评定规范》《湖北省旅游名镇创建标准》的要求，狠抓整改创建。通过创建，提升烟店镇知名度，提升白兆山旅游风景区档次，增强烟店镇旅游聚集力，为全省旅游业大发展提供新的支撑点，使烟店镇成为全省打造旅游名镇典范和亮点，推动烟店经济持续发展。

创建步骤

（一）近期安排（2017—2020 年）

（1）2017 年 7 月至 2018 年 6 月计划

以盛唐李白文化为背景绘制 3D 立体画，李白诗画，在碧山广场、机关院子建造李白雕像和“碧山耕读”“金龟换酒”“长风破浪”“太白遗风”等李白浮雕，打造李白文化集散地；继续对中心太白街 400 余间商业门面，统一建设木质仿古回廊，统一安装仿唐古旗，全面提升集镇形象；在集镇新建 1200 平方米的停车场一处；将商业街改造成娱乐街，鼓励商家进驻；开始鼓励村民在农家菜馆一条街两旁新建房屋，仿唐宋建筑风格；对原水塔进行加固改造，塔顶建镇标并进行亮化，使其成为一道亮丽的风景，改造太白大道与新街，完成公路“亮化”工程；加强镇区景观绿化；新建污水处理厂一座。

（2）2018 年 7 月至 2019 年 6 月计划

建成太白公园；改造烟店老街，建成乡野民俗一条街，修旧如旧，仿唐宋建筑风格；打造滚子河亲水休闲渔场；建成沿滚子河步行道；新建若干小品建筑，如垃圾桶、休闲桌椅等；建仿古旅游厕所若干。

（3）2019 年 7 月至 2020 年 6 月计划

建成仿古三星级酒店，统一改造沿街民居风格，新建谪仙文化馆，完善旅游标识系统，完善消防、安防设施，新建小型发电站，进一步完善镇内旅游服务小品建筑。

（二）中期安排（2020—2023 年）

着重加强对旅游基础设施的细化建设，逐步形成烟店镇旅游发展的完善健全体系，创建烟店镇的旅游品牌。进一步提高旅游业在烟店镇经济社会发展中的地位，到 2015 年，不断改善烟店镇的旅游环境，把烟店镇建设成为省内知名的旅游名镇，使旅游业成为烟店镇收入的主要来源。

（三）远期安排（2024—2030 年）

在完成主要旅游区建设的同时，进行成熟化运作，通过地域的纵深拓展和产品结构调整，使旅游产业不断深化。同时，加强营销创新，逐渐将烟店镇建设成为省内乃至华中地区的旅游名镇。到 2030 年，形成较为完善的旅游产业体系；实现旅游收益和区域经济全面增长，不断提高烟店镇的旅游产业竞争力，使旅游业成为烟店镇国民经济和社会发展中的重大支柱产业。

改造内容

（一）区位交通条件

将向有关部门申请设置公交线，直接从安陆市区抵达烟店镇。从安陆市区到烟店镇沿途主要干道及汉十高速出口设置交通标识牌，指明烟店镇方位。建一个大型的生态停车场，停车场总面积达到 3000 平方米以上。在烟店镇及白兆山旅游区内设置区内交通工具，分设民俗街站点、娱乐街站点、滚子河站点及白兆山旅游区站点 4 个站点。将现有的太白大道与新街改造为一板二带式结构，即人行道绿化带、非机动车辆与机动车辆隔离带，大道两旁和隔离带按照合适间距点缀主题小品，小品以反映“诗仙”文化为主题。白兆山风景区建攀山游步道，每隔 200 米有供游客休憩的桌、凳、亭等设施。修整滚子河两边的路面，修筑宽度约 1.5 ～ 2 米的亲水生态环保栈道。铺设小径或休闲林荫道。

（二）旅游环境

优化白兆山森林植被带，完善常绿阔叶林、垂直带谱的生态系统，保持白兆山山地森林植被覆盖的完整性。建设道路绿化带，道路绿化的种类配置应以乔木为主，乔、灌、花和草灵活搭配。严格控制白兆山文化旅游区生活废气和交通废气的污染。设小型垃圾转运站 3 座，每座用地面积不小于 100 平方米。烟店集镇内不进行工业项目建设，并严格控制集镇周边地区的工业建设项目，杜绝工业污染源。控制水土、有机质流失和农田污染，大力推广有机农业和生态农业，推进科学化使用化肥和农药，降低化肥和农药的使用量，积极采取措施，防治农村环境污染，尤其是防治禽畜养殖业的污染，发展高效、无污染的绿色肥料和有机肥料，推广高效、低毒和低残留化学农药，发展和推广生物农药，保障食物供给的环境安全。

（三）市场吸引力

综合考虑烟店镇的文化旅游资源和自然旅游资源，深度挖掘文化旅游资源的文化内涵和自然旅游资源的生态效用，逐渐树立起烟店镇的“诗意栖居，闲适生活”的旅游主题形象，使李白文化不断发扬光大，成为知名的乡村文化旅游品牌。

（四）旅游服务

建成游客服务中心，主体建筑占地面积 400 平方米，并配以广场及停车场等设施。在太白大道和白兆山牌坊之间约 100 米长的公路两侧，兴建以安陆市和烟店镇土特产品为主要卖点的农家菜馆一条街。

在烟店集镇内修建仿古式三星级酒店，酒店外观仿唐代建筑。鼓励农户开农家乐，加强中低端旅游接待能力。将白兆山脚下的张家湾、蒋家湾开发成住宿区，两处居民点统一进行建筑外观的景观改造，以唐时青瓦白墙为基本色调，实行民居园林化，院落加建柴门，院墙改为透花窗。园内种植树木、果卉、花草、瓜斗等。

改造老街成为乡野民俗一条街。老街是烟店镇遗存不多的大别山徽派建筑。按照“修旧如旧”的原则对老街古朴建筑进行保护性修复和开发，对老街街道进行洁净美化，铺设青石板，将其改造为乡野民俗一条街。荟萃各种当地土特产，如白花菜、银杏香枕、太白银红茶、诗仙诗集、道教法物等。

将已建的商业街改造为娱乐一条街，包括酒吧、网吧、KTV、美容美发、健身馆、洗浴中心等，满足游客需求。

在旅游景点处配备救生绳、救生圈等设备。景区内添置医药类商品，方便游客购买。建立内部救援电话，并向游客公布且畅通有效。与附近医院签订专门的运送协议，及时发现，安全运送。

新建通讯电缆采用地下铺设；在烟店镇商业区、新建宾馆、度假村与游客接待中心等区域安装卫星电视接收系统或闭路电视；网线近期依托城镇局域网引入到旅游区相应的地区。

在安桃公路与集镇内公路交叉路口处设导游全景图。在烟店集镇内大型交叉路口设导览图。在各景点分路口设标识牌。景名牌（景物介绍牌）简单介绍相关景点、景观或相关展示内容，附英文，以木头做成。生态景观牌主要是挂在名木古树上，对这些名木古树进行简单介绍。

建成旅游网站，介绍烟店镇地区旅游产业食、住、行、游、购、娱各方面的信息。介绍烟店镇地区的旅游场所和设施。建立相关旅游知识链接。建立风景名胜区三维动画旅游景观，实现虚拟现实旅游体验功能。制作旅游电子刊物，进行旅游宣传。进行网上旅游形象调查，及时处理游客投诉。开展网上预定业务。

（五）项目概念性策划

烟店牌坊　在汉十高速烟店入口处附近修建烟店镇标志性牌坊。采用仿唐牌楼风格，高 10 米左右，宽 8 米左右，牌坊采用“冲天式三间四柱一明楼”。明楼采用高挑的檐角形式、顶部采用青琉璃瓦，柱体则是白色。明楼顶部檐下正中置嵌入式匾额，题名“诗仙故里”。副间题字“白兆邀明月”和“烟店寻诗仙”。

临街建筑改造　以仿唐宋建筑风格为参考，以《清明上河图》所示建筑风格为基本范本，改造中心街区建筑外墙。建筑物应高低错落，进退有序，限高两层（7.2 米，坡顶除外），最高三层（10.8 米），进深最大不超过 9 米。色彩基调为青瓦白墙红柱、仿木式磨砖对缝，配上不同形式的隔扇门窗、栏杆、屋顶翼角，显得隽秀、古朴、典雅，加之匾额、楹联、宫灯、旗幡、精美的木雕及油漆绘画。对沿街铺面进行统一整改，逐步迁出经营农用机械、汽修等非旅游经营项目，经营项目以茶馆、酒楼、家庭客栈、小吃店、书店、纪念品商店、中药铺、本地特产店等为主。打造仿古式商铺酒肆、戏台亭阁、街道集市等，严禁出店摆摊经营，实行“门前三包”管理模式，维持店面整洁。尽显古时市井文化和民风民俗。

谪仙文化馆　文化馆主体建筑高 3 层，占地约 1000 平方米。主要以展示太白文化为宗旨，满足游客和当地居民的精神文化诉求，成为社区文化展示和交流的基地。

太白公园　利用现在的河湾改建而成。对水塘进行清淤、美化，定期清洁水质。在塘边用青石堆砌沿岸观景护栏，种植垂柳等景观植物花卉，塘内养殖荷花、莲花、菖蒲、泽泻、水鸢尾、水葱等，将挺水、浮水和沉水植物合理搭配，形成更加自然的多层次水生植物景观。放养中纬度地区常见淡水鱼类及金鱼、锦鲤等观赏性鱼类，营造“鱼戏莲叶间”氛围。点缀几处造型别致的天然钟乳石，制造出“余红水面惜残春，不辨桃花与锦鳞”的意境。塘边驳岸采用对比手法创造景观特色，通过规则的几何线条式式驳岸与自由流畅的生态式驳岸的对比形成独特景观。塘边高地移植银杏树，下设石桌椅，供游客休憩；安装各式娱乐健身器材，供居民平时建设锻炼。

滚子河亲水休闲渔场　依托介于太白大道和白兆山牌坊之间的滚子河，开发特色生态鱼种垂钓。游人可在此垂钓，也可以现场购买活鱼到农家餐馆烹制或带回家。

水村山郭酒旗风　在太白大道和白兆山牌坊之间约 100 米长的公路两侧，兴建以安陆市和烟店镇土特产品为主要卖点的农家菜馆一条街。餐馆建筑格调和色彩以仿唐式民居为范本，以外观古朴简拙、内里干净舒适为基本要求，每家店门前需悬挂写有店号的旗幡。

华中诗歌村　张家湾、蒋家湾两处居民点统一进行建筑外观的景观改造，以唐时青瓦白墙为基本色调，实行民居园林化，院落加建柴门，院墙改为透花窗。园内种植树木、果卉、花草、瓜斗等，既保持农家本色，又美化景观，更可以作为提供农家乐所需材料的供应基地。加强两居民点居民文化素质修养，培养尽可能多的村民掌握李白诗歌，组织引导两居民点村民发展诗仙文化产业，组织群众性的吟诗会、故事会，每年定期举办李白诗歌朗诵大赛，以诗、书、画为依托，提高整个烟店镇的诗仙文化品牌知名度。

“刻画”李白　组织、引导张家湾、蒋家湾两居民点村民联合起来，在田野里用油菜花和麦苗“刻画”出李白肖像。经由有关部门和公司的运作，在保障农民收入不受损失的前提下，组织尽可能多的农民按照策划方案在田野里用播撒油菜花籽和麦种的方式“刻画”出李白肖像。肖像面积尽可能做大，应使得游客从白兆山山顶俯视可见。

2017 年 6 月

主要参考文献

1.〔清〕王履谦主修：清道光《安陆县志》，道光二十三年。

2.〔清〕陈廷钧主修：清同治《安陆县志补正》，同治十一年。

3.〔清〕赓音布主修：清光绪《德安府志》，光绪十四年。

4. 湖北省安陆市地方志编纂委员会编:《安陆县志》，武汉出版社，1993 年。

5. 朱绍斌主编:《李白故居白兆山》，长江文艺出版社，2012 年。

6. 安陆市地方志编纂委员会编:《安陆市志（1979—2000）》，中央文献出版社，2014 年。

编纂始末

2017 年 12 月 1 日，孝感市地方志办公室召开各县（市、区）地方志办公室主任会议，确定《烟店镇志》等乡镇志作为第三批《中国名镇志丛书》申报对象。随后，安陆市地方志办公室分别向市委常委、常务副市长黄炜，市委常委、市委办公室主任徐小林汇报了《中国名镇志丛书》编纂工作基本情况及编纂《烟店镇志》重要意义，得到市委、市政府高度重视和支持，市政府下拨了专项经费。之后，安陆市地方志办公室先后 3 次到烟店镇，与烟店镇党委书记杨体锋、镇长孙小明、党委副书记蔡锋就编纂《烟店镇志》进行反复协商和沟通，形成一致意见。烟店镇党委、政府作为申报主体，负责申报工作，配合提供相关资料，承担其他服务事项；安陆市地方志办公室作为《烟店镇志》编纂主体，具体承担整体编写工作及协助申报各项事宜。

与此同时，田林舟、黄清明、孙亚东初步拟定了《烟店镇志》篇目，分为镇情要览、李白文化、红色烟店、美丽烟店、旅游名镇、文物古迹、乡土文化、风土人情、烟店人物、艺文等部分。结合《烟店镇志》所要反映的“名”（诗仙李白栖居烟店白兆山十年）和“特”（美丽乡村建设）内涵，安陆市地方志办公室对安陆市文化人才进行了一次全面梳理，多方比较考核，确定了写作专班组成人员。易千元负责概述撰写，孙亚东负责镇情要览、大事纪略、附录等内容，王清负责李白文化内容，黄清明负责红色烟店内容，郭世鸿负责旅游、摄影照片征集及志书插图配置等内容，王义功负责美丽烟店内容，周大安、喻永春负责文物古迹、风土人情、乡土文化、艺文等内容，肖成强负责烟店人物内容。田林舟负责协调、统筹工作，孙亚东负责统稿工作。

2018 年 1 月,《烟店镇志》编纂工作正式开始。为编出高质量的《烟店镇志》，在初稿撰写过程中，召开全体专班人员会议 4 次，对《烟店镇志》篇目进行推敲、修改，将李白文化修改为诗仙古镇；开展个别交流探讨 10 余次，主编对初稿存在的问题、不足提出修改意见。初稿完成后发现，旅游名镇与诗仙古镇、美丽烟店交叉重复内容较多，反复权衡后决定将旅游名镇相关内容分拆到诗仙古镇、美丽乡村建设。在这一过程中，特邀朱绍斌参与编写诗仙古镇、名人与名镇部分内容，田林舟参与编写美丽乡村建设中建设美丽村镇内容。

2018 年 4 月，各章节内容数易其稿后形成《烟店镇志》初稿，初稿全面反映了中华人民共和国成立以来，特别是改革开放以来，烟店镇在农旅融合、生态保护建设及优秀文化传承方面取得的成绩。

2018 年 4 月 26 日，中国地方志指导小组办公室、湖北省地方志办公室在孝感市召开初稿评审会。会后，各编辑人员按评审意见要求对《烟店镇志》进行了再次修改，并增补照片近百幅。

在《烟店镇志》编纂过程中，湖北省地方志办公室副主任司念堂、方志工作处处长卢申涛、四级调研员张静对《烟店镇志》编写给予大力支持，先后 3 次与《烟店镇志》主编进行交流，解答疑问；并对各章节进行了审读，提出了宝贵意见。孝感市地方志办公室主任涂少维也对《烟店镇志》篇目设置给予指导，并到安陆进行现场督导，排忧解难。在《烟店镇志》编纂过程中，原烟店镇党政办主任周大安积极协调镇直各部门提供相关资料，并亲力亲为；安陆摄影协会段家强、易家镜等为本志提供照片；本志采用了一些网络宣传内容和相关书刊内容，入志前未能及时与原作者联系，请作者看到后与我们联系，我们将奉上稿酬。在此，一并致以诚挚的谢意！

编　者

2018 年 4 月